生活因阅读而精彩

生活因阅读而精彩

没有口德就没有品德

严 穆 ⊙编著

最受欢迎的口才修养与说话技巧

口才修炼
第一书

中国华侨出版社

图书在版编目(CIP)数据

没有口德,就没有品德:最受欢迎的口才修养与说话技巧 /
严穆编著. —北京:中国华侨出版社,2012.6

ISBN 978-7-5113-2370-5

Ⅰ. ①没… Ⅱ. ①严… Ⅲ. ①口才学–通俗读物
Ⅳ. ①H019–49

中国版本图书馆 CIP 数据核字(2012)第 086816 号

没有口德,就没有品德:最受欢迎的口才修养与说话技巧

编　　著 / 严　穆

责任编辑 / 尹　影

责任校对 / 吕　红

经　　销 / 新华书店

开　　本 / 787×1092 毫米　1/16 开　印张/17　字数/258 千字

印　　刷 / 北京溢漾印刷有限公司

版　　次 / 2012 年 7 月第 1 版　2012 年 7 月第 1 次印刷

书　　号 / ISBN 978-7-5113-2370-5

定　　价 / 29.80 元

中国华侨出版社　北京市朝阳区静安里 26 号通成达大厦 3 层　邮编:100028
法律顾问:陈鹰律师事务所
编辑部:(010)64443056　　　64443979
发行部:(010)64443051　　传真:(010)64439708
网址:www.oveaschin.com
E-mail:oveaschin@sina.com

　　口能吐玫瑰，也能吐蒺藜。真正伤害人心的不是刀子，而是比它更厉害的东西——语言。言语不仅能体现一个人做人的态度，也能体现一个人的修养品德。有时候，一些未经思考即脱口而出的话语对别人的杀伤力比砍对方一刀还痛，让人痛不欲生。

　　俗话说："良言一句三冬暖，恶语伤人六月寒。"语言的确是有温度的。冷言冷语、冷嘲热讽、盛气凌人、刻薄冷漠、态度冰冷……会让人痛苦难受、记恨多年；而温馨真诚、语带赞美、接纳尊重、热情拥抱、微笑鼓励……却让人如沐春风、如浴暖阳。

　　在生活中，我们对于别人不同的话往往会产生不同的感觉。当我们听到热情洋溢的话时会产生甜蜜的感觉；当我们听到激昂慷慨、言人所不敢言的话时会产生辛辣的感觉；当对方知无不言、言无不尽时，我们便觉得爽脆；言别人所未言能让人产生新奇的感觉；陈义晦涩、言辞拙讷，能产生苦涩之感；面对一味诉苦、到处乞怜的话语，未免让人感觉寒酸；冷箭般的言语伤透人心，让人产生创痛之感。那些有口德的人说出来的话一定会给人以温暖甜蜜的感觉，而达不到这种程度的人则需要好好修炼自己的言语表达。

　　语言的表达方式纵然多种多样，但最忌讳的就是出口伤人。有很多人或凭借位高权重、或仰仗其他的关系，说话有恃无恐，什么话伤人最重就说什么话。人都有做错事或者说错话的时候，在最需要关爱的时候，一句暖心的话往往会让人感激涕零；而一句恶意中伤的话却往往伤透人心。

　　爱默生说过："用刀解剖关键性的字，它会流血！"听到别人刺伤我们、没口德或刻薄的话，我们的心会"流血"，也因为此，"会让别人的心流血"的话决不要从我们的口中说出，因为，没"口德"的人为就没有"品德"。

最难听的声音是嘲讽、讥笑；最好听的声音是赞美、鼓掌。散发着一团和气的沟通是具有极大魔力的，它能融化人冰冷的心，会带给人们快乐与温暖。

说话要有口德。"德"是一种品性、一种文明。一个人的一言一行、一举一动如果都以德为规范、准则，这个人一定是个文明的人。说话有"口德"，就是与人交流不伤和气、说话有度、交谈有方，说出的话是优雅的、积极向上的、与人为善的。善良聪慧或温厚博学的语言能够融冰化雪、排除障碍，直抵对方的心岸；而一句恶毒的语言却足以击破坚实的心灵堡垒，让人一辈子都为之隐隐作痛。

有口德的人有着超强的语言驾驭能力，说话妙语连珠、彬彬有礼，自己没把握做到的话不说，语言伤人的话不说，伤情感的话不说，无中生有的话不说，言不由衷的话不说，粗言秽语不说，造谣的话不说，指桑骂槐的话不说。我们在日常沟通中要掌握说话技巧，注意自己的言行举止，让自己的话不仅能表意清晰，更赏心悦耳。

本书分为上中下 3 篇，将口德修炼详尽地阐述，其语言通俗、结构新颖、事例生动、内容丰富，具有很强的针对性、趣味性、可读性和实用性。本书在阐述说话和品德关系的同时剖析了大量沟通中有趣的案例，从多个层面揭示了没有口德就没有品德的道理。仔细阅读本书，可以让读者在轻松愉悦中学习说话的智慧。

没有口德，人生处处是荆棘；修炼口德，前路漫漫皆坦荡。希望通过阅读本书，能让你的说话能力提升到一个新的高度，让你知道怎么说好话、怎么去表达。

目录
MULU

上 篇

伤人以言,甚于刀剑
没有口德,口才再好也没用

"害人的舌头比魔鬼还厉害……上帝仁慈为怀,特地在舌头外面筑起两排牙齿、两片嘴唇,好让人们有机会在话出口之前多加考虑。"我们在说话之前要多加考虑,要对自己说的话负责任,不能出口伤人、损害别人。人生在世,离不开说话、做人和做事,一切的人情世故大半都体现在说话当中。人人都会说话,但有水平高低之分、文野之别、优劣之异。若想拥有好人缘,就要巧妙地驾驭"说话"这个工具。有口德的人话说得高明,不仅将自己的意愿清晰得体地表达出来,还使他人乐意倾听与接受,那些看到什么就说什么、想到什么就言什么的人,即使他们才华横溢,也不能算是有智慧的人。

第1章 没有口德就处不好关系

说话是充分展示一个人品德的最有效的"窗口"。一个有口德的人懂得与人沟通的潜规则,知道如何说好话、如何将自己的思想、修养、能力完美地展示出来,从而树立自己的形象。

第2章 没有口德就做不好管理

管理者要充分利用好管理环境，导之于言而施之于行，最大限度地引导和调动被领导者朝着既定的目标共同努力。无口德的管理者背地里总是遭到员工的谩骂，工作上也会有反抗情绪，有口德的管理者才是一个合格的管理者，他们知道属下真正的需要，并在适当的时候投其所需，让下属感到自己无时无刻不在被关心着。

第3章 没有口德就做不好业务

做业务离不开一张嘴，好的业务员未必有好口才，有好口才的人一定是人才，更是出类拔萃的人才。如今的商品市场已经成为由消费者主导的"买方市场"，不怕众口难调，就怕不合胃口，优秀的业务员必须掌握客户的口味，看人下菜碟，才能在生意场上游刃有余、左右逢源、大显身手。

第4章　没有口德就做不好教育

　　父母的言行在很大程度上会直接影响孩子的品行,为人父母要时刻注意自己的言谈举止,做到有口德、会教育。其实家长要明白:话不在多,言简意赅就行。有句话叫做"言多必失",说的话多了,犯错误的可能性自然就大了。所以应该力戒喋喋不休,要多动脑、少动口,对于事情的考虑自然就会更周全,说出来的话自然就更加有分量了。

中篇

修炼口德就是修炼气场
如何提升说话水平

　　对一个人来说，语言就像他的金字招牌，比任何装饰都更重要。如果能使生活的语言高度地艺术化，无疑就是使生活高度艺术化，就是使生活具有高品位。每一个人都要掌握日常说话的艺术，追求语言中的精髓，让自己处处展现独特的个性和无穷的魅力，让语言展示自身的时尚，成为自身的财富。

　　有的人不懂得赞美，在朋友取得胜利和成功的时候拙于言辞、守口如瓶，导致好友误解或心存嫉妒；有的人羞于启齿，面对心爱的人无从表达，最终错过了美好的姻缘；有的人本来出于真心和善意的关怀和问候，因为词不达意，让对方听起来却像是一次别有用心的讽刺与挖苦……其实说话不必口若悬河、滔滔不绝，也不需要旁征博引、口吐莲花，只要把守住道德底线、修炼气场，把话说到对方的心里，就能打动人心。

第5章　有口德者，分寸当为第一原则

　　在人际交往中，谈话要有分寸、认清自己的身份。适当地考虑措辞，认真地斟酌哪些话该说、哪些话不该说、应该怎样说，才能获得更好的交谈效果。说话的分寸拿捏得好，即使是很普通的一句话，也会平添几许分量，话少又精到，令人感觉深思熟虑。有口德者，分寸当为第一原则，真正的聪明人都能够管住自己的嘴，明白"谨言慢口，话留三分"的道理。说话讲究分寸，三思而言才会免遭灾祸。

第6章　有口德者，亲和当为第一精神

　　亲和力是一种爱的情感，只有发自肺腑地爱别人，才能真正地亲近对方，才能获得对方的认同、信任和喜欢。拥有较高的亲和力，才能拥有宽广的胸怀。在与人交往中，一定要恰当地运用你的"亲和力"，它既可以让你更大程度地获得友情，感受到人与人之间的关爱与温暖，又能为你带来更多的人脉资源，让你获得意想不到的良好机会与前途。

第7章　有口德者，倾听当为第一修养

　　听就是你认真专注地听他人说话，表现出自己的耐心。俗话说"一双灵敏的耳朵胜过十张能说会道的嘴巴"，只有善于倾听的人才能受人欢迎。倾听是成功沟通的开端。只有善于倾听，你才能了解自己、完善自己。善于倾听，才能准确地把握对方的意图，知道对方想要传达的信息和最终要达到的目的。倾听可以体现出你的修养，能为人际关系创造良好的基石。

第8章 有口德者，赞美当为第一智慧

赞美能使百年的冤仇顷刻顿消，赞美能使古板的脸增添笑容。赞美如春风，融化了沟通中的种种问题，除去了一切沟通中的不和谐因子，拉近了人与人之间的距离，让人际关系更加顺畅，一个善于赞美他人的人一定是一个有着良好的人际关系的人，而一副冷漠的面孔和一张缺乏热情的嘴是最使人失望的。赞美是一种智慧，人们普遍地希望能得到别人的赞美，对于赞美他的人，自然地也就容易接受。

第9章 有口德者，幽默当为第一艺术

幽默可以避免自己尴尬，是最敏捷的沟通感情的方式，它能迅速地融洽气氛、摆脱尴尬；幽默可以使人在受气时以轻松诙谐的方式理智地回击对方，达到讽刺的目的。一个人的语言可以像优美的歌曲，也可以像伤人的利剑，幽默机智的话能使人产生喜悦满足之感，令人久久难忘。

第10章　有口德者，灵活当为第一技巧

　　灵活就是当交际场合出现尴尬局面时，能够迅速、恰当地通过一句或者几句妙语来应对，从而摆脱尴尬的境地。鲁迅先生说："'急不择言'的病源并不在没有想的工夫，而在有工夫的时候没有想。"要想如鱼得水、得心应手地化解尴尬的场景，从而把自己从窘境中解救出来，需要经过扩大知识面、历练口才、提高反应速度的不断训练和努力，如此才能够练就灵活的技巧。

修炼口德就是修炼心态
如何应对无口德者

　　美国著名成功学大师卡耐基指出：普天之下，只有一个办法可以从争论中获得好处，那就是避开它，像避响尾蛇和地震一般。争论的结果，十之八九总会使争执的双方更坚信自己是正确的。不必要的争论不仅会使你丧失朋友，还会浪费你大量的时间和精力。一个说话水平很高的人是决不会用争论的方式来解决问题的。面对无口德的人，我们不需要和他们斤斤计较，要以良好的心态去面对，要明白痛苦还是快乐取决于你的内心。心宽一些，机会也就多一点儿……所以，在生活中，面对没有口德的人，我们不妨将自己的心稍稍放宽，心平气和地去对待，善待他人的同时也善待自己，这样我们才能神清气爽，处处化险为夷，从而不被无口德的人伤害。

第11章　对口无德者，避之

　　面对没有口德的人，我们要有好的心态，当我们无法及时应对时，不如巧妙回避，有时候回避不是充耳不闻，这只是一种策略，"装作不知道，神仙也没了招"，有时候，正是这种回避的表现能化干戈为玉帛，能够寓辩于无形，不战而屈人之兵。

第12章 对无口德者，让之

面对没有口德的人，如果你强言相对，则很容易因此结下仇家。然而，如果你能抓住这一时刻为别人粉饰遮羞，对方的感激之情也必然油然而生，因此，你应该沉着冷静地应对，宽容对方的过失，各自保留意见，按共同的认识去办事，打破目前的僵局。让他就是要不露声色地迎合对方的需要，即以对方的利益为重，从而为自己的利益开道。

第13章 对无口德者，容之

金无足赤，人无完人。世界上没有十全十美的事，也没有十全十美的人，要容许别人犯错误，也容许别人改正错误。要以平和的心态应对无口德的人，不要斤斤计较，更不要耿耿于怀，要能够容忍别人的缺点。只有懂得容忍别人的缺点和不足，才能增添自己的人格魅力，为自己赢得广阔的发展空间。

第14章 对无口德者，谢之

很多人对别人的缺点和错误能一眼看穿，对自己的不足却永远看不透，这就需要通过别人的指导和批评来完善自己。在别人指导和批评的时候应抱着和平接受、谦虚对待的态度，让自己更加完善。

上 篇

伤人以言，甚于刀剑
没有口德，口才再好也没用

"害人的舌头比魔鬼还厉害……上帝仁慈为怀，特地在舌头外面筑起两排牙齿、两片嘴唇，好让人们有机会在话出口之前多加考虑。"我们在说话之前要多加考虑，要对自己说的话负责任，不能出口伤人、损害别人。人生在世，离不开说话、做人和做事，一切的人情世故大半都体现在说话当中。人人都会说话，但有水平高低之分、文野之别、优劣之异，若想拥有好人缘，就要巧妙地驾驭"说话"这个工具。有口德的人话说得高明，不仅将自己的意愿清晰得体地表达出来，还使他人乐意倾听与接受，那些看到什么就说什么、想到什么就言什么的人，即使他们才华横溢也不能算是有智慧的人。

第1章
没有口德就处不好关系

说话是充分展示一个人品德的最有效的"窗口"。一个有口德的人懂得与人沟通的潜规则，知道如何说好话、如何将自己的思想、修养、能力完美地展示出来，从而树立自己的形象。

管不好嘴巴就交不到朋友

常言道："良言一句三冬暖，恶语伤人六月寒。"就是劝导人们说话要有"口德"，不要"恶语"，从言语上打击一个人的名誉和自尊心，如此会使他产生精神上的痛苦。没有人会愿意与没有"口德"的人交朋友，没有人愿意承担这种"恶语"所带来的伤害和痛苦。

在人与人的交往中，朋友是很重要的资源。我们每天都在和不同的人打交道，在这些人中，有一些可以成为我们的朋友。在给人的第一印象中，除了良好的外表，还要有绅士般的交谈中，优雅的谈吐会给我们结交朋友带来便利。相反，那些说话不经大脑、没有"口德"的人却没有人愿意靠近他们，和他们成为朋友。

1873年，电器技师沃特森通过了重重考核，顺利成了贝尔的助理，那时的贝尔还没有很大的名气，甚至他还只是刚刚自学完了电磁学理论知识，但贝尔那种坚持永不放弃的精神深深感染着沃特森，于是，这两个年轻人慢慢产生了友谊的火花。贝尔对沃特森在电器方面的专业很佩服,他甚至不止一次对外宣称"沃特森是我见过的最优秀的助理,他甚至连一些很细微的细节都想到了,而且他处理得很好。我可以毫不犹豫地说,他是一个优秀的、令人钦佩的青年。"

他们之间的友谊火花从未如此灿烂绚丽过。

在沃特森的帮助下,贝尔的电话实验越来越取得巨大的成就。他们整天待在办公室里,不断地推倒一个又一个的设计方案。"我想你会成功的。"每次当贝尔想放弃的时候,耳边总是响起沃特森的这句话。接着他就会满腔热情地继续投入到工作中。

但很可惜,炽热很快变冷了。两年单调的设计方案与加工制作使得沃特森的热情开始熄灭,他心灰意冷,甚至对贝尔开始产生怀疑。然而,比这更坏的是他开始用语言刺激贝尔,他说:"贝尔只是一个做梦的思想家,是永远不可能成功的。"因为在他看来,每天残羹冷炙、工作十六七个小时,贝尔的工作简直就像一个傻瓜所做的事情。

一时间,贝尔很生气,他甚至心灰意冷。他劝过沃特森,希望沃特森能够珍惜彼此的友谊,不要管不好自己的嘴巴,但沃特森的回话却深深地伤害了贝尔。沃特森说:"我不愿与傻瓜做朋友,永远不愿意。"沃特森的言语让贝尔陷入了困境,他开始怀疑自己是否能够成功,因为电话的研究一直都是停滞不前。

直到有一天,电磁泰斗亨利先生来拜访他,他静静听了贝尔的倾诉,然后说道:"我相信你能获得成功。"

就是这短短的一句话,让贝尔立刻精神焕发。他相信亨利,更相信自己。他在报刊上登出一条与沃特森结束友谊的消息,这是贝尔一生中唯一的在报纸上公开与朋友的决裂,而且是那样的决绝。

摆脱沃特森影响后的贝尔很快进入了工作状态。1878 年,贝尔在波

3

士顿和纽约进行首次长途电话试验，通话成功。一时间，贝尔和他的电话轰动全世界。

在贝尔老年时的记录本中记载着这么几句话："对于友谊，我们要用真诚灌溉，然而友谊实在过于脆弱，一点儿风言风语就会伤害它。一些恶意的语言，尤其是来自对方的恶语，往往使我们失去友谊，我和沃特森之间也是如此。如果他能够管好自己的嘴巴，也许我会很乐意一直做他的朋友。"

沃特森在老年时写的《记忆录》中提起与贝尔一起做试验时的枯燥日子，他把这段日子称为他这一生最有价值的一段日子。他提到他时非常后悔，因为管不好自己的嘴巴，失去了一个最真的朋友。

管不住自己的嘴巴，一般分为两种，一种是有意的，是意识上所赞同的行为，另一种是无意识的行为，我们通常说"语言不经过大脑"、"有什么说什么"、"心直口快"便属于这种。有意的是自己的修养不够，于是便没有人愿意与他交朋友。

然而，不管是有意的还是无意的，话都说出来了，伤害也是一定的。我们应该避免出现这种损人不利己的行为，因一时口舌之快伤害了朋友，自己也会经常内疚，何必呢？为人处世应该把握好口风，什么话该说、什么话不能说、什么话绝对不能说，都要在心里面有个标准，时刻提醒自己。

前美国总统罗斯福年轻的时候由于成绩优秀、恃才傲物、目中无人，说话尖酸刻薄，爱给别的同学提绰号。他身边的朋友一个个地远离了他，没有人受得了他的"恶语"。直到有一次，他生病住院了，在整个住院期间竟然没有一个朋友来看他。这时，罗斯福慢慢开始思考自己身上的不足，渐渐地发现了问题的症结。

出院后，他找到这些朋友，当面向他们道歉。但罗斯福心里很明白，他是不可能再和这些人成为朋友了，因为他的"恶语"对他们的伤害远远不是一句道歉就能消除的。毕业后，罗斯福时时提醒自己要管好自己的嘴巴，后来步入政坛更是如履薄冰，每天晚上，他都会用半小时的时间来思考白天说的话哪些是对的、哪些是有"恶意"的。在他当上总统后，更是把"管不好嘴巴就交不到朋友"当成了他的座右铭。事实证明，他获得了巨大的成就，成为了最受美国人民欢迎的总统。

说话无小事，每个人都有自己的自尊心，那些古今中外凡是取得一番事业、获得人们认可的人无一不是说话小心翼翼、有口德的人。

可以说，管好自己的嘴巴就是在为自己积攒品德、积攒自己的人缘。因此，如果你想在为人处世中多交几个朋友，就必须要管好嘴巴，说话留德。

知人不必言尽，留点儿口德给自己

马斯洛在其研究中提出心理健康的标准，其中第一条就是个体要有"充分的安全感"，而在安全感中有个很重要的词叫做"隐私"。

隐私，顾名思义，就是不愿公开的事情。俗话说，打人不打脸，骂人不揭短，就是在提醒人们知人不必言尽，对于那些别人不想公开的事情，即使知道了也不要轻易说出来，为别人留点儿口德，也把口德留给自己。

比如，同事小张换了身新衣服，尽管这件衣服穿着很不合时宜，在风格上也不适合她，你也不能直接跟她说"你穿这件衣服好难看"。每个人都是有自尊的，都是很容易受到伤害的。知人言尽，很多时候在他人眼里并不是"爱之深，责之切"，相反，他会认为你是在故意侮辱他，逞一时口舌之快。

小王毕业后，顺利地应聘到一家私营企业担任经理助理。实习期间，小王工作认真、刻苦，每天早到晚走，公司里的人都很喜欢他。

经理的办公室里悬挂着许多名家的字画。小王从小就喜欢写毛笔字，在学校期间还获得了书法比赛一等奖，他觉着经理一定是个有文化、有品位的人，从这些字画中可以看出经理还是一个学识渊博的人，然而事实似乎并不是那么回事。

小王慢慢地发现了很多端倪，比如在与客户谈判时，经理都会把小王带到身边，让他把合同给他读一遍，甚至连需要经理签名的地方也要小王给他指出来；平时在办公室里，员工送过来的文案，经理也要求小王读一遍给他听，甚至有几次，小王发现经理竟然把文案都拿反了。

经理似乎"目不识丁"，这是小王通过观察发现的一个天大的秘密。

小王仔细看看墙上的字画，有他很喜欢的王羲之的《兰亭序》，虽然是后人仿写的，但依然很有张力，他趁着给经理读自己起草的发言稿时小心翼翼地问："经理，你很喜欢王羲之啊？"经理不知其所问，回答："什么王羲之，公司里只有一个叫王雅芝的吧！"小王这下更加确定了自己的想法。

后来，有一次小王犯了错，被经理臭骂了一顿，小王情急之下脱口而出："经理，你又不识字，装什么文化人？"经理的脸顿时铁青，没说一句话就返回了自己的办公室。

那天的事情过后，小王很后悔。后来他才清楚，原来公司的每个员工其实都知道经理不识字，但从来没有在背后议论或当面揭穿过。实习期过后，小王便被辞退了。

传说，人类的始祖亚当和夏娃刚出生时就懂得了羞耻心，并懂得用树叶遮体。现实中，每个人都有自己的"遮羞布"，案例中经理的"遮羞布"就是那些字画，小王因为捅破了这层"遮羞布"，自然为此付出了代价。

说话应该长点儿心眼，千万别知人尽言；说话更应该留点儿口德，不要没事揭人短。每个人都有自己的自尊，当你捅破了那层不该捅破的窗户纸后，除了落个小人的名称之外别无所获。

在与人的交往中，要时刻把握一个说话的度，千万不要因为自己知无不言而犯下不可饶恕的错、知人不必言尽，成全对方的面子，也给自己留口德，何乐而不为？

不要随意对朋友说"你错了"

金无足赤，人无完人，任何人都有缺点和不足，对于他人所犯的错误，如果你直率地说"你错了"，或者当众指出他的缺点和毛病，就显得太不近人情了。而且这样直率的言语不但不能帮助他人改正错误，反而会招来对方激烈的反驳，甚至激怒对方、伤害友谊。

卡耐基说："直接批评是无用的，因为它会使人采取防守的姿态，并常常使他们竭力为自己辩护，直接批评是危险的，因为它伤害了一个人的自尊心，并会激起他坚决反抗。"

俗话说："人要脸，树要皮。"任何一个人都有自尊心，自尊心促使人在遇到别人直率的批评的时候，激起抵抗的天性。当你的思想和举止开始抵抗对方时，对方同样也会这样对你，这样无形中两个人的交流则改变为对抗，要记住任何直率的批评都会使人厌烦。

富兰克林年轻的时候，由于他天资聪颖，从小就博览群书，所以很多同龄人都喜欢听富兰克林讲故事，他也因此交了很多志同道合的朋友，他们谈诗论词、天文地理、羽扇纶巾，好不意气风发。

富兰克林有个好朋友叫约翰·高令斯，此人同样天资聪颖、博览群书，他们经常在一起争辩，讨论彼此认知的不同，这样的争辩自然容易发生口角。

为了赢得争辩，富兰克林都会事先准备丰富的资料，期待把约翰·高令斯辩驳得无话可说。事实上，约翰·高令斯也是这么做的，然而在一次辩论中，富兰克林和约翰·高令斯的友谊就那样被断送了。在辩论中，双方旗鼓相当、言辞激烈，富兰克林直率地对约翰·高令斯说："你这样是完全不对的，你是个十足的大笨蛋。"约翰·高令斯觉得受了很大的侮辱，板着脸离开了。

当天，富兰克林在日记中写道："一时的口急让我失去了我的好友，我将永远铭记这条教训。"

经过这件事后，富兰克林变得温和多了，说话也小心翼翼，十分受人欢迎。

直率的批评使富兰克林失去了很好的朋友，他用这种深刻的经验教育了我们：不要直率地说你的朋友错了，要换一种含蓄的批评法。含蓄的批评方法即婉转地传达自己的不满，让朋友明白自己的言外之意。

肖峰和石康军是同事也是朋友，在工作中，他们俩也是搭档，但最近肖峰在工作中有点儿心不在焉，干活马马虎虎，效率慢下来不少，眼看着这个月的业绩就要垫底，石康军心里十分着急，他思索再三后决定和肖峰谈谈。于是，那天晚上下班后他就约肖峰去酒吧坐坐。

在酒吧里，喝了几杯酒后，石康军假装喝醉了，他说："你还记得陈凯吗？上次他亲人去世，他心里也够难受的吧，可是他的业绩并没有滑落，看人家这种精神是不是值得咱们学习啊？我总觉着咱们的业绩不该是那么差的。"

肖峰听着石康军的"醉话"，顿时醒悟过来。在接下来的时间内，他早出晚归积极地去跑业务，后来经过几天的辛苦谈判，终于签下了一笔大订单，业绩一下就上去了。

两个人从此成为了很好的工作搭档，生活中也成了无话不谈的朋友。

试想，如果石康军当时直接地批评肖峰，说他工作不认真、态度错误，那么事情将会是另外一个谁都不愿看到的结果。

其实，你可以举出无数个直率地批评朋友无用的例子来。例如，张宜泉的"口不择言"使他在后来失去了曹雪芹这位朋友；杨修的"直接批评"使他最终年纪轻轻便命丧于曹操之手。

在如今的社会中，朋友越来越成为一种奢侈。能够拥有一段好的友谊是许多人梦寐以求的事情，如此，我们有什么理由不去珍惜？在与朋友的交往中，我们要时刻谨记这样的一条黄金原则：永远不要直率地对你的朋友说"你错了"。否则就是自酿苦果，最终还得由你自己尝。

朋友聊天最忌抢话题

说话是人类生存的重要工具，也是重要的交际手段。人在成功或者失落的时候都会有一种倾诉的欲望。朋友之间彼此谈论一些最近发生的事情、工作上出现的困难或者谈论些文学、酒文化、宗教、政治，等等，虽然很多时候我们并未从中获得好的知识，但与朋友在一起交谈时那种如沐春风的感觉会让我们觉得生活很美好，而我们就是需要这样的美好来点缀我们的生活。

在一个悠闲的下午，三两个知己好友欢聚畅谈……单是想象这样一幅画面就足以令人神往。"有人的地方就有江湖，有江湖的地方必有争斗。"朋友之间因为彼此思想不同而产生令人不愉快的事情自古有之。在与朋友的交往中，你一定有这样的经验：当你畅谈正酣的时候，突然被人打断，于是你的好心情也随之打断，甚至有些恼怒。

俗话说，饭可以乱吃，话不可以乱说，就是警告人们，说话要掌握一个度，经常抢话题是一种缺乏素养的表现，但不少人却有这样的毛病，结果往往会破坏彼此的友谊。在讲话中，被人打断是一种痛苦的经验，对方甚至会认为你不尊重他。

小王有机会去丽江度假，旅游回来之后与朋友闲聊，刚好聊到这次假期的丽江之行，于是小王开始夸夸其谈，认为这是一次最有价值的旅游。朋友们听得大眼瞪小眼，谁都插不上一句话，但小王似乎并没有在意，仍旧口若悬河、高谈阔论，恨不得把丽江搬到朋友眼前，让朋友亲眼看看。

突然，一个朋友转移话题，说起了去年的西藏之行，并强调西藏之行才是真正意义上的旅行，接着这个人开始口若悬河地讲述他的经历。瞬间，小王有一种被冷落的感觉，而且觉得这个扯开话题的朋友非常讨厌。最终，小王一点儿也听不进对方的谈话，于是一次难得的朋友聚会就这样不欢而散了。

小王对后来打断他话题的朋友十分生气，这是人之常情，但他不知道自己在滔滔不绝时同样被他人厌烦着。不管是在谈话中滔滔不绝者还是打断别人的话题者都是容易招人厌烦的。培根曾经说过："打断别人、乱插话的人甚至比发言冗长者更令人生厌。"

一个真正有素养、有口德的人是不会随便打断别人的谈话的，尤其在朋友中。

每个人都有一种表现自我的欲望，在朋友之间，这种欲望更期待得到满足，甚至很多人交朋友就是因为对方善于聆听、能够满足他倾诉和表达自我的欲望。茫茫人海，彼此能成为知根知底的朋友就是一种缘分，何不管住自己的嘴巴?不要随意抢话题,以免惹得对方心里不快,破坏良好的友谊。

那些没有礼貌的人总是在对方口若悬河的时候突然插上一句与话题无关的话,倾诉者会在瞬间失去倾诉的欲望,甚至会忘记接下来该讲什么,情绪就会变得非常暴躁,对打断者心生厌烦,而打断者津津有味的谈论一般是自我夸耀,无疑又让倾诉者非常不快。甚至心里想:他就是故意打断我的话的,他这是不尊重我,我实在没必要和他成为朋友。

抢走朋友的话题,也许你面对的就是分道扬镳的命运。

在朋友中,要想获得对方的好感,你就需要改变自己好打断别人谈话的陋习,努力学着做一个倾听者,如此,你会发现你收获的更多,你会明白上天给我们"两个耳朵、一张嘴巴"是有用意的,就是鼓励我们"多听少说"。

虽然朋友间最忌抢话题,但在有的情况下你不得不这么做,比如对方倾诉冗长、言辞无味,又引起你厌烦,这时候就有必要打断朋友的谈话了,但这毕竟是一种不礼貌的行为,打断朋友的谈话应该学会不伤感情的使用技巧,你可以适当地找个时机看看手表,然后说"对不起,我还有一个约会,听你谈话真是愉快的体验,听君一席话,胜读十年书。但我既然与别人有约,失信于人总是件不怎么光彩的事。"这样的话,给朋友台阶下,他也不至于厌恶或憎恨你打断他的谈话,又不会伤害你们之间的友谊。

在与朋友的交往中,要尽量克服自己抢话题的毛病,否则,你抢走了一个话题,却失去了一个朋友,因此要努力学会做一个善于倾听的人。

说话不要只图口舌之快

在我们周围有很多说话不经大脑思考的人，他们口若悬河、滔滔不绝，看起来十分潇洒，实际上最惹人厌烦。因为你不知道在什么时候，他们就会说出一些"恶语"而得罪人。所以，为了不成为众矢之的，你在说话的时候必须管好自己的嘴巴，知道什么该说、什么不该说，切莫因逞一时口舌之快而伤害了他人。

当然，生活中有很多这样缺心眼的人，他们看起来貌似天真可爱，实际上缺乏修养，他们说话不讲究措辞和语气，想到什么说什么，却不明白这样的口不择言将会成为损坏人际关系的罪魁祸首。在《三国演义》中，杨修就是因为图口舌之快、卖弄自己的小聪明而惹来了杀身之祸。

杨修是东汉末期文学家，以学识渊博而著称，建安年间被任为郎中，后为曹操主簿，因其聪明伶俐、能言善辩而得到曹操的重用。只要有重要的、难以处理的事情，曹操都会把他带在身边，让他出谋划策，一时间，杨修成了曹操身边的红人，满朝文武竞相巴结他，以图他在曹丞相面前美言几句。

曹操公布的文书及策略很多都是出自杨修之手，一般曹操的文书公布后，得到了众人的称赞，杨修就会心直口快地说这份文件是他起草的。时间一长，曹操就有些厌烦杨修了，他曾经想过割去杨修的舌头，但后来并没有行动，而杨修大嘴巴的毛病却越来越厉害。

有一次，曹操雇人翻修自己的住房。工人们日夜加班，赶在一周内完成了翻修。曹操来看后，什么话也没说，只在门上写了个"活"字，工人们不懂什么意思，议论纷纷，而这时杨修正好经过，杨修不以为然地说："不就是嫌门太'阔'吗？"后来曹操来检查，发现门改得很合理，就问工人如何破了这个谜，工人老实地回答是主簿大人。"又是杨修。"曹操心里又是一阵厌烦，于是便萌生杀意。试想，有那么一个人时刻在你身边抢风头，的确是一件很不爽的事情。但曹操又的确很爱才，只好再次选择忍下来。

之后不久，曹操带兵进攻斜谷，没想到敌方势力过于强大，主帅又很善于用兵摆阵，一时间，曹操被困在斜谷，正犹豫在进退之间，随即传令夜间以"鸡肋"为行动口号，众将不明曹操其意所指，在军帐面前议论纷纷。杨修经过时，听说曹操以鸡肋为号，顿时明白曹操心中所想，随即对众将说，大家回去收拾好东西，晚间退兵回朝。

听到外面没有了动静，曹操从军帐中走出来，却看见众将正忙活装车，忙问众将是怎么回事，众将回答主簿大人说丞相今晚班师回朝。曹操肺都气炸了，他叫人把杨修喊来，质问杨修为何破坏军心。杨修答，鸡肋者，食之无味，弃之可惜，由此可以知道丞相你的命令。曹操大怒，他对杨修的大嘴巴实在忍无可忍了，于是下令以扰乱军心为由把杨修给斩了。

杨修也明白自己的口舌之快惹曹操心里厌烦。据说，在行刑时，杨修曾叹息："我固自以死之晚也。"

杨修死后，曹操亦痛惜万分，但仍憎恨杨修只图口舌之快而给自己带来的不便和厌烦。

杨修为逞一时口快，无意中一次又一次地伤害了曹操的自尊心，纵使曹操再珍爱杨修之才，也不过是只"鸡肋"，食之无味，弃之可惜，虽然可惜，但终究好过让其日日在身边招他心烦要好很多。所以，虽然曹操对身边的人说："杨修之死，我亦万分痛惜，他若不死，我则夜夜不安，唯恐有什么事要发生。"杨修之死，全在于他没有管住自己的嘴巴，不懂得什么时候该说、什么时候不该说，不懂得维护曹操的尊严，若不然，凭他的聪明才智,不难有一番作为,而如今,后人提到杨修只感到可惜,却无法明白其真正的才能。

逞一时口舌之快确实能够给我们带来短暂的安慰,但在我们一次次地心直口快中却错失了很多良机,得罪了多少朋友,更有甚者,还会因此阻挡我们取得成功。尤其当我们心直口快、惹怒我们的上司时,职场之位就会变得岌岌可危,升职之路会更遥遥无期。

况且,说话心直口快并不是绝对的优点,特别是众人聚会的时候,说话图口舌之快,似乎力图表明你是个"万事通",这样的人最惹人反感,尤其是当你的言语与对方对立,即使众人明白你是对的,也不会给他们留下好印象。

一个真正成熟的人是善于控制自己的人。控制自己的情绪、控制自己的嘴巴,完全明白什么该说、什么不该说。所以说,真正成熟的人是能够完全把握自己的命运的,这样的人是受人欢迎的。

因此,为了你能有一个更好的前途、能有更多的朋友,你应该管好自己的嘴巴,不要只图口舌之快,害人又害己,得不偿失。你应该加强自身的修养,努力做一个有礼貌的绅士,不逞口舌之快、待人谦虚、给人留下好的印象,这样,你的人生才会更加精彩。

失意人前莫说得意之话

　　人的本性中似乎都有一种趋利避害的本能。当我们侃侃而谈的时候，谈论的大多是自己的得意之事，尤其在自己获得成就时更觉得自己高人一等，于是夸耀自己、赞美自己，仿佛在那一刻好像自己无所不能。

　　我们本能地以为这样会让对方感到敬佩和欣赏，而事实上，人们会像讨厌抱怨一样讨厌自我夸耀的人，尤其是那种不顾别人感受的夸耀。如果对方的生意正在面临着危机，你却言谈自己多么的富有；如果对方为了工作而艰苦跋涉，好几顿都没有填饱肚皮，你却说某家五星酒店的蟹宴多么美味，那么你就会被认为是没有口德。这样的自我夸耀除了满足自我暂时的虚荣外别无所获，对方也并不会因此而对你另眼相看。

　　周天是个电脑高手，有一次去朋友家做客。吃完饭后，朋友请他教自己编程序，于是周天十分简练快速地演示了一遍，接着朋友照他的方法也做了一遍。

　　在一边做的过程中，朋友几次抓头挠耳，始终觉得很困难。周天看到对方痛苦又好笑的样子大笑起来，嘲笑朋友如此愚钝，还一直强调"我那时怎样怎样"。之后，周天就一直讲述自己在电脑方面多么有天赋、设计程序多么简单等。

　　朋友虽然表面没说什么，但心里其实十分恼火，之后再也不与周天来往了。

　　其实，想一下，如果你像周天的朋友一样是位电脑菜鸟，当你碰到一个电脑高手在你面前讲述自己是如何如何有天赋的话，是不是也会感到生气和厌烦？所以你在开口说话时应该注意语气，不应带任何感情色彩，不要让人感到被瞧不起。

每个人都有处于人生低谷的时候，都有做事不顺的时候，当别人面临失意，特别是身边的朋友失意的时候，你就要注意自己说话的语气及内容，不要说得意的话。因为你的得意之话就像是在对方受伤的心里再撒上一把盐，会伤害对方。

当朋友失败时，也不要摆出一副成功者的姿态对其进行总结教育。失意的人，其心里已经够苦的了，你再以一副成功者的姿态说些教训的话，就会让他更受打击。每个人都有自省的本能，做错事都会总结一些经验，很多事情是不需要别人以得意者的姿态指出的。

有一天，张娥邀请了几个朋友到自己家中做客，这是有目的的，原来丈夫阿福的公司目前经营不善，会计又和副经理携款而逃，公司面临倒闭的危机，阿福整天闷闷不乐，总觉着自己用人不善，非常自责。张娥看在眼里，疼在心里，她知道丈夫白手起家，很不容易。于是，她请了几个阿福的大学同学来劝劝阿福，希望阿福的心情能好一点儿。

来的人都知道阿福目前公司的状况，所以大家都尽量避免提起，只是高兴地回忆大学时期的往事，然后诉说着刚毕业时就只是想找个好点儿的公司踏踏实实地打工，从来不敢奢望自己创业，大家吐着苦水，谈论着自己目前的困难。阿福听着同学们的诉说，心里也十分感慨，他没想到大家都这样的不容易，也顿时觉得自己还不至于那么差。这样想着，阿福的心情便变得舒畅多了。

可是，酒至酣处，一个朋友就忍不住夸自己知人善用，短短的两个月，公司的业绩就翻了一番，把自己比喻为刘邦，说刘邦为什么能成功，就是因为他知人善用。一脸的得意样，让周围的人看着都恶心。

这时，阿福的心情又开始变得沉重起来，头也没勇气抬起来了，只是一个劲儿地闷着喝酒，最后实在听不下去，他就下了逐客令，怒气冲冲地把这些人赶了出去。关上门后，夫妻二人面面相觑。阿福坐在沙发上，铁青着脸，一句话也不说，心情比原先更差了。张娥没想到会弄成这样的局面，心里非常厌恶那个得意者。

后来，阿福公司的局面渐渐好转，并且听说阿福从此以后再也没有跟那个得意者来往过。

故事中的得意者在阿福面前说得意话，最终丢失了彼此的友谊，彼此从此不相往来。可见，在失意者面前谈得意话是多么令人厌烦，所以我们应该学会控制自己。

人在失意的时候是最脆弱、最敏感的，一点儿小小的不顺就会令人高度紧张，所以在这个时候谈论得意的话题，会让失意者认为你不尊重他、瞧不起他，从而在心里对你产生敌意，甚至会极端地想"破罐子破摔"，行为冲动，让人付出生命的代价。相反，如果我们在别人失意的时候能够恰当地表达我们的安慰，或许我们能够得到一段友谊，至少会赢得失意者的好感。

所以，无论什么时候，我们都要有一颗平常心，静坐常思己过，闲谈莫论人非，不要总是想着夸耀自己，尤其在那些失意者面前或者那些不如你的人面前。人生在世，世事无常，说不定什么时候你也会失意，当你失意的时候，你期待别人怎么对你，现在你就怎么对待别人。有一句话叫做"将心比心"，站在对方的立场来思考，你就会明白什么是你该做的、该说的。

现今社会中，真正有才能的人是不会那样炫耀自己的。聪明的人总是把低调作为自己做人处世的准则，而正是这些低调的人越来越引起人们的尊重和爱护，所以，在失意者面前要学会低调，至少不说得意话来刺激失意者，慢慢地你就会发现这比自我夸耀带来的荣耀要多很多。

背后闲言碎语君子不为

有的人天生就喜欢背后对人指指点点说坏话，这样的人便是没有口德的人，而他们也自然不会招人喜欢。然而还有一种人，他们会在当面附和众人一起称赞你，转过身后却像变了一副面孔一样，四处揶揄你。

"君子坦荡荡，小人常戚戚。"一个真正的君子是没有闲情逸致去搬弄别人的是非或背后说他人的闲言碎语的，只有那些自己技不如人且怀有强烈虚荣心的人才会在背后说他人的是非。

俗话说："好事不出门，坏事传千里。"今天在背后闲言碎语地说别人坏话，也许在明天就会传到那个人的耳朵里，真正的聪明者或者会置之一笑，但如果让被造谣者认真起来，就可以追究造谣者的法律责任，让造谣者赔偿自己的名誉损失。

某名人和某模特在一起吃了顿便饭，有些好事者就大肆渲染成某名人和某模特有私情、关系很暧昧。坏消息总是传播得很快，于是一时间，世人都知道某名人私生活不检点。被这种无中生有的小事而扰乱了生活的名人十分恼火，因为这不但影响到了他的家庭生活，还侮辱了他的人格。最后，为了证明自己的清白，他一怒之下把这些在背后闲言碎语者告上了法庭，要求赔偿其名誉和精神损失费。

如果你对一个人有意见，应该当面或者以一种比较委婉的方式来告诉他，而不是在背后闲言碎语恶意中伤。损人不利己，在背后闲言碎语者总会给人一种不真诚的印象，没有多少人会乐意相信这些道听途说的小道消息，最后只会说明此人的素养是多么低级。

己所不欲，勿施于人。如果有一天你走在街上，突然听到别人说你的闲言碎语，那种滋味一定很不好受。既然你不想这样，那么就不要去说别人的闲言碎语。做人要将心比心，事情就会简单很多。

诚然，谁人背后不说人？谁人背后无人说？闲言碎语者往往会有意无意地靠近你，例如，你在办公室工作，某同事走过来对你说某某和某某怎样怎样，又或者和上司怎样，从精神分析学来看，这一类人是把自己的快乐建立在别人荣誉受损和难受之上，这是一种"杀人不见血"的行为，是一种道德素养低下的表现。

谣言止于智者。无论从哪方面看，在背后闲言碎语都没有可取之处，只会惹人厌，从而惹祸上身，所以，我们在平时与别人交谈时，应该注意避免说那些别人不爱听的话。

也许有一天，你会听到别人所说的关于你的闲言碎语，最好的做法是淡淡一笑、置之不理。当你被别人闲言碎语的时候，你也许可以借鉴一下狄仁杰的做法。

狄仁杰是武则天时期有名的"神断"，又位居高位，在背后议论他是非的人很多，慢慢地，有些闲言传到了武则天的耳朵里。这些闲谈碎语全是说狄仁杰的不是，蒙骗皇上、拥权自重、结党营私等，武则天听后怒火中烧，于是她找人去偷偷地调查狄仁杰。几天后，武则天得到回报，这些闲言碎语全是子虚乌有、造谣生事。

于是，武则天大悦，心里厌烦那些造谣者，打算将他们全部处斩，但她想知道狄仁杰会怎么做，于是她把狄仁杰叫到后花园中说道："有人造谣，说你坏，你想不想知道是谁？"

狄仁杰回答："如果有过错，臣便改正，至于是非者，臣不愿知其是谁。"

狄仁杰胸怀坦荡，从那以后，武则天更加信任狄仁杰，很多国事都找他商量。

狄仁杰的大度为他赢得了女皇的信任，也许一般人都达不到他这种境界，但我们必须管住自己的嘴巴，应该学会对事不对人的处世方法。在背后闲言碎语，稍微有良知的人都会鄙视这种做法，尤其为那些正人君子所不齿。这个社会，人们真正尊重的是那些在背后说别人好话、以德报怨的人。

第2章
没有口德就做不好管理

管理者要充分利用好管理环境，导之于言而施之于行，最大限度地引导和调动被领导者朝着既定的目标共同努力。无口德的管理者背地里总是遭到员工的谩骂，工作上也会有反抗情绪，有口德的管理者才是一个合格的管理者，他们知道属下真正的需要，并在适当的时候投其所需，让下属感到自己无时无刻不在被关心着。

以德服人，更要以口德服人

怎样才算是一个良好的企业管理者？有人说，懂得以理服人最重要，然而许多领导的确是想要以理服人，只不过"理"字讲来讲去，就讲成了空理和蛮不讲理。于是最终，人们不得不再次提倡要"以德服人"。

以德服人不是一句空口号，以德服人的最终目的在于突出强调"德"的作用。"德"可以指德行、品德，一个人，特别是管理者，无德而硬讲理，那么有理也成了无理；以德服人也不是必须要代替以理服人，如果一个人只跟他人讲道德、讲品德，却讲不出丝毫道理，那就成了丝毫无口德，无口德的人有德也变成了无德。

麦当劳是一所大型连锁快餐集团。有一段时间，麦当劳的餐饮业务因飞速发展，搞得员工常常筋疲力尽，于是麦当劳的员工滋生出很多不满情绪，甚至严重影响了工作的运行。

面对这种情况，麦当劳的高层一开始表现出十分强硬的态度，对那些带头滋事的员工进行严肃的批评指责，但员工的不满情绪不但没有减弱，甚至愈演愈烈。

后来，麦当劳改变了方案，提出为员工涨工资和增加福利，然而局面还是没有好转。最后，高层管理者进行探讨，制订出一个"临时座谈会"制度，座谈会不拘形式，以自由讨论为主，鼓励下属大胆讨论有关业务项目的内容。在会议中，大家可以畅所欲言，倾吐心中的不快，甚至可以利用这个机会指责他们的上司，直到把心中的不满和意见全都表达出来。当时，所有员工都抱着极高的积极性参加了座谈会。

会议中，麦当劳的管理层对各种问题进行记录、归纳、总结，不论是上情下达还是下情上达，都一路畅通无阻。最后，麦当劳的管理层及时了解了下属的心理状况，采纳了他们的合理意见和建议。自从有了这一系统，员工们的情绪很快恢复了稳定，业绩从此蒸蒸日上。

在一个企业中，管理者与被管理者是一个矛盾共同体，他们既是对立面，也离不开互相配合。如果一个管理者丢失了德行，那么被管理者只能放弃团结合作而与他保持绝对的对立，这样的管理无疑是失败的。

麦当劳正是意识到了这个问题，因此才制造了一个上下级之间交流的平台，使得下情能更好地上达，最终圆满化解了矛盾。这便是以德服人的典型——充分的信任、平等的沟通。

如果把道理附加在品德之上，那么这样说出来的话有品德，更有口德。管理者在处理各种复杂的人际关系时，如果不能与下属进行有效沟通，就会使管理混乱、效率低下，更有的管理者会把问题直接推到下属身上，只一味批评责骂下属，最后只会加重下属的不满，激化矛盾。如果下属长期不能与领导进行有效的沟通，就不能得到展示自己才能和倾吐不满的机会,那么就只能丧失工作的积极性。

公司新来了一名大学生,总是独来独往,表情僵硬,终日不见一丝笑容,也从来不主动跟人说话。同事们似乎认为他难以接近,所以都有意疏远他,而那位大学毕业生似乎对此满不在意,依然我行我素。这一切都被科长看在眼里。作为一名富有经验的领导,这位科长凭直觉认为这位新同事心里肯定有难言之隐。基于此种判断,科长便处处留意观察,并利用一切机会接近他。每天上班时,科长总是热情地与他打招呼,每次下班,科长也不忘问他一句:"怎么样,你晚上有什么活动?"

日子一天天过去了,这位科长锲而不舍的行动终于感化了那位新同事,他向科长吐露了自己的苦衷,原来他刚失恋,痛苦得不能自拔。听完他的倾诉,科长语重心长地开导他:"生活并没有对你不公,关键是你没有战胜自己的不良心态,失恋对你来说固然是个打击,但一切都可以从头开始呀。难道你一辈子待在这个阴影下面不出来吗?你可以不善待你自己,但你应该善待别人,尤其是你的同事,为什么要把你的不快带给别人呢?"经过科长一番耐心而热情的开导,那位大学毕业生终于茅塞顿开,从此解开了缠绕在自己心头的疙瘩,以崭新的精神面貌投入到工作中,和同事友好地相处。

自始至终,这位科长都没有一句批评他的话,甚至一点儿都没有涉及工作,可是从那之后,年轻人却发生了很大的改变,连工作效率都提高了。

人心都是肉长的。领导以自己的真诚和细致关心、爱护下属,就没有解不开的心结。在这种具有人情味儿的领导手下工作,人人都会心情舒畅,工作效率必然会提高。

一个女职员突然要求请假,理由是家具店将送一批家具到家里,她必须回家开门接收。对于这样的理由,领导者本可以断然拒绝的,但这么做就可能会伤害下属的感情,若同意她的请求又会影响工作。那么,这位领导该如何回复女职员的请求呢？

最后，思考再三之后，领导这样回答："我很理解，贵重物品到了却进不了门，放在外面又不放心。如果是我的话，也一定想要回家，但问题是，现在公司的确又离不开你。这批货明天早上之前必须交，否则我们就会损失一位大主顾。你也是老员工了，应该明白我的苦衷啊！要不这样，你给家具店打个电话，请他们明天再送家具，那时货已经交了，我肯定会给你足够的时间让你回家处理私事的。"

结果，女职员欣然答应了，还因为领导处处为自己着想而感激了一番。

由此可见，这个领导是有品德的，并且懂得以口德服人。这样的答复有3个好处：其一，下属明白领导是重视自己的，因为领导确实站在对方的立场上考虑她的要求了；其二，下属明白了领导为何不能批假的原因。如果领导不予以解释，那么下属就可能认为领导专横跋扈；其三，下属能从领导的言谈里明白自己的位置有多么重要，即便不能回家处理自己的私事，也决不会有一点儿埋怨。

没有口德就做不好管理，领导者要想管好下属，就要学会以德服人，利用自己的品德和口德感染对方。这期间，你可以通过设身处地地为下属着想来进行交流和沟通；在言谈中要时常表现对下属的理解和关心；对于下属提出来的建议要予以表扬和称赞；即使建议不可用，也决不能讽刺挖苦、予以否定……这样，下属会因为得到了你的尊重而更加服从指挥、更加热爱自己的工作。

摆正自己的位置再说话

有一位作家向他的朋友滔滔不绝地讲述自己的过去和他即将问世的作品，他的朋友甚至没有机会插上一句嘴，直到这位作家自己停止了诉说。最后，作家还反问道："你对我和我的作品有什么看法吗？"

这位作家实在是一个笨拙的说话者。当然，每个人都喜欢谈论自己的事，但这并不意味要将话题都集中在自己身上。这位作家这样滔滔不绝地谈论自己就在无形中与对方形成了一种说话模式，即居高临下地以自己为中心的说话模式。

然而，人与人之间，无论是朋友关系还是亲戚关系，无论是雇主关系还是卖家与顾客的关系，相互之间都应该平等以待，这样才能做到平等对话。作为一个管理者，就更应该摆正自己的位置，而后再进行对话。

当松下电器还是一个乡下的小作坊时，作为公司的领导，松下幸之助每次总是带领推销员亲自示范推销产品。

松下在向顾客推销时不卑不亢，说得句句真诚，从来不强买强卖，也不会蒙骗对产品毫无了解的顾客，他总是会认真听取顾客提出的每一个问题，而后认真仔细地作出回答。当完成交易后，松下还会询问顾客对他这次推销有何意见。

有一次，松下幸之助碰到一个砍价高手，于是他这样说道："我的工厂是一家小厂子。在炎炎的夏日，工人们在炽烈的铁板上加工产品，每个人都汗流浃背，却从来没有抱怨过，这是大家好不容易才制造出来的产品。按照正常的利润计算方法，应该是每件以 X 元承购。"

听了这样的话，对方总算开怀大笑了，他说："人们在推销时有很多种方式，有的像客人，有的像主人，有的像居高临下的贵族，有的则地位卑微，他们在讨价还价时总会说出种种不同的理由。但你说得不一样，你只是在认真推销，让人听了句句入情入理。好吧，我就按你出的价格买下来好了。"

松下幸之助向他的推销员证明了这样一个道理：只要每个人都摆放好自己的位置、真心诚意地进行推销，自然就会打动顾客。不论是做管理还是做推销，松下都能做得游刃有余，就是因为他懂得如何摆放自己的位置、明白作为一个推销员该说怎样的话、作为一个领导该说怎样的话。

说话具有真情实感，能够做到平等待人、虚怀若谷、不以自己为中心，这样的说话者就是有口德的人。奥地利著名心理学家亚佛·亚德勒在其著作《人生对你的意识》中有这样一句话："对别人不感兴趣的人，他一生中的困难最多，对别人的伤害也最大。所有人类的失败都出自这类人。"

被称为"世界魔术师中的魔术师"的赫万·哲斯顿能让超过6000万的观众买票观看他的精彩演出。他成功的秘诀究竟是什么呢？其实很简单，就是从观众的角度出发，多为观众着想、懂得表现人性。

哲斯顿说："许多魔术师在表演时总是居高临下，他们甚至认为底下坐着的都是一群傻子和笨蛋，而自己很乐意看到他们被骗得团团转。"哲斯顿从来不会这样想，每次上台他都会对自己说："我必须要认真表演，不能出一丝错，这些来看我表演的人都是我的衣食父母，是他们的支持才使得我能舒舒服服地过日子，我必须将最高明的手法表演给他们看。"

表演跟说话是一个道理，如果你想让自己说出来的话更具有价值、更能有影响力，那么就要记住在说话前先摆正自己的位置，要想一想自己究竟是以什么角色来与人交谈的、这样说话是不是会赢得对方的信任和认可。

有一个厂长在就职时向员工发表了别出心裁的讲话。

"让我当厂长,我打心眼儿里感到高兴!但厂长不好当,担子重啊!从现在起,我给大家交个底儿,我不想干两件事就'捞一把',非跟大伙儿一块儿干出个样子来不可,我们好比一根绳子上拴着的两只蚂蚱,飞不了你们,也跑不了我……"

几句话引来了台下的一片掌声。厂长的话平实、通俗,更没有表面的客套,但让人听后却觉得含义不平常。显然,这几句话赢得了员工的信任,许多人纷纷议论说:"这个厂长挺实在……"、"厂长是个老实人,我们跟着实在的厂长干,叫人心里踏实……"

厂长摆正了自己的位置,第一,没有夸下海口,说自己能为工人带来什么;第二,厂长没有就眼前厂里的问题进行总结和责问;第三,厂长不是居高临下地说出自己的宏伟抱负,而是说明自己真心诚意地要与工人们并肩前行。虽然是短短的几句话,却达到了最高境界的管理效果。

有口德的管理者始终明白,在一个交谈过程中,自己应该处于一种什么位置,而后说怎样的话才能起到管理效果。

领导者说话要避免口头禅

日常生活中,几乎每个人都有自己独特的口头禅,如"你随便"、"无所谓"、"还可以"、"拼了"等。口头禅其实是人们的一个下意识的表现,它反映了人们的一种情绪、一种心态,同时也间接反映了一个人的性格,可以说口头禅能将我们的性格特征暴露于人前。

在职场中,作为一个管理者,通常要比普通员工承受更多的压力,因此会在不知不觉间生成许多口头禅。一位心理专家曾说："消极的口头禅具有心理暗示作用，会在不经意间磨灭人的意志。"相反，积极的口头禅则会放大甚至激发人的潜能。不管是消极的还是积极的口头禅，就在管理者脱口而出的瞬间，几乎都能感染到他的员工。

譬如，一个年轻人在经历过种种挫折后，如果还能保持一个积极乐观的情绪，那么他的口头禅可能会是："加油！"但如果他已经再也经不起任何挫折的打击了，并开始对人生心灰意冷，那么就可能会长吁短叹："人生就那回事儿！"

这两种截然相反的态度自然会传达到别人的耳朵里，作为领导者，你的态度可能直接关系到员工的心态乃至影响这个公司的运转。

老王是销售部门的主管，50多岁，与大多数人有着相似的经历：年轻时上山下乡，蹉跎过岁月；后来回到城里成了工人、在国企当过干部、几年前又下海经商失败，现今在民营企业任职。

公司里的年轻人都喜欢老王，也很佩服他的经历，但唯独不喜欢他经常说的那句口头禅——"想当年"。一开始，大家听他讲自己的经历还觉得很受启发、很有收获，对自己也有一定的影响，但是听得多了就感觉厌烦，好像他在倚老卖老、处处教育人一样。

时间久了，大家已经产生了逆反心理，只要一听见"想当年"就赶紧找借口溜掉，就连一开始对他十分崇拜敬重的年轻人也改变了态度。

在上司眼里，认为像自己一样从艰苦岁月走过来的人是有许多地方值得年轻人借鉴的。于是，在与年轻人交流的过程中，自然而然地就会提起"想当初"，尤其在给新员工做培训时，更会常常拿自己的过去鞭策激励他们。

一个人如果常把"想当初"挂在嘴边，难免会让人感觉他不思进取、思想保守。因此，作为一个管理者，更要积极地去理解职场的新思想和这个时代的新精神。相信,如果把"想当年"改为"我看好你哦!"会起到更好的激励效果。

老张是一家广告公司的高层领导,他性格外向、平易近人,很能与员工打成一片。老张说话也很幽默,十分喜欢与年轻人在一起交流沟通,但美中不足的是,老张特别喜欢讲口头禅,什么"妈呀"、"你二大爷"、"这怎么可能"、"你知道吗",等等。试想一下,如果一个人没说几句话就蹦出一大堆的口头禅,会是怎样一种感觉?

后来,就连新来的年轻人都感觉老张这个人轻浮、不稳重、说话带脏字、缺乏领导力,也很难服众,等等。

如果一个人说话经常"妈呀,妈呀"的,的确会有失风度,更何况是公司的高层领导?如果你的领导动不动就说"你知道吗",会不会显得太不自信和稳重了?还有一些带有骂人意味的口头禅,如"你二大爷"的,都会降低一个人的素质和品位。

事实上,口头禅不仅仅是一句常用语,更能体现管理者的语言表达和品位。有些低俗的口头禅如果时常运用在职场中,未免显得太过随意和缺乏涵养。要知道,你的下属一直都在关注你,哪怕是一些你认为并不重要的细节。

还有的口头禅带有严重的悲观主义氛围,比如:"不容乐观"、"这也太差劲儿了吧"、"弄不好"、"同志们仍需努力啊"等。如果在与你的领导探讨工作的事情时,无论是策划方案还是设定计划,他都会与你探讨得十分仔细,但最后却来一句"不容乐观",你会抱有怎样一种心情?如果你的上司在看了你的工作业绩后总是有意无意地来一句"这也太差劲儿了吧",你会不会备受打击?

职场中不乏这样的领导,他们仿佛每天都在诅咒自己和别人的工作一样,总是悲观地看问题。也许这是他们想问题的方式,如果总是先把事情往坏处想，那么即使事情真的失败了也不会有太大的心理落差。但是，你的下属未必能接受这样的思维方式，结果他们在你的一次又一次的打击下，终于"缴械投降"。

如果口头禅成了一种说话习惯，有时就会在不合时宜的情况下脱口而出，这时就算是那些带有积极意味的口头禅也未必能带来积极的效果。

小王是单位里最年轻的领导，因为年纪轻，为人和善，也比较尊重前辈，因此大家都很喜欢他，尤其是他那句很鼓励人心的口头禅"还不错"，更是极受欢迎。

一次，公司一位老员工气喘吁吁地冲进办公室，一屁股坐了下来，然后拿着手中的卡片扇来扇去，抱怨道："没见过这么'面'的司机，我比平时早10分钟出门，结果遇到一个拖拖拉拉的司机，赶上了一路红灯，害得我一阵猛跑，差一点儿就迟到了！"

"还不错嘛，"小王听见有人在说话便站出来说，"至少没有迟到啊！这么看来好像专门为你算好了时间呢！"刚才还气冲冲的老员工听到小王这样说，心里感到宽慰极了。

然而，这句"还不错"并不是每次都能化腐朽为神奇的。有一次，小王所带领的部门与另外一个部分进行企划比赛，在这个过程中，小王和同事们都为这次比赛做了充足的准备，认为势在必得，然而到了最后关头竟然有一个人不小心把自己的方案透露了出去，直接导致失败。

为此，大家都很失落，因为错失了升职加薪的机会，而且还枉费了大家的努力，心里都在埋怨那位泄密的员工。这时，小王却对那名员工说了一句"还不错嘛"，可是再也说不出下文来了。不知为何，同事们那时对那句话感到厌烦极了。

在平常，小王的这句口头禅能起到一定的积极意义，但如果说错了场合，那么其带来的消极意义也是十分强烈的。一句"还不错嘛"让其他员工伤透了心，认为领导不但赏罚不明，还是个彻头彻尾的"面瓜"、"老好人"，顿时心生厌恶。

这就告诉我们，作为一个企业领导者，最好能在工作中省掉自己的口头禅。很多时候，口头禅关乎一个人的品性和素养，也能判断一个人是不是拥有良好的口德，如此会过多暴露自己，不仅对自己不利，对整个团队和企业都是不利的。

下命令切勿颐指气使

《大学》里有段传世名言："古之欲明德于天下者，先治其国；欲治其国者，先齐其家；欲齐其家者，先修其身。"对此，孔子曰："其身正，不令而行；其身不正，虽令不从。"直到清朝的康熙皇帝仍然坚信此条，而后说出了"江山之固，在德不在险"的旷世名言。

从古至今，人们都相信管理者要想做好管理，就必须先修其自身、以德服人。在现代企业中同样如此，高明的领导者大多以德服人，一般的领导者靠赏罚分明来激励员工，愚笨的领导者只懂得颐指气使地乱指挥。

一项调查表明，员工有70%的离职原因与其顶头上司有关，可见在一个组织里，管理者的作用不容小觑。那么，究竟现在的管理者都是如何下命令的呢？

小李刚到一家公司任职不久，就发现一个令他十分厌烦的现象，就是他的直属领导在吩咐完任务之后总是让他一字不落地复述一遍刚才所下的命令。

一次，领导快速地说了一遍今天分派给他的任务，之后又像往常一样让小李复述。小李想了想,只说出了一两条,然后便再也想不起来了,领导听了之后一脸不耐烦的样子,说了一句"脑子干什么用的",然后扭头就走。

小李气不打一处来,真想冲进去让他再当面重复一遍刚才的话,然后把他骂个狗血淋头。但是,小李还是忍住了,心想:对方没有素质,我却不能失了口德。但是,不久之后,小李就辞职离开了那家公司。

很多时候,当你把一项任务交给下属后,下属完成的结果往往不能令你感到满意,甚至与你的期望相差甚远,这的确是一件令人头疼的事,你恨不得开口大骂,但此时一定要保持清醒的头脑,切勿冲动。

作为管理者,你应当明白,每个人的行为都是靠自己的大脑指挥的,你的大脑可以指挥自己的行为,却不能指挥别人的行为,别人也是如此。因此,如果你要想让别人的行为按照你的大脑去行动,就必须把你的大脑所想的东西很好地传达给他人,然后让他人的大脑按照你所想的来指挥他们自己的行为。

你的命令到底能不能得到贯彻执行,很大程度上与你的传达和下属的理解能力有关。如果你没有很好地传达给对方,而对方也没有很好地理解,那么下属的执行力就可能大打折扣。因此,为了避免这个情况的出现,你必须想办法让下属很好地接受你的命令,于是你便想到了让对方复述你的命令,由此,问题就出现了。

显然,当你让下属复述命令的时候,可能会激怒他,因为会让对方误以为你是在低估他的记忆力和理解力。那么,怎样才能避免误解的产生呢?这就要看你如何使用语言表达方法了。有口德的人肯定不会像案例中的那位领导一样骂骂咧咧,而是会这样说:"请你重复一下刚才我说的话好吗?看我是否遗漏了什么,或看我是否表述有误。"这时,对方就不会产生误解和反感了。

如果你还是害怕造成不必要的误解,而不选择这种方式来加强命令的传达,还有另外一种选择也能起到一定的效用,即,当你讲述完命令而对方还没有听明白的时候,你就可以让你的下属向你提问。

章主任是一家公司的中层领导,每次给自己部门的职员开完会后,为了确保任务安排妥当,他都会要求职员们问他问题,如果不问的话还会很不高兴,最后竟然点名来让大家提问。后来时间久了,每次开会职员们都会诚惶诚恐,害怕自己被点名。但是,他们发现这种方法除了有点儿不近人情外,还是十分有用的,因为这样一来,大家为了不在众人面前出丑,都会专心听领导分配的任务。

当面对一个人的时候,如果害怕对方没有听明白而加以询问,这很正常,但如果是当着一群人发布命令,而后一个人一个人地提问确认,那就说不过去了,但其实多数人都会有问题,只不过大家碍于面子,不想在人前暴露自己的疏忽和无知。可是如果像章主任那样点名让对方提问,就显得有点儿专横,不给他人留余地。

那么,管理者要怎样处理这种情况呢?毕竟,整天让自己的员工诚惶诚恐地开会接受命令不是一件妥当的事。这时就需要你的口德来解决问题了。

如果不确定下属是否听明白了你的命令,你可以向下属有技巧地发问,以此证明。章主任在一次中层领导的管理课上有幸学到了一招,现在就来看看他是如何改善这种情况的。

一次,章主任在分派完命令后,让大家回顾一下自己刚才所听到的命令。接着,他开始了发问:"小王,你是怎么理解这个问题的?"

"小张,这样处理这件事,你有什么异议吗?"

"你明白为什么这件事要这样处理吗?"

"这件事一共有几个解决方案?"

......

作为管理者，如果希望下属能圆满地完成任务，你就需要引导他应该怎样想、做这件事一般需要多长时间、在做的过程中需要注意什么事项，但不要告诉他如何去做，让他自己开动脑筋，发挥主观能动性去完成。这样一来，如果对方还不能很好地完成任务，那就是他的能力有问题了，你也不需要对此大伤脑筋。

管理者需要注意，应该将命令像任务一样传达出去，这样做不但会增强员工的责任感，更能感到自己所做的工作直接关系到组织的利益。因此，这样传达命令不但能使你获得驾驭下属的卓越能力，还可以让你积攒口德，更受下属的爱戴。

批评要就事论事，莫伤人格

我们常说，批评他人要摆事实、讲道理，但实际上很多人在批评他人时只是在使用一些苍白、干瘪的大空话去讲一大堆的道理而忽略了摆事实，更有些不高明的领导者认为批评就是怒骂、责骂，认为这样才能让犯错者清醒地认识到自己的错误。

这样的批评手法是不高明的，不但不能起到相应的作用，反而会伤害对方的人格，让对方产生自暴自弃的想法。

某学校的一位女生与校外某青年发生了不正当的男女关系，这件事被学校领导知道了，领导对此大发雷霆，立刻找来女学生，把她批了个体无完肤，骂得既难听又伤人格。其实女学生也深刻反省了自己的错误，并十分诚恳地向领导认了错。

事情到了这个地步,照理说应该有所交代,该到此为止了。然而,学校领导似乎不肯善罢甘休,他一定要让女学生写下书面保证,并要求她在系里公开认错,否则就要告知家长,然后勒令退学。

女学生心里很委屈,认为保证书可以写,但公开认错就太伤人了,一个女孩子做出了这种事,本来就不光彩,隐瞒还来不及呢,怎么能当众曝光呢?最后,女学生不堪重负,选择离校出走了。

一个人犯了错的确需要批评,但批评归批评,没必要置对方于死地。作为领导要时刻明白:我们批评人的目的是为了救人、帮助人,而不是去伤害人、侮辱人。他人犯了错,对这个错误实事求是地批评提醒一下即可,如果再翻来覆去地纠缠不休,非要弄得人尽皆知不可,那就会伤害一个人的人格。这样的批评不仅于事无补,更显得愚昧、荒唐,更有可能将犯错者推向罪恶的深渊。

其实,批评人只要注重错误本身即可,但有时只注重提醒错误本身,可能不会让对方有所觉悟。这时,也没必要大发雷霆,只需要迂回曲折地暗示一番,只要能巧妙地用事实轻轻一点就能达到效果,如果这样还不行的话,就直言相告,当面指出对方的错误。

一位病人与医生约好上午10点就诊,并在10点准时到达,可等了20分钟后,医生才溜溜达达地到达,病人心中十分气恼,觉得医生这种不守信用的行为实在是无礼、可气,便用手指了指手表,而后对医生说:"现在是10点20。"医生只是淡然地回复了一句:"是吗?"

这更激怒了病人,但他克制住了自己,仍然重复了一遍:"现在是10点20。"病人不想同医生发生争执,于是努力通过暗示来让医生明白自己的指责,可医生似乎有意避而不谈,而是相当镇定地问:"10点20又怎样呢?"

这下病人忍无可忍了,终于指出了医生的错误,说道:"你迟到了,既浪费了你20分钟的时间，也浪费了我20分钟的时间。"医生听后，这才向他道歉。

这位病人对医生的批评指责就十分合理，一开始，他想用迂回暗示的方法将自己的批评传达给医生，然而医生并不予以接受，也不向他道歉，最后他只得直截了当地指出了他的错误，在批评的过程中就事论事，不带有任何不满情绪，只是针对迟到问题进行批评指责。

像这样的批评方式就是高明的，管理者在对下属进行批评指责时也不要因为自己的地位高、权力大就颐指气使、指手画脚。批评他人只要就事论事就行，千万不能伤害对方的人格。

有时，在特定的场合下不得不批评他人时，你不妨采用"一语双关"法，这样既能达到批评的效果，也不会伤害对方自尊。

一位年轻的作者到编辑部送稿，编辑看后皱了皱眉头，问道："这篇小说是你自己写的吗?"

"是的，"年轻人信誓旦旦地回答，"我构思了两个月，整整花了一星期才写出来，写作太辛苦了!"

编辑听了，突然大发感叹："啊!伟大的契诃夫，您什么时候又复活了啊!"

年轻人立刻红下脸来，悄悄地离开了。

这位编辑利用包含在话语意义里的双关语义批评了年轻人："伟大的契诃夫，您什么时候又复活了啊!"意思是说，这个小说本来就是契诃夫的作品，这不是契诃夫再现吗?既含蓄诙谐又具有强烈的讽刺力量，可以想象，这样的批评效果远比板着脸快语明言地教训人要好得多，也更容易让人接受。

批评的方式有多种多样，一个有口德的管理者不会用赤裸裸的话语直接对他人说："你真笨"、"你真愚蠢"、"你怎么这么不小心"等诸如此类的语言，他们会把批评的话语裹上一层糖衣，而后再轻轻地送到被批评者的手里，由他自己去品味、去反省。

战国时期，以许行为代表的农家学说主张人人自食其力，一切事情都要自己做，不到万不得已的时候不求人。因而信奉农家学说的人全都穿粗布衣，靠打草鞋、织席子来维持生活。有个叫陈相的人本来信奉儒家思想，但一见许行就改为了信奉农家学说。

有一次，陈相遇到孟子后还竭力宣扬农家思想，他对孟子说："我认为许行先生的观点非常有道理，凡是贤明的君主都应该与百姓一同耕作，自己亲自做饭吃，同时兼理朝政。如果不能自给自足，怎么能称得上是贤君呢？"

孟子虽然对陈相非常不满，但还是压制住怒气问道："那么许先生是否一定是自己种粮食然后自己做饭吃吧？"陈相回答说："是的。"

孟子又问："那么许先生一定是自己织布做衣吧！"陈相说："不是，许先生穿的粗布衣服是用麻做的。"

孟子又问："许先生戴的帽子是他织布做的吗？"陈相回答说："不是，是用粮食换来的。"

孟子又问："许先生为什么不自己织布做帽子呢？"陈相说："怕耽误时间、妨碍耕种。"

孟子又问："许先生用锅做饭、用铁具耕地，这些都是他亲自做的吗？"陈相回答说："不是，也是用粮食换来的。"

因此孟子说："如果许先生用粮食去换锅、农具，这不能说对陶工和铁匠有所妨碍，那么陶工和铁匠用器具去换粮食，又怎么能说他们对农夫有所妨碍呢？何况许先生主张自给自足，那他为何不自己亲自做陶器和铁具？一切东西只从自己家里拿来用，又为何忙忙碌碌地拿粮食与别人交换呢？"

　　孟子对陈相向他宣扬的观点没有直接地批评说是不对的，而是用设问诱导的方法一步步摆事实、讲道理，将许行的观点驳得体无完肤，却又合情合理，让陈相在不知不觉中接受了孟子的批评意见。孟子虽然对陈相的背叛有些不满，但从始至终都没有因此而指责批评他对信仰"不忠"。

　　作为一个管理者，当下属犯了错误，有批评教育的义务，但这并不意味着就可以挫伤对方的自尊、贬低对方的人格。在进行批评教育时，为对方留点儿口德，哪怕直接将对方的缺点、错误指出来，反而能避免伤人自尊，且能避免使人产生逆反心理，从而达到批评的最佳效果。

对下属多用礼貌用语，切勿张扬跋扈

　　老李是公司的高层领导，一次，他到分公司检查工作，分公司的行政人员为了让他更好地了解情况，便全程陪同。一天下来，这位陪同人员气急败坏地向领导反映："再也不伺候那位爷了！"原来，在陪同过程中，老李总是毫无礼貌地说："喂，那谁，你说说……"接着用手指向这位行政人员的鼻子。

　　"没见过这么张扬跋扈的领导，仿佛我就是一个听他指挥的机器人，随便用手一指，我就得心领神会，替他干这干那！"行政人员这样评价老李。

　　其实，老李并不是不知道这位行政人员的名字，但他平时骄横惯了，总是用"喂，喂"来称呼下级。这位行政人员虽然职位不算高，但年龄比老李还要年长几岁，资历也很老，只是因为没有一纸文凭才没有得到提拔。

　　后来，这位行政人员将这些情况反映给了上级领导，以后每次老李再来基层检查工作,他便以工作忙或身体有病等理由推脱,不再陪同了。慢慢地,单位很多人都对老李产生了意见。

作为高层领导的老李因为说话没有礼貌,无形中就得罪了一批人,不但影响了自己的人际关系,也影响了公司对他的评价,这是得不偿失的。由此可见,不管你的职位是高是低,说话都应该使用礼貌用语。

在生活中,我们在与人说话时也常常会犯这样的错误,最后忽略了使用礼貌语言或者没有使用得体的称呼而给人留下了不好的印象。

一个年轻人在匆忙地赶路,可是天快黑了也没有遇见一家可以投宿的旅店,于是年轻人心里着了急。这时,迎面走来一位上了年纪的老农,仿佛扛着锄头往家走,年轻人急忙喊道:"老头儿,这儿离旅店还有多远?"

老人抬也不抬头地回答:"5里!"

年轻人听了很高兴,心想:只有5里路了,于是加快了脚步,可是走了几里路后,天色逐渐暗了下来,年轻人再张望远方,发现仍旧一片荒凉,哪有什么旅店,于是心里咒骂老头儿口中无德,这时他猛然想到:"5里!5里!莫非是'无礼'?"

年轻人越想越不对,于是急忙往回走,只见老头儿还在原地等候,年轻人急忙走上前去亲热地叫了一声:"老人家,老大爷,……"

话还没说完,老人家就说道:"你已经错过了路头,如果不嫌弃的话,就到我家借宿一晚吧。"

年轻人一开始对老人家无礼,直呼"老头儿",这才栽了跟头。口上有德的人就不会犯这样的错误,他们总能注意到这一点,无论对朋友还是陌生人,都能保持礼貌用语和得体的称呼。事实上,作为一个管理者也应该留有口德,切忌语言粗俗、张扬跋扈,无论对上级还是下属,都应该对人尊敬、有礼。

由此可见,与人谈话时,得体地运用礼貌语是非常有必要的。在现实生活中,有的领导却不注意这些细节,认为自己是领导,与人沟通时,使用敬语的应该是对方，特别是对方如果是自己的下属或是普通百姓，更应该如此，而自己在和他们说话时是没有必要使用礼貌语言的，否则便有损自己的身份。

事实上，不管对方的身份如何，与其交谈时都应该运用礼貌用语，因为礼貌用语不但体现你的修养和品行，更能表达你对对方的尊重，当对方感受到你的尊重时，才会尊重你，才愿意打开话匣子和你畅谈。

生活中，人们经常使用的礼貌用语有以下几个类型：

1.问候型礼貌用语

所谓问候型礼貌用语是指人们彼此相见互相问候时使用的一类语言，如"您好"、"早上好"、"身体好些了吗"，等等。问候型礼貌用语既表示尊重对方，又显示出亲切，充分体现了说话者有教养、有风度、有礼貌的品格特征。

2.称呼型礼貌用语

称呼型礼貌用语是指人们对他人的称谓，如 "您"、"张厂长"、"王大爷" 等。对他人恰当得体的称呼可以直接体现出你的礼貌和对他人的尊敬，因此，在日常生活中，不管是对上级还是下属，都应该文明礼貌地称呼对方。

3.道歉型礼貌用语

这种礼貌用语是指某人觉得自己的行为有碍于别人时使用的一类语言。"给您添麻烦了"、"非常抱歉"、"请多包涵"、"打扰您了" 等都能很好地表示你的歉意。在现代生活中，领导者的交际层面要比一般人大，在工作和生活中，需要应付的人际关系网也比普通人复杂，因此，与他人之间的摩擦时有发生，当你的行为对他人造成伤害或消极影响时，就应该大方得体地使用致歉型礼貌用语。

4.请求型礼貌用语

请求型礼貌用语的特点是一般都有"请"的意思,如"请多关照"、"承蒙关照"、"千万拜托",等等。领导者一定要明白,对下属说话,什么时候是请求、什么时候是下命令。即便是下命令,如果在命令之前加上一个"请"字便能更好地传达给对方。

5.感谢型的礼貌用语

这种礼貌用语是指自己在得到他人帮助、关照、支持、尊敬、夸奖等之后表达感谢之意的一类语言,这类语言大都最简洁、真诚,由衷地表达了自己的谢意。当下属奉命完成任务时,不忘说一声"辛苦了";当热心的员工为你端上一杯茶时,也不忘说声"谢谢"。这些简单的话语都能让对方感到心情愉悦。

有口德的人懂得将礼貌用语融入到管理中,因此有口德的管理者因为能够灵活地运用礼貌用语而不断融洽人与人之间的关系,使人际沟通变得更加顺利。

第3章

没有口德就做不好业务

做业务离不开一张嘴，好的业务员未必有好口才，有好口才的人一定是人才，更是出类拔萃的人才。如今的商品市场已经成为由消费者主导的"买方市场"，不怕众口难调，就怕不合胃口，优秀的业务员必须掌握客户的口味，看人下菜碟，才能在生意场上游刃有余、左右逢源、大显身手。

要热情，但不要热情过了头

20世纪30年代，在德国的一个小镇上有一个犹太人，他每天早晨都会按时到一条幽静的小路上散步，不论见到谁，他总是会热情地打一声招呼"早安"。

小镇上有一个叫米勒的年轻人，他对这个犹太人每天早晨的问候所作出的反应很冷淡，甚至连头都不点一下。然而，面对米勒的冷漠，这位犹太人从未改变过他的热情，每天早晨依然向米勒打招呼："早安!"

几年以后，德国的纳粹党上台执政，米勒偶然当上了纳粹的军官，这个犹太人和镇上的犹太人都被纳粹党集中起来，送往集中营。下了火车，当这些人列队前行的时候，米勒手拿指挥棒，在队列前挥舞着，叫道："左、""右"，指向左边的人将被处死，指向右边的人则有生还的希望。轮到点这个犹太人的名字了，当他无望地抬起头来，眼睛一下子与米勒的眼睛相遇了。这时，这个犹太人不由自主地脱口而出："早安，米勒先生。"

米勒虽然板着一副冷酷的面孔，但仍禁不住说了一声："早安!"声音低得只有他们两人才能听到，然后，米勒果断地将指挥棒往右边一指。

于是，这个犹太人获得了生还的希望。

这个犹太人因为他那一贯的热情而挽救了自己的生命。在这个故事里，我们看到了热情的力量。热情对任何一个人都很重要，因为你热情的个性不仅使自己受益，而且也把热情的益处带给别人。

热情就像一团火，有着巨大力量，如果一个业务人员能够热情地为客户服务，那么客户便会对你产生信任，甚至可以融化客户内心坚硬的冰山。

世界寿险销售高手弗兰克·贝格说："我一直深信热情是决定销售成功的最大要素。"起初，我们对客户是陌生的，客户对我们本人也是陌生的，陌生人与陌生人的内心之间都有着一道墙。你要想销售成功，首先就必须把这道墙给推倒。如果你热情，你就能解决这个问题。

热情是缓解客户本能拒斥心理的有效方法，试想一下，客户怎么好意思拒绝一个对他态度热诚、处处为他着想的业务人员呢?所以，作为一个业务员，可以没有太丰富的经验，或者我们存在实力极强的竞争对手，但是，凭借着饱满的热情，你还是有可能赢得客户的。

当你对客户热情，顾客也许不会买你的东西，但肯定不会对你卖的商品和你产生反感。但是，如果客户来到你的店里选购东西，你总是一副冷冰冰的样子，客户就会觉得你对他们不重视。客户都有"顾客就是上帝"的心理，如果你让他们觉得不被重视，他们就不会对你以及你的商品产生信任，即使你的商品再好。

所以，在做业务销售的时候，业务人员应该多一点儿热情，这样才能有赢得客户的可能。那么是不是越热情就越好呢?

答案是否定的，凡事要有度，如果业务人员在与客户交谈时候热情过度，就会使客户产生不安全感，在不知不觉中提高警惕，为成功的营销增加一道无形的障碍。请看下面这个故事。

在一次研讨会上，南先生认识了一个朋友叫郑武，两人谈得非常投机。在交谈中，南先生谈到他最近想买一套带花园的房子，并且他比较喜欢清静一些的环境，只是一直没有中意的，郑武马上说他的一个朋友在做房地产生意，可以帮助南先生，南先生听后非常高兴。

研讨会结束之后，郑武就带南先生参观了一栋环境幽雅、建筑结构美观漂亮的两层小楼，南先生看后十分满意。

郑武的朋友看出南先生十分中意这栋房子，心中很是高兴，就得意地向南先生说这栋房子多么多么的好，价钱是多么多么的合适，还说如果交易成功后，他会请南先生好好出去喝一杯，庆祝一下。他这样一说，反倒令南先生心里直犯嘀咕，总觉得这栋房子有什么问题，于是就说："我再考虑一下，然后带我夫人过来看看再决定。"

任何事情做过了头就会适得其反，郑武的那位朋友就是犯了热情过度这种错误，让他眼看到手的生意泡了汤。还有一些更过分的业务人员，他们通常非常有激情，向客户推销时总是滔滔不绝，真是知无不言、言无不尽，让客户没有一点儿选择的余地，等自己讲完时，客户往往处于很尴尬的境地。

其实，在与人的交往当中，最重要是保持一定的距离，尤其是面对初次见面的客户。假设一下我们现在就是一个客户，当我们进入一家店的时候，其实我们在某种程度上，立场是与卖主对立的，因为我们买东西就意味着要拿钱出来，所以顾客多少是带着一种防范心理进来的。过分热情，往往让顾客提高警惕。在推销过程中，业务人员最好是在客户了解了相关产品后，让客户先发言，看顾客是否对产品有什么意见，等到客户说完再进行说服。有时候还要相信沉默是金，让顾客有一定的主动权。

那么，在接待客户的过程中，我们应该注意一些什么问题呢？怎么才算比较到位的接待呢？其实，自然、礼貌地接待客户就可以了，比如当客户走过来，你一定要先以轻快的步伐迈出两步，为什么要迈出两步呢？你可以把自己设想为一位母亲，当你累了一天回到家，儿子轻快地扑过来，你是什么感觉，你就会明白那种感觉？然后，你应该在他目光触及你的一瞬间展现你发自内心的微笑，以轻松自然的声音说"欢迎你光临"，原则就是礼貌、自然。

说话要不卑不亢，切忌低声下气

做业务的人需要有说话的本事，这个本事有一个关键所在，就是在说话的时候要体现出不卑不亢，说话不卑不亢是一种很自然的表现，只要你真实地表达了你的想法、掌握了这个准则，就能轻松地获得别人的好感和信赖。

不卑不亢代表着你能坦然地接受一切，代表着你拥有自信，业务人员切记不可表现出求别人买的态度。该妥协的时候要妥协，该坚持的时候必须要坚持。

一个年轻人走进了一个商场，他想买一台豆浆机，于是走到卖豆浆机的柜台。这时，一个推销豆浆机的销售人员走了过来。

"先生，你是想买豆浆机吗？"销售人员问道。年轻人说，"我就随便看看。"

"嗯，多看看是好，不过，为了节省你的时间和让你买到中意的豆浆机，如果你不介意的话，我可以为你一一介绍一下，当然，这也是我的工作内容之一。"销售人员微笑地对他说道。

年轻人看到销售人员诚恳的样子，便点了点头，然后销售人员一一给年轻人介绍了下柜台的各种豆浆机的一些情况，并且还问了年轻人具体需要什么样的。最后，根据年轻人的需要，销售人员给他推荐了一台豆浆机。虽然价格比他当初参照的高一点儿，而且当初他也不打算购买这个牌子的豆浆机。但由于这个销售人员不卑不亢的态度，让他觉得买这台豆浆机是一个不错的选择。所以，最后他还是选择购买了这台销售人员推销的豆浆机。

不卑不亢的态度能让别人感觉到你的真诚，一个业务人员要想成功地推销自己的商品，不卑不亢的态度不可或缺。

要想成功地实现销售，一个至关重要的环节就是首先用自己的言谈来吸引客户的注意力，使客户对推销的对象产生兴趣，进而才有可能说服客户，并促使其最终作出购买的决定。在推销的过程中，你应该想方设法通过一些技巧来博取对方的好感，也就是要充分展示自己的语言魅力，但在展示的时候，你必须保持着不卑不亢的心态，这是进行成功销售的一个必要的前提。如果客户没有购买的意愿，决不要用低声下气的态度去求对方购买，这不仅有损你的职业形象，还会让别人对你所推销的产品的质量产生怀疑。

当然，如果你推销的是一些不值钱的小玩意儿，有些人也许会不计较花那些小钱来购买你的商品，但是要明白，即使你成功了，也不是推销的成功，而是得到了别人的施舍，这样的员工不会有任何一个公司敢雇用你，因为公司有公司的颜面。一个成功的业务人员在推销自己商品的时候，一定不要只想着眼前利益。

一天上午，有一个才开始从事跑业务的推销员挎着一个小包走进了一座大楼，然后走进了一家公司，进去之后，他走到离门最近的一张办公桌前低声问道:"小姐,财务部在哪里?"

对方头也没抬,答道:"往左走20米。"

过了一会儿,财务部的出纳走到主管的办公室说:"主管,来了个推销验钞机的,我们的验钞机上周坏了,你看要不要购买一台?"

"不要,这种小商贩的东西不可靠,还是网上订购吧。"

出纳离开后,推销员来到了主管的办公室,大概知道主管不同意购买,于是就踌躇着走到桌边,一时间竟忘了称呼,小心翼翼地说:"要不要验钞机?买一个吧。"他几乎是在用乞求的语气说着。

"我们不需要,就这样吧。"主管头也不抬地说。

过了一会儿,一直没人理他,那位推销员自感无趣,只好悄悄地退了出去。之后,这个推销员又走进了其他的公司,结果他还是没有推销出去一台验钞机。这一天,这个推销员一共向16家公司推销了他的验钞机,结果都都没有成功。推销不成功,这说明了他这一天只有付出,却没有得到任何回报。为了弥补损失,这名推销员随便买了两个馒头啃了,然后继续找下一家公司推销他的验钞机。

也许这个推销员确实是让人同情的,但市场不相信眼泪,更不会同情弱者。这个推销员没有靠自己的推销技巧取胜,而是妄想得到顾客的同情与施舍,无形中对自己的形象造成了很大的影响。平淡的话语很难让人对其人及其商品产生兴趣,低声下气地求别人购买,更会让客户觉得他不值得信赖。这样的推销员,即使遇到真正需要验钞机的顾客,也很难把自己的商品推销出去。

从以上反正两个推销实例中,我们很容易发现,不卑不亢的态度在很大程度上左右着推销工作的成败。

其实,不仅是在业务方面,我们在跟人交往的时候,也要做到不卑不亢,这样对方才会觉得你是一个真正值得交往的人。对于业务人员来说,要想赢得客户的信赖、被客户接纳，就必须要用不卑不亢的态度来对待。只有这样，才能打开与客户沟通的大门，彼此的心灵才能产生共鸣，并为双方的交易关系搭起一座桥梁。

不要滔滔不绝，要给客户说话的机会

做好业务不是业务人员一个人的独角戏，而是与客户进行双向沟通的过程。如果业务人员的表现欲太强，一开口就滔滔不绝地向客户介绍自己、介绍产品，只顾自己酣畅淋漓地介绍，全然不顾及客户的反应，这种没有口德的表达方式自然会引起客户的反感，导致业务失败。

如果问起什么样的人才是好的业务人员，多数人会说，性格外向、能说会道的业务人员就是好的业务人员。可实际上并非如此，业务人员必然要与客户交谈、沟通，但能说不代表会说，能说不一定就能将产品推销出去。说话伶俐是种优势，但并不代表滔滔不绝就能够给营销带来好处，有时候甚至还会适得其反。

赵迁是某文化公司的客户代表，最近一直在各个写字楼里做上门推销工作。

一天，赵迁来到一家公司的经理办公室，自我介绍道："下午好，先生，我是XX文化公司的客户代表，我们公司最近推出了一个很有效的培训课程，能够有效地提高企业员工的素质及工作效率，如果您有兴趣，我想和您约个时间仔细地谈一谈相关的情况。"

公司经理连眼皮也没抬一下，就对赵迁说："我现在很忙，手头上有很多事。"

赵迁又说道:"我知道您很忙,因为课程的介绍资料不能完整地表达出它真正的优点,今天我恰好经过您公司附近,所以就把这些资料亲自送过来了。我希望能占用您10分钟的时间来作一个详细的介绍,我想这样可以节省您的时间。"

公司经理又说:"不好意思,我真的很忙,你把资料放这里吧,如果有需要我会和你联系的。"

听到公司经理这番话,赵迁连忙表示自己可以给对方作一个介绍。

公司经理有点儿不耐烦了,大声说:"你说得还不够多吗?我待会儿有个很重要的会,还要去见上级领导,他正有一肚子的牢骚准备发泄呢!公司的员工人心涣散,相互推卸责任,我现在焦头烂额的,你还在这里说个没完。好了,别站在这儿了,走吧!"

公司经理激动的言语让赵迁大吃一惊,他只好拿起自己的东西离开。

业务人员赵迁在与客户交谈时没有顾及到客户的感受,对于客户表现出的厌烦熟视无睹,只顾进行自我介绍和产品推销,最终惹得客户反感、大发雷霆。赵迁所犯的营销错误就是不善于倾听客户的想法,这也是他营销失败的主要原因。

与客户交谈是与其沟通思想的过程,这种沟通应当是双向的,业务人员不仅自己要说,还要倾听对方的想法、鼓励他们讲话,通过与客户的谈话了解其基本情况,如工作、收入、投资、投保、配偶、子女和家庭收入等,在对方的言语中察觉出他是对你所说的内容不感兴趣,还是因为有事在身而无法专注地听你介绍,进而作出恰当的回应。如果业务人员一个人唱独角戏,只顾自己酣畅淋漓地滔滔不绝而忽略了客户的反应,其结果只能是引起对方的反感。

作为业务人员,应当懂得如何巧妙地用问题来引导客户,让客户尽情地诉说,让自己集中精力地去倾听,并站在对方的角度全面了解对方所说的内容、了解客户的想法和需要以及他们对产品的反映以及购买产品的各种顾虑、障碍等。只有当你真实地了解了客户，你与客户的沟通才能有效率。以下几点值得我们借鉴：

1.寻找话题，让客户讲话

寻找话题，让客户不停地讲下去，这是业务人员的首要责任，这样不但可以听得全面，而且容易了解到客户不经意间泄露出的内在意图。客户经常会将一些意见、疑难、需要等隐藏起来，因此业务人员要让他发表意见，了解他的需要、帮他解决问题。只有这样，才能正确掌握客户的需要，才能针对其需要开展营销工作，收到事半功倍的效果。

2.全神贯注地听客户说话

当客户说话的时候，业务人员一定要集中注意力，留心客户所说的每个词语，并适时对客户的谈话表达你的认同，使对方很安心地说出自己的真实感受，让对方能够和你一样平心静气，公平衡量事情的利弊，改善双方原本对立的关系。

3.不要打断客户的话

急于打断客户的话是不礼貌的行为，也会让业务人员和客户之间竖起一堵墙。即使你不同意客户的某些观点，也不可急着打断他的话，一定要耐住性子听他说完，这样你才能知道他抗拒你的真正想法。

4.不要直接反驳客户的观点

客户的观点和见解不可能完全正确，也不可能都符合业务人员的口味。但是，业务人员不能批评或反驳客户，如果客户的观点太尖锐，你不妨采取提问等方式改变客户谈话的重点，引导客户谈论更能促进营销的话题。比如："既然您如此厌恶保险，那您是怎样安排孩子今后的教育问题的？""您非常诚恳，我很想知道您认为什么样的理财服务才能令您满意？"

总之，每个业务人员在营销过程中都应当运用一些沟通技巧，让顾客多表达自己的想法和看法，耐心倾听并抓住重点，进而才能迎合客户的心，把话说到点子上，为营销的成功铺平道路。

赞美客户，但不要对顾客品头论足

美国历史上有一个年薪百万的管理人员名叫舒瓦普，是美国钢铁公司的总经理。有记者曾经问他："为什么您的老板愿意给你年薪100万？您到底有什么本事能拿到这么多的钱？"舒瓦普回答说："我对钢铁懂得不多，但我最大的本事是让员工们激情地工作。而让员工能以最大的激情去工作，就需要表现出对他们真诚的赞赏和鼓励。"说白了，舒瓦普就是凭着他会赞美他人而拿到年薪超过100万的。有趣的是，舒瓦普到死也没有忘记赞美人，他在自己的墓志铭上写道："这里躺着一个善于与那些比他更聪明的下属打交道的人。"

赞美是增进双方之间情感交流的催化剂，如果业务人员能以真诚的语言表达对客户的赞美，就会立即拉近和客户之间的距离。一个好的业务员会在合适的时间赞美别人而达到自己的目的。

丽娜是化妆品行业和服装行业的推销高手，在她所在的那个化妆品商场里，她的小店的销售额总是排在第一位。很多人都问她为什么能做得那么棒，她总是微笑地回答："赞美！"

一天，一位金发女孩和一位黑发女孩来到了她的小店。金发女孩试穿了一件衣服，穿起来很好看，黑发女孩称赞她："刚才你放下的那件衣服，扣子挺漂亮的。"金发女孩突然有点儿生气："那是什么破衣服！扣子难看死了，看看这个。"

这时，丽娜走了过来，她面带笑容地对金发女孩说："这件衣服的领子很漂亮，衬得你的脖子像高贵的公主一样有气质，如果再配上一条项链，简直完美极了。"听到如此赞美的话，金发女孩很高兴，因为她也是这么想的，她骂黑发女孩没有欣赏眼光，黑发女孩不服气："我也是这么觉得的，只不过没说出来罢了。"

丽娜对黑发女孩说："其实你也可以试一件，它特别能衬托出你优美的身材。"黑发女孩也高兴起来了。"当然，如果要是你们的脸上肤色再稍微护理一下，会显得气质更加优雅。"

丽娜并没有介绍自己的化妆品，而是开始和这两位女孩聊起了美容化妆的话题，这是丽娜最擅长和最希望的。后来，两人都成了她的忠实顾客。

从上面的故事中可见赞美的力量有多么大。作为销售人员，只要有了适当的赞美机会，你就应该说出来。谁都喜欢得体的赞美，可以说，学会如何赞美别人是销售人员一门必修的课程。

爱听赞美的话是人的天性，人人都喜欢正面刺激，不喜欢负面刺激。所以，当你跟客户谈业务的时候，不妨多多赞美对方。有人认为，赞美就是光说别人好的地方，实则不然，因为赞美过了头，很容易就会让人觉得你很虚伪，而且值得注意的是：赞美不是对别人品头论足，即使你只说别人好的地方。

张亮大学毕业后来到北京找工作。由于他是学生物技术专业的，北京这座以文化政治为中心的城市并不适合他。为了生存，他像很多暂时找不到工作的大学生一样做起了销售——销售房屋。由于没有什么经验，说话也不太注意，做了两个月，他一套房子也没卖出去，每个月只能拿800块钱的底薪工资。

有一天，公司的人都出去了，只有张亮一人在，这个时候，有一个客户打电话找经理，说想看房，经理正在忙其他的事，只好安排张亮去接待那位客户。

这对于张亮来说是一个不错的机会，所以，张亮高高兴兴地就去了。去的时候，经理嘱咐他：说话一定要注意一些。

张亮记住了经理说的话。见到这位客户后，张亮便带着他去看房，他发现客户最近情绪不是很好，就想说点儿开心的事。由于客户有点儿秃头，他就开玩笑地说："先生，您这发型真不错！"话一说完，客户的脸上已经有了点儿愠色，他又接着说，"我记得某位明星也是你这样的发型。"这位客户听后，脸色更不好了，因为张亮说的这位明星一直都是在扮演反面人物。最后，张亮还没领客户到看房的地点，客户就以自己突然有急事说今天不看了。

张亮只好回公司，向经理禀告，说客户有事，打算下次再看。

这么好的一次机会，张亮就这样没有抓住，更加可悲的是，他对客户中途的离开还感到莫名其妙。类似这样的事情，张亮之前肯定不止一次遇到过。他不知道自己究竟错在了哪里。如果他不深深地反省一下自己，仔细地想一想为什么自己在公司待了两个月了却连一套房子也卖不出去的真正原因。那么他就无法取得成绩，让自己的工作有所进展。

赞美别人是一种高尚的品德，但是赞美过了头，却只会起到反作用，相信谁也不想听到别人对自己品头论足、指指点点的话。张亮好心赞美客户的发型，但在客户看来却是对他的秃顶品头论足，这是不礼貌的行为。后来张亮又说某位扮演反面角色的明星跟他有着一样的发型，可以说，这简直就是对他的不尊重。这样没有"口德"的业务人员，又怎么能做好自己的工作呢？

我们都知道，向陌生的客户进行推销，难免会显得有些唐突，而且很容易招致客户的冷遇甚至是反感和拒绝，但是，如果业务人员能够运用恰当的口才技巧真诚地赞美客户，再提出相关的问题，随后的营销过程也就会顺利得多。

有一位经理在创业年代经历了艰苦的奋斗，尽管现在事业有成，但仍旧保持着简朴的习惯。他的汽车已经开了很多年，却一直舍不得换一辆新车。他这种人就是各汽车销售公司最好的潜在客户。但是在很长一段时间里，都没有人能成功地向他出售一辆汽车，原因就在于那些销售员有的对他说："您这辆车太旧了，跟您的身份不符。"有的对他说："您这破车三天两头就要修理，得花多少修理费啊。"这类话让这位经理听了心里很不舒服。

一天，一位销售高手找到了这位经理，他这样对经理说："您的车还能再开好几年，现在换了新车是有点儿可惜。不过，这辆车能够行驶 12 万英里，您开车的技术真是高明啊！"接着，销售员向经理介绍了一款车，说车的性价比很高，售后服务也会非常周到。最后，那位经理决定买这位销售员推荐的那款车。

对于业务人员来说，赞美他人是一种必备的沟通技能，案例中的销售员尽管在话中含有车子太旧的意思，但他却借助夸奖这位经理的语言巧妙地说出了这一点，使经理最终购买该销售员推荐的汽车也就不足为奇了。赞美的话人人爱听，恰当的赞美并非是阿谀奉承，而是一种真诚的流露。如果你能对你的客户适当地表达一下自己的赞美之情，相信客户也会很欣赏你，被你的真诚赞美所感动。如果业务人员能够善意地认可并称赞客户的优点，那么客户在感到愉悦之余通常就会作出购买决定。

那么，赞美的话究竟该怎样去说呢？

1.根据客户的性别年龄选择不同的赞美方式

如果客户是女性，赞美对方就要从其衣着开始。如果在称赞之后还能说出具体理由,如"这件衣服的颜色真适合您!""您穿这件衣服真是太显气质了!"这样就更容易打动客户;如果客户是老年人,就不妨多多赞美他引以为傲的过去;对于年轻人,可以赞美他的创造才能和开拓精神,并举出几点实例,证明他的确能够前程似锦。

2.借用他人的言辞进行赞美

想要赞美更有说服力,避免轻浮、奉承之嫌,有时不妨借第三者的言辞来对客户进行赞美。比如说:"王经理,您好!我是赵先生的朋友,经常听他提起您,说您聪明能干,不到40岁就自己开了家大公司,而且管理得也很好。今天我来的目的就是向您介绍一下公司的职工意外健康保险……"

3.称赞管理者的个人成就

如果你的客户是企业的管理者,那么在赞美对方的时候最好从他的个人成就入手,比如:

"王总,您取得了这么大的成就,工作还这么努力,我得好好向您学习呀!"

"××先生,您的眼光真高,我太佩服您了。"

"董事长,这个行业的人都说您是采购领域的专家。"

"久仰大名,今天能够见到您,我感到非常荣幸。"

"××先生,您的品位不凡,在本行业里拥有很好的口碑。"

"王科长,我冒昧地问一句,这条领带是您自己选的吗?搭配得可真不错!"

4.赞美客户的公司

如果业务人员对客户的情况了解甚少,不知从何处对其进行赞美,那么不妨把赞美对象转移到客户的公司上,毕竟事业有成的人都会为之而骄傲和自豪,你不妨这样说:

"贵公司是家颇有资历的公司,外界对贵公司的评价也很高。"

"贵公司的规模在行业里是佼佼者，很多同行都说要迎头赶上，但结果不仅没赶上，反而和你们的距离越来越远。"

"很多客户暗地里都说贵公司的竞争能力太强了，他们根本无法与你们抗衡。"

"听说贵公司的产品管理在这个行业里做得非常好，不仅产品周转率高，而且不良库存为零，其他公司一直都无法追赶上，真是令人羡慕啊。"

"贵公司是本地区高收益企业的典型代表，大家对贵公司的评价都非常好。"

最后还要强调一点，虽然人们都喜欢听赞美的话，但也不是任何赞美都能使对方高兴，一般来说，能够引起被赞美者好感的是那些基于事实、发自内心的赞美。如果是毫无根据、虚情假意的赞美，只会令人感到莫名其妙，甚至产生反感。

既然说赞美的话可以让别人开心，自己又不会因此受损，那么业务人员何乐而不为呢？如果依照这一准则展开工作，你几乎不会再遭到麻烦；如果你对此坚持不懈，赞美他人一定会给你带来意想不到的收益。

巧妙地应对"野蛮"顾客

有人说销售是世界上最难做的行业，因为每天都要面对他人的拒绝甚至是批评和指责。对于从事销售的业务人员来说，遇到"野蛮"客户无疑是件痛苦的事。大部分业务人员都难以抵抗客户难听的话语，甚至一想到要和这种讨厌的人打交道，就会不由自主地畏缩不前、不"战"而降。也有一些脾气急躁的业务人员很容易被客户难听的言语激起怒火，采取以牙还牙的态度回击对方，以泄心中之气。

一天清晨，一位销售人员敲开了客户家的门，介绍自己说："您好，我是……"

客户一脸不悦地说："干什么呀?大清早的就来敲门!"

销售人员连忙笑着向客户道歉："对不起，我只是想问一下，您需要买保险吗?"

客户看了销售员一眼说："卖保险的都是骗子，我不买，你快走吧!"说完之后就把门关上了。

销售人员继续敲门，客户打开门之后没好气地说："我告诉你了我不买，你还敲门干吗?真是没脸没皮的!"

销售人员："你不买就不买吧，干吗说话那么难听?真没教养!"

客户："你说谁没教养?"

销售人员："说你呢!"

于是双方争吵起来，客户的邻居闻声出来劝解，才使事件平息。

无疑，这位销售人员的保险业务没有做成，而且在这件事情发生以后，当这个销售人员再到这个地方来的时候，发现人们都用异样的目光看着他。

在上述案例中，这位销售人员遇到"野蛮"客户时就采取了以牙还牙的策略，这种做法非常不明智。如果是聪明的销售人员，肯定不会被客户的蛮横无理吓住，只要能保持合理的态度，不理会对方的责骂，用事实而不是用感情来商谈，并表现出冷静、沉着、威严的风度和坚定的立场，即使是蛮横的客户也会很快变得温和。

经验丰富的销售人员都知道，"野蛮"客户有明显的性格特征，有的清高孤傲、爱挖苦人，有的看不起销售人员的工作，有的性情孤僻、不善交际，一看是销售人员便将其立刻拒之门外，如果是执著的销售人员，难免会遭遇一些嘲讽和辱骂。当他们碰到这些有"个性"的客户时，通常都会诚恳、和气地交谈，不被客户的情绪所控制，更不会斤斤计较。

经过细心总结我们不难发现，即便是性格暴烈的客户也不是随意乱发脾气的，可能是销售人员在登门的那一刻恰好赶上了客户情绪不佳或是家里出了什么事情，销售人员对此也该应多一些忍让和理解，这样会使你的销售顺利很多。为了避免争论，不妨做到对客户凡事忍让，做到让客户一百个满意，这是使销售取得成功的基本原则。

我们再来看另一位销售人员是如何应对刁蛮客户并成功地推销出自己的产品的。

张前是某瓷砖厂的销售人员。一次，张前来到一位姓胡的太太家推销。

胡太太看上去很精明能干，她看到张前时一脸的不友好，并且不耐烦地大声说道："我最不喜欢你们这些装修公司的推销员，总是赚我们这些平民百姓的钱，我们的钱也不是那么好赚的。在装修的过程中，你们要是欺骗我，我会用法律手段来解决的!"

张前心里一震,他知道胡太太是个不好对付的客户。不过,这并没有令经验丰富的张前感到困惑,他拿出了他的制胜法宝"凡事忍让":请胡太太列出这次装修的所有要求。

胡太太立刻下命令:"我要对这套房屋进行一次大装修,地板重铺、窗户要装新的,还要外加墙壁板。对了,先把你的客户名单拿出来,我想打听一下你们的信誉度,这个星期你不用再来我家了。"

对于胡太太的这种行为,张前有点儿不满。虽然打听商家的服务品质是正常的事,但要列出服务过的客户名单还是第一次碰到。在购买产品之前,张前告诉胡太太:"您要的地板砖需要2562元,这是我们的成本价,此外没有附加任何费用。您需要先付这笔钱,才能订购地板砖,一个星期内可以交货。"

胡太太对于张前的话不太相信,她说:"你别想从我这里得到其他任何费用,我自己来订购地板砖。"

后来,胡太太自己购买了地板砖,花费了2980元。对此,张前什么也没说。接下来,在选购窗户和墙壁板时,胡太太很愿意让张前帮忙,对张前给出的报价也不再有任何异议。

装修结束后,胡太太对张前的服务非常满意,并向朋友们推荐他,这让张前的客户又增加了不少。

张前对待胡太太这种刁蛮的客户没有极力争辩,只是采用了忍让的策略,最终赢得了客户的信任。由此可见,对待不同"个性"的客户,销售人员应当想办法区别对待。

下面,我们列举了几种类型的客户以及应对的办法,供销售人员在工作中参考。

1.盛气凌人的客户

这类客户自信,容易固执己见,对待这样的客户一定要冷静,千万不可在客户咄咄逼人的攻势下丧失理智、互相叫板。

2.虚情假意的客户

这类客户没有购买动机，不相信业务人员，对待这样的客户要诱导新需求，引导客户的注意力，给客户一个台阶。但是不能当面揭露，不应盲目附和，不应让客户感到你在有意说他，要让客户有转弯的时间。

3.爱挖苦人的客户

这类客户爱挖苦人，但自卑感也特别强烈，对待这样的客户要从了解他们的心情入手，体会他们那种无法说出的不满情绪。对于他们的发泄，千万不可反驳。

4.滔滔不绝的客户

滔滔不绝的客户以畅所欲言为快乐，追求击败对方的快感，希望他人对自己好一点儿。营销人员对待这样的客户要有耐心地倾听对方说话的精神。

5.爱撒谎的客户

这类客户不愿让人窥知自己的意图，不愿暴露自己的弱点，想力争取得主动地位。对待这样的客户要以柔克刚，巧妙地揭开对方的假面具，同时多了解他们的内心，做到有备而发。

6.自作聪明的客户

自作聪明型的客户自命不凡、自以为是，认为自己很正确；胆小怕事，害怕承担责任；喜欢占小便宜，比较注重个人得失。销售人员对待这样的客户必须适当地抬高他，低调处理自己的言语、表情，设法引导他们了解市场行情和行业动态，促进营销的成功。

7.不怀好意的客户

这类客户不甘失败，不愿受人轻视，希望自己能够"向善"。

8.不屑做听众的客户

此类客户不愿和销售人员谈话,总是喜欢自我陶醉,对于营销人员的介绍往往表现出不耐烦的情绪。应对这样的客户,就要采用"顺我者昌,逆我者亡"的态度,努力争取达成销售的成功,"软硬兼施"。

9.喜欢吹嘘的客户

这种客户喜欢自我夸张,虚荣心很强,以为自己见多识广便高谈阔论,不肯接受他人的劝告。对待这样的客户,销售人员就要学会察言观色,留意客户的每一个小的细节,从中找到营销的突破口。

第4章

没有口德就做不好教育

父母的言行在很大程度上会直接影响孩子的品行，为人父母要时刻注意自己的言谈举止，做到有口德、会教育。其实家长要明白：话不在多，言简意赅就行。有句话叫做"言多必失"，说的话多了，犯错误的可能性自然就大了。所以应该力戒喋喋不休，要多动脑、少动口，对于事情的考虑自然就会更周全，说出来的话自然就更加有分量了。

说话文明有礼，时刻为孩子做榜样

每个父母都会与孩子生气，这是再平常不过的事情。然而，有的父母却不懂得控制自己的情绪，劈头盖脸地对孩子进行一通臭骂，污言秽语层出不穷。父母也许以为这样做解了气，却没有发现因为说脏话而让自己丢了身份，更让孩子对你无比鄙视。

父母不说脏话是维护自身形象的根本。大家试想一下，那种随口就说脏话、没有口德的父母，孩子会愿意尊重他们，会愿意接受他们的教育吗？

这天，陈刚的爸爸去幼儿园接他回家。刚走进幼儿园，他就看见陈刚正在一群小朋友的中间指着一个小朋友厉声说道："你怎么这么笨！连这么简单的动作都不会？真不知道你妈是怎么把你养大的！"

那个孩子听完之后竟然号啕大哭起来。不过，陈刚并没有停止自己的行为,而是继续骂:"哭什么哭!没用的东西,有本事你和我打一架!"

看到陈刚这个样子,爸爸不由得动怒了, 走过去拎起陈刚的耳朵骂道:"小兔崽子,谁他妈的教你说脏话了!"

谁知,陈刚并没有后退,反而走上前,更加大声地说:"爸爸不讲道理!凭什么你能说,我就不能说?你什么样我就什么样!我不喜欢爸爸,爸爸是个废物!"

爸爸愣住了,他没想到自己在孩子的心里是这个样子,他更没想到孩子居然对自己有这么大的敌意。

陈刚的爸爸不知道陈刚为什么会变成这个样子, 也不知道导致这种情况还要从自己身上找原因。

现在有不少父母在教育孩子时总是不能平息内心的波动, 情急之中就采取打骂的方式,出口成"脏",这就严重污染了家庭的语言环境。但父母却以为自己的这种态度恰恰能体现自己的地位与权威,于是乐此不疲,各种不雅的词汇便成了口头禅。在这种语言背景下,父母还妄想孩子能懂得"文明、礼貌",简直是天方夜谭。

孩子一边听着父母对"文明、礼貌"的强调,一边又要承受一些不堪入耳的脏话,他的心里一定会这么想:"难道这就是我的爸爸妈妈?他们真是两面派!"无形之中,孩子就会对父母的教育产生抵触情绪,看不起父母的所作所为。在他们的眼中,父母毫无威信可言,接受父母的教育便成了无稽之谈。

如果父母不改变这种行为,那么孩子也会养成说脏话的习惯,并以此来对抗父母的教育。正因为此,有的父母才会发现孩子在与自己交谈时总会不时地蹦出一个脏字,同时也表现出不服、轻蔑之意。孩子会这样对自己说:"凭什么我不能说脏话?他们有这个权利,我为什么不能有?爸妈怎么对我,我就怎么对他们!"

不注意自己的形象、习惯脏话连篇，会导致父母与孩子之间出现隔阂，更让孩子养成了坏习惯，这是一件多么可怕的事情！马克思曾经说过："你可以用各种行之有效的方法去影响孩子，可最好的方式还是你的行动。"

所以，父母一定要注意自己的言行，戒除说脏话的习惯，让孩子做什么的时候自己首先要做到；让孩子不能做的事情，自己也一定不要去做。这样，孩子才能感到你们是伟大的父母、是值得信赖的父母。

说话文明有礼、以身作则，才能培养孩子良好的口德，才能影响孩子在品德方面的良好发展。因此，在家庭生活中，父母应该为孩子树立一个文明礼貌的好榜样。

首先，要努力改掉自己爱说脏话的坏习惯。有些父母的坏习惯可能并非是在短期内养成的，在孩子出生之前或许早已有之。想要改正这种习惯有一定的难度，但是为了孩子能健康成长，就应该下决心改掉自己身上的那些坏习惯，以防"遗传"给自己的下一代，更让自己丢了面子。如果父母感到强行戒除的确有困难，那么不妨求助于相关专家，例如，如果你有骂人的习惯，就可以报名参加礼仪培训班，在文明的环境中扭转自己的行为；如果有晚上睡不着、彻夜玩闹的习惯，就可以寻求医生的建议，在药物治疗与心理治疗的帮助下改变自己的生活习惯。

其次，要让孩子清楚地认识到说脏话是一种错误的行为。如果孩子受到自己的影响，已经养成了说脏话的毛病，那么父母就应当告诉他："这句话是骂人的话，不好听，宝宝不要学。"把不文明的行为消灭在萌芽状态中。父母可以多带着孩子参加群体活动，在与他人的交流中，他就会明白说脏话的不好。

最后，如果父母说了脏话，要郑重地向孩子道歉。父母说脏话有时候属于口误或不由自主，例如在教育孩子时，突然有些急躁才脱口而出。这个时候，父母不要转移话题，更不要想方设法地掩藏，而是应当诚恳地说声"对不起"，然后父母可以解释刚才的行为，并对自己的做法感到懊悔。这样，孩子既能明白说脏话不好的道理，又能感受到父母的真诚，对父母的好感自然能大大提升。

讽刺，孩子信心的杀手

有教育家说："讽刺就好像一堵墙，在父母和孩子之间形成一种无形的障碍，造成了父母和孩子的对抗。"然而，很多父母却不懂得这个道理，总是习惯把挖苦讽刺的话挂在嘴上："你笨得像头驴！""从来就没见过像你这么笨的孩子！真是让你白吃了几年饭！

也许父母说这样一句话便解了心头之"恨"，然而却没曾想：这样的语言就像炸弹一样，炸毁了孩子自信的城门，重创了孩子心灵的堡垒。久而久之，孩子的自信心会越来越差，最终形成懦弱、胆怯的性格。

李然刚刚进入小学，尤其喜欢音乐课，非常喜欢唱歌，对于电视里的一些歌曲，他都能哼唱上几句。

这天晚上，李然正在看动画片，跟着动画片里的音乐就唱了起来。这时，爸爸讽刺地说："李然，唱的什么呀？我怎么越听越像鹅叫呀！"

李然一下子愣住了，一个人躲回了屋子，他想："我喜欢唱歌，可爸爸为什么要说我像鹅呢？爸爸一定是不喜欢我了！难道我唱得真的很难听吗？"想着想着，他就哭了起来。

因为这件事，李然的话越来越少了，和爸爸的距离也逐渐疏远。有一次，李然一时兴起，帮妈妈洗碗做家务，这时爸爸又开口挖苦道："真是新鲜呀，太阳从西边出来了！我家的少爷也能干活了？"

爸爸的话让李然的眼泪在眼眶里打转。从那之后，他几乎不再做任何家务活了。

爸爸的话显然深深地伤害了李然的自尊心，打击了他的自信心。也许，爸爸的话只是一句玩笑，并不是对孩子的付出和热情不满意，反而是因为孩子的努力超出了他的预料，让他感到十分惊奇、内心十分高兴，但又不好意思将喜悦的心情坦率地表达出来，于是就说出了这样带讽刺意味的、言不由衷的话。

可是，父母们并没有意识到，正是这样无心的"讽刺"给孩子带来了极大的伤害。讽刺就是一把刺向孩子的剑，是孩子自信心的杀手。"这么简单的题你都能算错，你还能做什么啊！""你笨得像驴一样！"父母以为用这样的话语可以激励孩子，殊不知，这样的刺激不能产生良好的效果，只能刺痛孩子脆弱敏感的心。

父母们不要以为"自尊"是在孩子成年后才会拥有的。其实，从孩子出生开始，他们的自尊就已逐渐形成。一般来说，从两岁开始，孩子便有了自我概念，能够描述自己的身体特征、年龄、性别和喜欢的活动，如"我是个男孩"、"我两岁了"等；到3岁时，他们便能够评价自己，并从中体验到自豪或羞愧，于是出现了自尊的萌芽，如"我长得很漂亮"、"我不是个调皮鬼"等；而到了十五六岁时，孩子的独立性与自主性已经完全成熟，这个时候，他们对自尊的追求也到了"顶峰"，更加无法接受父母时常对自己的嘲笑讽刺，哪怕这份讽刺是善意的、是无心的。

其实，父母之所以讽刺孩子，很大程度上是因为孩子犯了错，由此而萌发了一种"恨铁不成钢"的心态。但对孩子来说，他可以接受父母的批评，但却不能接受父母的讽刺，因为，此时的他，心里也不好受，父母的挖苦更会让他痛苦不堪。批评是善意的，但讽刺却是恶意的。

　　某都市晚报曾经报道过这样一则消息:一名14岁的女中学生因为外语没有考好,回到家后就闷闷不乐地坐在电视机前。母亲知道后,就骂了一句:"考得这么差,还有脸看电视!真是养了一个狼心狗肺的家伙!"结果,这名女中学生失去了理智,冲出了家门,投河自尽了。事后,这位女中学生的母亲后悔不已,悔恨自己说出的一句不经大脑的话把孩子逼上了绝路。

　　实际上,当遇到这样的情形时,父母应该鼓励孩子:"我相信,只要你认真思考,用心去做,就一定能把题答对。"而且,事实也是如此,只要父母相信孩子的能力、鼓励孩子,孩子就会努力、就会进步。

　　有的父母会将讽刺的语言"习惯化",不时就会蹦出几句。如果你恰恰有这样的习惯,就必须学会纠正。以下这几条是父母最常使用的,父母必须格外注意,莫让它们随口而出:

　　"你太没出息了,你以后就是个废物!"

　　"你说说,你能做好什么?简直一无是处!"

　　"猪都比你强,养着还能卖钱,我养你这么个废物干吗?"

　　"别人学习怎么那么好?你比别人少吃饭了还是脑袋少根筋呀?"

　　如果你正是有这种习惯的父母,那么真该好好反省一下自己了。

　　为人父母者要对孩子留点儿口德,至少不要对孩子说些刻薄讽刺的话。父母要明白,每个孩子都有成长的欲望,都希望父母说他聪明能干。所以,父母切忌用讽刺的语言羞辱孩子,要懂得控制情绪,别让一时的冲动害了自己、害了孩子。

　　孩子的心是脆弱的,孩子的心是柔软的,所以,父母不要总以过来人的身份以高高在上的心态,对孩子说出"你怎么笨得像头驴"这样的话,这样的话就像一把出鞘的利剑,会轻易地刺破孩子脆弱的信心,给其留下一生都无法愈合的伤口。要记住:讽刺孩子是教育孩子的大忌。孩子失去了自信,丢了自尊,那么到头来,最伤心的人就是你。

批评教育不要高姿态，平等交心孩子才会听

有些家长总是持有这样的想法：我是孩子的家长，孩子就该听我的，我说了算。在与孩子讲话时，总是以命令的口气让孩子做这做那。实际上，父母的权威并不是靠命令和强制的力量形成的，命令和强制的结果只能够让孩子在表面上服从你，而在其内心深处是不服气的，甚至产生严重的逆反心理。

我们不妨来比较几组父母曾使用过的语言，也许会对你有所启示，比如：

叫孩子起床时说："这么大了，每天睡得像死猪一样，难道你一点儿时间观念都没有？快起床！你迟到了我可不管！"如果改成："儿子，7点钟了，你是不是该起床了？妈妈也到点了，一会儿我可没有工夫叫你了。"顺便亲儿子一口。你感觉如何？

如果孩子长时间地坐在电视旁，你可以轻轻地对他说："你花在看电视上的时间太多了，是不是应该进行一下调节呀？"而不是说："你如果读书能像看电视一样就好了。"

当孩子没打招呼就私自外出时，你可以这样说："你没有告诉我要去哪里，又没有按时回来，我很担心，弄得我饭都没有吃好。以后你要去哪里、什么时间回家告诉我们一声好吗？免得我们惦记你。"而不要说："别把家里当旅馆，一点儿规矩都没有，想来就来，想走就走。"

在孩子反驳你的时候，你可以说："你的意见和我们的不一样，我们可以再讨论。"而不是说："你的翅膀硬了，居然和父母顶嘴了！目无尊长，到

底谁是老子?"

当孩子不想做家务时，很多父母一着急就可能说："你这个人怎么这样懒，就想着让别人侍候，太不像话了!"可以换个说法："我最近工作很忙，身体有些吃不消，我知道你很心疼我，我想你愿意帮助妈妈做些事情，对吗?"

同是一件事情，可是如果父母的言语不同，就能够得到截然不同的沟通效果。语言交流是人与人之间最普遍，也是最有影响力的沟通手段。父母是孩子的第一任教师，父母的习惯用语、语气和态度均能影响到与孩子的沟通。

从一定意义上来说，如果父母与孩子之间的沟通失败了，那么家庭教育也就失败了。当父母完全不能够理解自己的孩子时，他们自己的观点和做法也同样不会被孩子理解和接受。这样一来，无论父母出于多么良好的动机、制订了多么远大的目标，最后也是无法实现的。所以，急于望子成龙的父母们要注意，切忌用命令、讽刺、挖苦之类的语言去损害孩子的自尊心。

因此，不论父母要求孩子做什么事情，一定要注意用商量的口吻，而不要用命令的口吻。

比如，提醒孩子做作业时，你可以说："你现在是不是该做作业了?做完作业就可以看会儿电视。"而不要说："赶紧去做作业!"或"还不去做作业呀?"

请孩子帮忙做一件事情时，比如洗菜，你可以说："你能帮我把菜洗一下吗?"而不要说："快来帮我洗菜!"或"赶紧把菜洗了!"

帮助孩子作选择的时候，你可以说："妈妈觉得你上个英语口语培训班有利于你的英语交流，以后你出国时就可以自如地与人对话了，你觉得呢?"而不要说："让你上培训班你就上，我是为你好。"

与孩子说话时不要用命令的口气，改用商量的语气对孩子来说非常重要，如此，孩子会认为你尊重他、关心他的感受，从而对你产生好感和信任，可以促进彼此间的沟通。

有一次，小明和他弟弟商量好到田野中去玩，他们的爸爸同意了他们的要求，但是让他们必须在傍晚之前回来。可是由于他们玩得太高兴了，天黑之后他们才回到家。

当时，小明的爸爸虽然对于他们没有在规定的时间里准时回来的事情说什么，但是在他们再次提出类似的要求时对他们说："有件事令我和你们的母亲很担忧，就是在约定好的时间里你们没有回来。那天可把我们急坏了，不知道究竟发生了什么事，你们的母亲都快急哭了，你们看应该怎么办呢？"

如果让孩子亲自参与对问题的处理，那么他一定会十分自觉地按照要求去做。果然，从那以后，小明再也没有发生不守时的事。通过对一个问题的共同协商，父母最后想让孩子明白的是"理解、信任、承诺、准时"等观念的重要性。

如果父母通过一种协商的方式来与孩子沟通，是很容易让孩子站在他们的立场上思考问题的，也很容易让孩子养成理解他人的习惯。但如果面对上述那种情况，小明的爸爸没有采用协商的方式，而只是一味地斥责，那么小明肯定就难以真正地理解父母的一番苦心，甚至还会向相反的方向发展，会变得越来越不听父母的话。

其实，父母的权威并不是什么人所赋予的，也不是在教育孩子的过程中自然而然地形成的，而是在父母正确地行使并履行自己的义务和职责的过程中、在孩子的内心世界中逐步建立起来的。也就是说，父母的权威不能靠他们对孩子进行家长作风式的"教育"或灌输就能获得，而要靠父母做出模范性的行动来获得。

为人父母,如果不能或者不愿意履行自己对家庭应尽的义务和责任,那么他们的孩子也就不会把父母当做家长来看待,无论自己的父母说什么,他都不会听从。如果父母的权威因为诸如此类的不负责任而丧失的话,当孩子长到十几岁的时候,就会引发很多问题。近年来,子女殴打父母的现象日渐增多,已经成为一个相当严重的社会问题。有相关研究表明,这种情况发生在父母没有权威的家庭中的比例相当高。

在某地的亲子沟通培训课上,培训老师让各个小组演出小品,内容是父母和孩子沟通的故事,学员们演得惟妙惟肖,那种家长作风、呵斥孩子的语调和言词令大家捧腹大笑,可是扮演孩子的父母却控制不住情绪哭了起来,因为他们以前从来没有体会过孩子的感受。学员们通过培训表示:回去以后会更理解孩子,不再数落孩子,孩子做得不对的时候,会耐心地告诉他应该怎么做。

其实,大多数父母都认为应当尊重孩子,应该与他们交流而不是训导。但事实上,父母经常用一种训导的语调同孩子讲话,而这种语调是决不会用来同朋友交谈的。如果父母把对孩子讲过的话录下音来,认真地听一听自己的声音,就会发现在很多情况下父母并不尊重孩子。父母总是以教训的口气、哄人的口气、引诱的口气来赢得与孩子们的合作,这样,孩子们即使和父母合作也是迫于无奈而不是发自内心。如果父母认识到自己的语调是错误的,就应该开始改变自己。

如果父母以平等的、与朋友谈话般的口气来与孩子交谈,而不是对他们训话,那么在多数情况下,父母就能顺利地与自己的孩子沟通。

可是,有些父母由于受传统观念的影响,总认为"我是父母,你是孩子,孩子听父母的话是天经地义的事",因而动辄以父母的口吻居高临下地对孩子说话。殊不知,这是亲子之间良好沟通的大忌。做父母的应该更新观念、放下架子,与孩子沟通时多些平等、民主。比如,可以问孩子:"这件事这样办你觉得怎么样?"等等。一旦孩子觉得父母尊重他、把他当朋友看，他就会与父母拉近距离，也会把父母当知心朋友，如此，进行沟通也就水到渠成了。

每一个孩子都有自己的创造性，每个孩子都会对他遇到的事情做出反应，每个孩子都在努力塑造自己，作为父母，你的责任是引导孩子，你需要检查自己是怎样引导孩子的。要想正确地引导孩子，应对他们有细致的观察，了解他们的行为目的、情感愿望，如果你感觉到他们在想什么，就对他们有了更深的理解，要做到这一点并不难，因为孩子们从孩童时期起就在无拘无束地表达自己，如果你总是批评他们、教训他们、告诫他们、挑他们的毛病，他们就会由此加深苦恼，认为是父母不爱他们、讨厌他们，无形中便和父母之间有了距离，这样的话，交流的大门慢慢地就关上了。

如果你自由地接受孩子们的思想，与他们一块儿讨论，研究可能的结果，经常问"那样的话将会有什么发生?""你会有什么感觉?""别人会有什么感觉?"这样的话，孩子就会想到在解决人生疑难的问题上有了同伴。另外，父母常向孩子问一些相关的问题乃是传播其思想的好办法。许多人在他们成人之后仍然认为最好的朋友就是他的父母，和父母的交心使他们受益匪浅。

父母要和孩子站在平等的高度上。在沟通的时候，一定要注意，你并不是在训导孩子，事实上，训导反而会适得其反。

不要拿其他的孩子来贬低自己的孩子

俗话说:"人比人,气死人。"现今的父母望子成龙心切,因此,他们总是拿自己的孩子与别人家的孩子作比较,总是以充满赞叹的口吻对自己的孩子说:你看看某某多聪明,以此来赞扬别人家的孩子。"你看看人家,你再看看你,你怎么永远都不如别人?"相信对于这样的语言,无论是孩子还是父母都不陌生。

然而父母不知道,这样一比,无形中便增加了孩子的精神负担,比得孩子灰心丧气,把他们的进取心和自尊心都给比没了。媒体上关于孩子厌学逃课、离家出走的报道,其大部分原因就是因为孩子不堪忍受家长的"比"所导致的。

阿龙和阿鹏不仅是好朋友,甚至还是"世交"。他们的爷爷是同事,双方的妈妈又是同学,所以,两个人的家长经常在一起唠家常,谈论孩子成长中的各种问题。可是最近一段时间,阿龙却不太愿意和阿鹏一起玩了,这是为什么呢?

有一天,阿龙和阿鹏在一起下象棋,这个时候,他们的妈妈一起走了过来。阿龙的妈妈摸着阿龙的头说:"听说你们家阿鹏最近成名人了,考试都进了全校前3名了!"

阿鹏的妈妈说:"哪有,他就是瞎猫碰上死耗子,你们家阿龙也不错呀。"

"他?他怎么能和你们家孩子比?瞧他那笨头笨脑的样子,能有什么本事!"

阿龙听到妈妈的话，感到面子扫地，站起来不满地说："哼！我就是不如阿鹏，我就是笨，那又怎么样?！"说完，头也不回地走开了。

阿龙原以为这是妈妈的一次口误，谁知道接下来的几天里，妈妈总是不断地对他说："你和阿鹏是好朋友，怎么不学学人家！你看人家多给家里人争气，你怎么就这么不上进！"

阿龙听着妈妈的唠叨，心里烦闷异常，也不愿意和阿鹏在一起玩了。每天，他都想着妈妈的那些话，感到无比委屈。他不想回家了，因为他受不了那种比较的"煎熬"。

也许阿龙的妈妈认为那么说是为了督促孩子，但她没有想到这样做使自己和孩子之间出现了隔阂。

诚然，我们生活在一个充满竞争的社会，外界的压力迫使我们自己竞争，难道我们还要捎带上孩子吗?父母们有没有想过这样做会不会给孩子带来伤害?爱攀比的父母都有一颗望子成龙、望女成凤的痴心，然而一面攀比一面打击孩子的做法，从根本上说是在慢慢毁掉孩子的自信心。要知道，孩子的成长动力来自其心理上不断作出的自我肯定，缺乏自信的孩子最终会失去自信，导致一生碌碌无为。

其实，每个孩子都有自己的长处和短处及与众不同的个性特点，父母们盲目地、笼统地把自己的孩子与其他的孩子进行攀比，用别的孩子做标准来要求自己的孩子，实际上既是对自己的孩子缺乏信心，也没认真研究为什么自己的孩子在某些方面不如别人家的孩子，就一味地羡慕别人家的孩子，斥责自家的孩子，这样做只能导致孩子越来越消极，越来越没信心。

其实，父母想要杜绝把自己的孩子与其他的孩子进行攀比的情况，就不要想着"比"，而是用一颗平常心来对待孩子暂时的不足，对孩子多一些鼓励、多一些赏识。这样，孩子的进步反而会更加明显。

甜甜在这次期中考试中得了第9名，没有达到妈妈的预期目标。不过，妈妈并没有批评她，只是让她看了看前8名同学的成绩。谁知，甜甜一下子生气了："你就知道拿我和别人比，我就不如他们，你看谁好就让谁来当你的女儿吧！"

妈妈一愣，不知女儿为何如此。不过她并没有生气，到了第二天才问甜甜发火的原因。原来，班主任刚刚批评了她，她心里正难过，妈妈再让她看前8名同学的成绩，她就忍不住发火了。妈妈对她说，不管什么原因，都应该向妈妈道歉。

甜甜点了点头，但也提出了自己的要求："妈妈，以后你不要拿我和别人比好吗？我就是我，我有自己的学习方法。放心，我会努力的，一定尽快找到适合自己的学习方法！"

从这以后，妈妈再没拿别人和甜甜比较，甜甜也很争气，成绩很快提高到前3名。

父母应该客观地看待孩子的成长过程，停止对孩子的盲目比较，关注孩子的每一个细微的进步，多发现孩子的优点，这样会让孩子更自信，亲子关系也会更融洽，更有利于孩子的健康发展。让孩子明白，只要他尽力了，他就是父母心中的好孩子。

此外，父母还应该学会全面地看问题。比较分两种，一种是横向比较，一种是纵向比较，看孩子的进步，不仅要横向地看孩子和别人的差距，还要纵向地看孩子比从前取得了哪些进步，而且纵向比较更加重要。父母不能用学习上的进步来牺牲孩子的成长，盲目攀比的结果是孩子的个性消失，甚至是个性扭曲。

父母要明白，每个孩子的性格和特点都是不同的，这种差异未必就是差距。嘴上留点儿口德，只要孩子付出了努力，父母就不要对孩子过于挑剔，这样的教育才是成功的。

私下对孩子进行批评，切勿当众让孩子丢脸

父母与孩子之间只有在以尊重为前提的条件下，才能够做到真正意义上的沟通。其实，父母与孩子沟通的失败往往不是缺少对孩子的爱，而是缺乏对孩子的尊重。

很多父母在孩子犯了错误时从来不会顾及孩子的自尊和颜面，总是当众对其加以批评指责。甚至有的父母在与别人聊天时也总是刻意地指出孩子的种种坏习惯和行为。不论这种言论是出于无心还是刻意而为，都是对孩子的一种伤害。

一个上初中的女孩有一段时间十分热衷于打扮而耽误了自己的学习。她的父亲察觉后，本来想当面和她好好谈谈，但又觉得很多话从嘴里说出不太妥当，于是便给她写了一张字条："外表美只能取悦于他人一时，内在美才能经久不衰。一味地追求外表美而放弃学习的人，美丽将离她越来越远。"女孩读了字条以后内心受到震撼，体会到父亲对自己深沉的爱，从此便用心学习了。

大家想想看，如果那位父亲当时不顾孩子的自尊，对其大肆责骂或冷嘲热讽，又会是什么样的结果呢？

孩子难免会有一些缺点、会犯一些错误，父母们万万不可过分重视孩子的缺点和错误，对其进行羞辱和讽刺，这样做会大大伤害孩子的自尊心。

贝贝是个小学四年级的孩子，他是班里的尖子生，但这次考试却因为马虎而失利了，数学只得了 69 分。拿到成绩单后，妈妈的脸马上沉了下

来,她开始骂儿子:"就这样的成绩,以后你可怎么办?""还说什么'尖子生',我看是差等生吧!""我告诉你,以后再考出这种成绩,你就别进门,废人!"

这时,正逢放学高峰,许多同学和家长都看到了这一情形,并对此指指点点,贝贝顿时觉得无地自容。

像这种责骂的方法简直是毫无理性可言。孩子当然知道要用功,只是一时疏忽才考得不好,母亲怎能一生气就当着众人的面辱骂孩子是差等生呢?即便孩子有错,也应该等回到家后在私下里对孩子加以批评指责。

很多父母对此不置可否,他们甚至会这样为自己开脱:"儿子是自己的,即使骂得重了点儿,也不会怎么样,何况,如果不这么骂,他根本就不当一回事儿。"可是,他们没有想到孩子在心里却觉得人格受到轻视。不管怎样,这种责骂的方式显得非常不明智。

其实,每个人都有被别人尊重的需求,不要以为孩子年龄小就不需要被尊重,他们一样需要维护自己的尊严。教育学家早已告诉我们,伤害孩子的自尊心是教育孩子的大忌,因为不尊重孩子不仅会使父母与孩子的关系疏远,还会使孩子尊严扫地,很难再以正常的心态去面对人与事、面对自己的人生。

对于一个问题,很多父母都不明白:"为什么孩子总是和比自己差的孩子比呢?"许多父母认为是孩子没有出息、没有自尊心。其实,孩子和比自己差的孩子比,恰恰就是为了维护自己的尊严、体现他们的自尊。

从另一个角度讲,人都有一个特点,那就是"你说的事情让我内心满足,我当然愿意听你的,否则我为什么要听你的?"孩子感觉到你尊重他,他就爱听你的;如果感觉到你不尊重他,他就很反感,当然就对你的话听不进去了。

有一位已退休的老师说:"我当老师的时候,很少在课堂上批评学生,当遇到学生违反课堂纪律时，我就用眼神暗示他。他改了就好；不改，我也不会立即批评他，让他在同学面前难堪，而是下课后找他谈话，指出问题之后我会说：'老师知道你自己可以改正，你不会辜负老师的期望吧？'下次只要我看他一眼，他立刻就明白是什么意思，一般都会马上改正错误的。我尊重他们，他们也尊重我，我的课堂纪律一直很好，学生们很少故意给我找麻烦。"

在加拿大，父母对孩子非常有礼貌，当外人去他们家办事情的时候，如果大人正在和孩子谈什么或者做什么，不会因为外人来了就撇下孩子不管，而是告诉客人："我和他谈完就过来，您先坐。"如果大人正在和客人谈事情，孩子跑过来要求父母做什么事情，也是一样。父母会告诉孩子："我正在和客人谈事情，等我谈完了就过去和你一起做。"

人与人之间的礼貌和尊重是很重要的。孩子有了过失，做父母的不顾场合，轻则叱责，重则打骂，他们不知道孩子正处在自我观念的可塑阶段，在这个阶段，父母的评价对孩子的发展相当重要。如果做父母的经常说孩子是傻瓜，他就会慢慢相信自己是傻瓜。这样，时间一久，孩子的自信心、积极性就会受到打击，为避免被人嘲笑，他将不再主动做事，不愿参加任何竞争和比赛，他只想消极处世来求自保。还有一些在家里得不到尊重、信任和温暖的孩子长大后极可能疏远双亲，而加入不良团伙。在那里，他们的自尊需要得到了暂时的满足。

因此，真正懂得教育的父母是绝对不会去伤害孩子的自尊心的，他们在嘴上留有口德，会在很大程度上为孩子保留颜面，孩子反而更加听话。

许多经验告诉我们，只有具有高度的自尊心，孩子才会自强不息，创造出奇迹。批评孩子也要懂得留口德，这样孩子才会对你言听计从，而你的批评才会产生效用。

避免唠叨,有问题及时沟通

美国著名幽默作家马克·吐温有一次在教堂听牧师演讲。最初,他觉得牧师讲得很好,使他感动得准备捐款。过了 10 分钟,牧师还没有讲完,他有些不耐烦了,决定只捐一些零钱。又过了 10 分钟,牧师还没有讲完,于是他决定 1 分钱也不捐。等到牧师终于结束了冗长的演讲,开始募捐时,马克·吐温由于气愤,不仅未捐钱,还从盘子里偷了两元钱。

这就是所谓的"超限效应",它是指由于刺激过多、过强和作用时间过久而引起心理极不耐烦或反抗的一种心理现象。其实这种"超限效应"在我们的家庭教育中也是时常发生,并且让孩子们烦不胜烦,那就是唠叨。

"路上小心!放学了就赶紧回家!别在路上乱吃东西,要不然会生病!"

初二的林燕已经骑着车子快离开小区了, 可是妈妈的叮嘱还在耳边回响。

林燕皱了皱眉头,回头说道:"妈,你别啰唆了,我已经知道了!"

晚上,林燕坐在书桌台前,妈妈又走了过来说:"燕子,今天的学习怎么样?中午的饭好吃吗?妈妈担心你没听懂老师讲的内容,想周末给你请个家教。对了,你的运动鞋是不是脏了啊?"

林燕听着妈妈的唠叨,趴在桌子上喊道:"妈!我求你了!你别每天都这么唠叨行吗!"

妈妈愣了一下,有些生气地说:"你怎么这么和妈妈说话?妈妈不干涉你的生活,尽可能给你自由,可是为什么你一点儿话也不听?"

林燕捂住了耳朵,喊道:"这种自由我不要也罢!请你不要再问了,不要再唠叨了！"

唠叨仿佛是现代父母的专利，但同时也成了父母与孩子之间最大的沟通障碍。

曾经有一家教育机构对中学生进行过调查，主要调查他们对父母有哪些不满。结果，有50%的中学生将票投给了"父母的唠叨"。由此可见，父母的唠叨成了孩子自由的"最大杀手"。

现在很多父母一边说着给孩子自由，一边又在不断地唠叨，这样的行为只能让孩子感到：父母的话根本不算数！可是在父母的心里却有着这样的观点：我不阻拦你做什么、我不翻看你的日记，可是我适当询问、善意提醒的权利总有吧！于是，这份"适当"就飞速生长，成了没完没了、事无巨细、不分场合、不分时间的唠叨。

小明第一次参加夏令营的时候妈妈很担心，毕竟小明还小，不懂得照顾自己，于是叮嘱小明："吃东西要注意卫生，太晚了别出去乱跑，别单独行动，遇到危险要冷静……"怕他记不住，小明的妈妈又重复了好几遍，小明一脸的不耐烦，说："妈，我又不是小孩子了，知道怎么照顾自己。"

"你知道什么？听我的话准没错，真出了什么问题，后悔就晚了。"小明的妈妈生气地说。小明也气得嚷起来："我不参加了！行了吧？！"然后摔门而去，他去夏令营的兴奋心情已经被妈妈破坏掉了。

试着站在孩子的立场上想一下，你是希望要善解人意的父母，还是希望要唠叨不休的父母呢？如果你的父母这样没完没了地唠叨，同样的话重复上十几遍，你又是什么感受呢？当孩子觉得"好烦"、听不进去劝告时，你不妨冷静下来想想自己的说话方式是不是不太对，可以跟孩子好好地交流一下。

其实，"唠叨"是不懂得如何交流情感的表现，只有和孩子耐心地交流，才能让孩子深刻体会到父母的爱。有一位母亲很懂得照顾孩子的情绪,在孩子很小时就注意与他进行情感交流。每天在孩子上床睡觉前,她都关切地问一问:"今天开心吗?"孩子长大以后形成了跟父母沟通的好习惯,有什么不顺心的事情都主动跟父母说。有了这样良好的感情基础,孩子就会很容易接受父母的劝告和建议,父母也不必费心唠叨了。

唠叨只会让孩子心烦意乱,加重心理负担,让孩子对自己越来越缺乏信心,甚至产生强烈的逆反心理,久而久之,孩子甚至会染上一种可怕的习惯——只要父母不唠叨,自己的事情就做不好!唠叨,其实是一种对孩子的自由变相的囚禁。

所以,与孩子进行交流时,父母还是少些唠叨为妙,否则,一个拒绝接受、选择对抗的孩子就会站在你的面前。而想要彻底规避唠叨,父母不妨做到以下几点:

1.别太信口开河

父母之所以唠叨,很大程度上是因为不考虑目的,只是为了"说"而说。比如,规定孩子做好作业再开饭,但有的父母虽然把话讲出去了,可心里又怕孩子肚子饿,就没事找事地说:"你饿不饿"、"要不写完再吃?"等诸如此类自相矛盾的话。这些语言会让孩子感到这是父母"无聊"的表现,因此自然感到很受束缚。

2.叮嘱点到为止

孩子最怕的一种人就是《大话西游》里的唐僧。所以,父母在叮嘱孩子时应该做到点到为止,不必事无巨细,更不能没完没了,很多时候只要稍稍提醒一下,孩子就会明白了,讲得多了,反而会适得其反。

"别看了,去,赶紧学习!""你说你到底能考几分啊,你有个准话吗?""还坐在那里不动?我说的话你到底听到没有啊……"

小新刚刚回家,打开电视机不到5分钟,妈妈的唠叨已经如潮水般涌来。为了避免妈妈继续唠叨,小新赶紧关掉了电视,坐到了书桌前。

这时，妈妈又走了过来，开始新一轮的唠叨："把腰挺直！""告诉你了，不要离桌子这么近！""恩，这样就挺好，继续保持！""注意拿笔的姿势！"……

听着妈妈的唠叨，小新趴在桌子上大声地喊了一句："天哪！"

小新妈妈的语言就属于过分叮嘱。其实，父母完全不必如此絮叨，例如需要叮嘱孩子出去玩时别忘了背包，你可以对他说："记得后背的东西哦！"然后做一个背包的动作。这样的举动远比长篇大论要有效果得多。

3.改变沟通的方式

在与孩子进行交流时，父母往往会表现得高高在上，总以"过来人"的角度告诉孩子应该做这、不应该做那。但在孩子看来，父母的话语都是无用的、空泛的大道理，甚至在很多时候同一件事情还要一遍一遍地说个没完，明显是不相信自己的能力，因此自然产生了排斥心理。

倘若出现这种情况，父母就应当改变沟通的方式，把"唠叨"变成互动式的交流。例如，要教孩子如何做饭，你不妨与孩子一同动手，而不是站在一旁"指点江山"。只有与孩子进行平等的交流，孩子才能听进去你的话，感受到自由就在身边。

中 篇

修炼口德就是修炼气场
如何提升说话水平

　　对一个人来说，语言就像他的金字招牌，比任何装饰都更重要。如果能使生活的语言高度地艺术化，无疑就是使生活高度艺术化，就是使生活具有高品位。每一个人都要掌握日常说话的艺术，追求语言中的精髓，让自己处处展现独特的个性和无穷的魅力，让语言展示自身的时尚，成为自身的财富。

　　有的人不懂得赞美，在朋友取得胜利和成功的时候拙于言辞、守口如瓶，导致好友误解或心存嫉妒；有的人羞于启齿，面对心爱的人无从表达，最终错过了美好的姻缘；有的人本来出于真心和善意的关怀和问候，因为词不达意，让对方听起来却像是一次别有用心的讽刺与挖苦……其实说话不必口若悬河、滔滔不绝，也不需要旁征博引、口吐莲花，只要把守住道德底线、修炼气场，把话说到对方的心里，就能打动人心。

第 5 章

有口德者，分寸当为第一原则

在人际交往中，谈话要有分寸、认清自己的身份。适当地考虑措辞，认真地斟酌哪些话该说、哪些话不该说、应该怎样说，才能获得更好的交谈效果。说话的分寸拿捏得好，即使是很普通的一句话，也会平添几许分量，话少又精到，令人感觉深思熟虑。有口德者，分寸当为第一原则，真正的聪明人都能够管住自己的嘴，明白"谨言慢口，话留三分"的道理。说话讲究分寸，三思而言才会免遭灾祸。

话留三分，不轻易揭自己的底

有口德的人懂得逢人只说三分话，不可全抛一片心。日常交谈中，你的心事大可不必完全说出来，一旦别人了解了你的内心的想法后，你的脆弱面或缺点就会暴露无遗，如此你就失去了神秘感，时间久了不仅让人感觉无味，而且很容易泄露你或他人的一些重要秘密。

很多人都有这样的毛病：肚子里搁不住心事，管不住自己的嘴，有一点点小事就总想找个人倾诉；更有甚者，不分场合、时间，见什么人都把自己的心事向人家说。

当然，这样做没有什么不对，好的东西的确要与人分享，坏的东西也不能让它沉积在心里，因此要说可以，但不能"随便"说，更不能对谁都说。每个倾诉对象都是不一样的，就算是朋友也要分个三六九等。说话要有口德，首先要做的就是对自己有口德，该说的时候说，不该说的时候千万要管住自己的嘴巴。

有的人一有心事就把它挂在脸上，或找个倾诉对象一吐为快，其实这种做法常常会暴露他们的缺点。一有委屈就向人抱怨，一有心事就找人倾吐，这会让对方认识到你的脆弱面，让人下意识地看不起你。最可怕的是，这种脆弱面一旦被那些居心不良的人掌握，你就会被对方抓住软肋，对方随时可以借此置你于死地。

还有一些心事就更不能随便向人倾诉了，比如你在工作上遇到的一些不满、遭到的一些不公平待遇甚至对某个人的评价，等等。当你在向他人倾诉这些人和这些事的时候，一定要注意分寸，否则一不小心得罪了人还不自知，那么最后吃亏的只能是你自己。

张琳在某大学做辅导员，因为她肯吃苦，又认真负责，深得同学们和领导的喜欢，尤其是中文系系主任对她更是十分信任，有时会把系里领导之间的一些事情也讲给她听。

后来系主任有意提拔她为助教，但暗示她不能把这件事告诉别人。张琳听了很高兴，但心中又十分苦闷，恨不得把所有的事情都向大家说出来。正巧，与张琳关系不错的一个辅导员看出了张琳的心事，就询问她是不是有什么事。

于是，在闲谈中，张琳就把系主任跟她讲的所有事情都说了出来，包括系领导之间的闲话是非以及她要成为助教的事情。把事情都说出来后，张琳感到内心轻松多了，可没想到她做助教的事竟然黄了。不久之后，听她倾诉的那位辅导员竟替代她成了助教，而张琳则在系主任找她作了一番貌似肯定、实则否定的谈话以后，继续做她的辅导员工作。

一个人若能在保守秘密这个问题上处理得当，就不会因泄露秘密而把事情搞得复杂化，或者陷入于己不利的境地，从而使自己保持良好的个人形象，成就一番事业。

一般说来，当你和他人共同拥有一个秘密时，往往会因为这个秘密显得彼此的关系更加亲近，这在表面看来不错，其实对你灵活处世是一个很大的障碍，因为在你的心中有了这个秘密，在处理事情的过程中就往往需要考虑对方的利益，这往往会让你做出违背原则的事。而且，一旦你不再那么信任对方，就得时刻提防对方会不会拿你的秘密当做回击你的武器。

因此，最好的方法就是见人只说三分话，这不是让你对任何人都紧闭心扉、滴水不漏，而是要你做一个有城府、有智慧，让他人不可捉摸的人。

嘴上有口德的人就懂得这个道理，他们往往会在与人交谈的过程中把局势扭转到对自己有利的一方。

因此，有口德的人不但不会暴露自己的秘密，还常常会利用倾听的技巧引导对方多说，最后将一切都掌握在自己手中。

隐瞒你的力量和知识的诀窍是要胸有城府、有口德，也就是说，当别人侮辱你的时候能够克制情绪，而不会马上觉得自己丢了脸、失了面子，因此火冒三丈、恼羞成怒，抱着一种"人不犯我，我不犯人；人若犯我，我必犯人"的心理，大打出手、破口大骂，非要把面子争回来不可。在这种情况下，有口德的人首先会心平气和地接受这一事实，再运用适当的方法解决问题。

"二战"英雄巴顿将军爱放"大炮"、毫无城府，不但使上司颇为难堪，而且自己也失去了不少人缘，被同事们称为"和平时期的战争贩子"。1925年，巴顿到夏威夷的斯科菲尔德军营担任师部的一级参谋。一年后，他被升为三级参谋。巴顿的工作主要是负责对战术问题和部队的训练提出建议并进行检查，但他经常越权行事。1926年11月中旬，他观看了第22旅的演习，对这次演习非常不满，于是他直接向旅指挥官递交了一份措辞激烈的意见书，他的这种做法是纪律所不允许的，因为他只是一名少校，无权指责一名准将指挥官，这样一来，他便招致了上司的非议和怨恨。

但巴顿并未汲取教训,1927年3月,在观看了一场营级战术演习后,他又一次大为光火,他指责营指挥官和其他人员训练无素、准备不足,没有达到预定的目标。虽然这次他很明智地请师司令部副官代替师长签了名,但其他军官心里很清楚这又是巴顿搞的鬼,所以联合起来一致声讨巴顿。众怒难调,师长没有办法,只好把这位爱放"大炮"的参谋从三级参谋的位置上撤下来,降到二级。

古语云:"君子三缄其口。"又云:"不得其而言,谓之失言。"如果你不能确定自己说的话对人对事有益无害或者利多害少,那么不如不说。具体说来,可以通过以下3点来做到隐藏自己、趋利避害。

1.保留自以为是的见解

如果细心观察便不难发现,但凡经验丰富的领导人在别人进行激烈讨论时,往往会坐在那里一言不发,直到大家把想说的话都说完后再发表他的意见,最后总能语惊四座,让人自叹不如。

这就是聪明人的做法,即使有意见、有见解,也不会盲目地进行发言反驳,而是等大家都说完,而他掌握了更多的信息之后再进行更系统、完美的总结。这样既为他人保留了面子,又能进行更有力的说服,两全其美。

2.保留不恰当的批评和指责

有口德的人从来不会在人前或人后对其进行不恰当的批评和指责。所谓不恰当有多种含义,如果你看错了现象、误会了他人而对他人大加批评,这就是不恰当的;如果对方的确做错了事,而你当着众人的面很无礼地指责了他,让他丢了面子,这种批评也是不恰当的。

在批评指责的过程中,你有必要看清风向、测准温度,看这种批评对他是否有帮助,如果不能有所帮助,反而会促使矛盾激化,那就不如不要批评。批评时,你还要做到点到为止,把那些伤人的、多余的废话都咽回肚里去。

3.保留毫无价值的牢骚和不着边际的废话

人生在世，不如意之事十之八九，纵然你的不如意有很多，也不要随便将它们拿出来与人分享。要知道，牢骚和抱怨一般都没有任何价值，它们只会让你自降身价。

对别人说一些不着边际的废话不但不会让你显得多有才华，反而会泄露你的无知。如果你想用话语来显示你，就不应该让别人看出你有多大的智慧和勇气，因此你没必要自吹自擂或是夸夸其谈。很多时候，让别人猜出你的才能比你单方面显示才能更能引起别人的尊重。

不随便乱说话、不轻易揭自己的底，这是修炼好口德的第一步。在与人交往的过程中，都要记住逢人只说三分话，不可全抛一片心。

不拿他人的隐私当话题

人们似乎都有一种爱好，就是特别关注他人的隐私，这一点就体现在人们更热衷于八卦杂志而不是财经日报或政治论坛等。于是，一些名人的隐私一旦在小报上有所涉嫌，如"某某前女友大揭秘"、"某某婚姻大曝光"等，常常会成为人们茶余饭后的谈资。

谈论一些公众名人固然可以，但如果把这种爱好体现在日常生活情境中就不可取了，因为这是对他人的一种不尊重。

心理学研究表明，任何人都不愿把自己的隐私在公众面前"曝光"，一旦被人曝光，他就会感到难堪甚至恼怒。因此，在与人交往的过程中，为了避免引起别人的不快、赢得他人的尊重，一定要管住自己的嘴巴，口下留德，不要去刻意挖掘和窥探他人的隐私，更不要在背后拿别人的隐私当话题大加谈论。

上大学的时候，王巧和单丽丽住一个寝室，两人关系特别好，无话不说。后来，王巧发现单丽丽从来不提起自己父母的事，于是就随口问了问，单丽丽一下子眼睛就红了，说出了实话，原来她父母在她上小学的时候就离婚了，后来爸爸病逝，妈妈改嫁了人，自己一直跟着小姑生活。

为了安慰单丽丽，王巧也说出了自己的一个秘密，说自己也有难以启齿的事，就是自己有体臭，之前做过手术，但伤口才恢复不久，就发现根本没有切除干净，洗过澡后就没有什么，但是一出汗，味道就又来了。因为这件事，王巧很害怕和别人靠得太近。两人就这样互相安慰着对方。

有一次，王巧在与人聊天时不知不觉就把话题引到了单亲家庭上，结果她便把单丽丽没有父母的秘密告诉了大家，这个事情随后就在班上传开了，大家都在背后对单丽丽议论纷纷、指指点点。后来，单丽丽知道了事情的真相，一气之下便把王巧有体臭的事告诉给其他人，大家一下子看王巧的眼神都变了。因为这件事，王巧的男友和她分手了，而王巧和单丽丽曾经那么深厚的友谊也随之破碎了。

每个人心中都会深藏几个小秘密，如果你的朋友愿意把一些秘密和你分享，那你们之间一定是非常好的知心朋友，对于朋友的秘密，即便他没有叮嘱，你也应该心知肚明，为他保守秘密，不要外泄。如果你不能管住自己的嘴巴，随便泄露朋友的秘密，那么你失去的不只是友情，还有别人对你的信任和尊重。

为人处世一定要把好口风，要清楚什么话能说、什么话不能说，把别人的隐私当话题的人不但会让人感到他口上无德，还会不小心得罪人。

卢青在一家公司上班的时候，办公室里有个男同事一直对她不错。有一次，那个男同事找了个机会向她表白，说很喜欢她。当时卢青已经结了婚，便告诉他这是不可能的，他说他不图别的，只要能经常关心她就很快乐。后来有个和卢青关系还不错的女同事发现了他对卢青的关心，就问是怎么回事，卢青也没多想，就告诉了她。

没过多久，因为工作上的事情，卢青和这位女同事闹僵了。为了打击报复卢青，女同事造谣生事，诽谤卢青和那名男同事有婚外情。最后，男同事因为无法承受舆论的压力而选择了离开，而卢青也为此内疚了很长一段时间。后来卢青谈起这件事的时候说，有些情感上的隐私千万不能对别人说，说出来就可能给别人和自己造成不可弥补的伤害。

隐私是个人的事情，一般来说，它不愿为人知晓、不愿被他人干预或者不愿为公众所知晓。几乎每个人都有属于自己的隐私，它也许是一段不堪回首的往事，也可能是一次不幸的遭遇，或许是内心世界的情感变化，等等。这种私密的东西一旦泄露出去，就可能会对当事者或其他人造成难以预料的影响和伤害。

很多时候，也许你揭露他人的隐私是出于一种好意，但在此之前，你还需慎重考虑，设想一下自己的言行到底会给他人赢得同情还是带来危害。所以，你应该善于控制自己，明白什么是可以说的、什么是不可以说的。对于别人的私密一定要做到守口如瓶，无论对什么人都不能泄露。拿别人的隐私当话题，不但害了别人，最终也会害了自己。

开玩笑要懂得言辞分寸

人际交往中，适当地开个玩笑可以松弛神经、活跃气氛，但开玩笑一定要注意言辞分寸，尽可能避免说出令人尴尬或厌恶的话，倘若为了营造欢愉、热闹的气氛而刻意制造幽默，却弄巧成拙地让人生气，那就失去了开玩笑的意义。

　　开玩笑是幽默的一种表现,是人们生活中的调味剂。有人说过:"人生就像一顿大餐,而幽默就是这顿大餐中的调料。"是的,如果一顿大餐缺少了调料,那何来的美味呢?生活中,如果没有玩笑也就会变得没有乐趣。但是,开玩笑也是要分人、分地点、分场合的,否则会闹出不少笑话,而且还会引起对方不高兴。开玩笑适度可以让人与人之间的关系更融洽,让对方感觉你是一个谈吐幽默的人,这样的人会很容易交到朋友;然而,如果玩笑开得不恰当,便很容易造成朋友之间的隔阂。

　　美国前总统林肯在任职期间十分受美国民众的欢迎,威信度极高。他的正直、坚强、仁慈、敏锐的洞察力和人道主义精神使他成为美国历史上最受敬仰的总统之一。林肯受欢迎的原因不仅于此,更是因为他幽默、风趣的个性。

　　有一次,一个妇人突然闯入白宫来找林肯,她理直气壮地说道:"总统先生,你必须要给我儿子一个职位,至少是上校。我们有这样的权利,因为从我的祖父那一代就开始为国效力。瞧,我的祖父曾参加过雷新顿战役,我的叔父在布拉敦斯堡战役中壮烈牺牲,而我的父亲是纳奥林斯之战的英雄,我的丈夫则牺牲于曼特莱战役,所以……"林肯不等女士回答完,便幽默地说:"夫人,您一家三代为国家效忠,贡献实在够多了,对此我深表敬意,现在您可以给别人一个为国效命的机会了!"妇人听了无话可说,悄悄地走了。

　　林肯用一个小小的幽默,既化解了与妇人之间僵持的气氛,又打消了妇人无理的念头,这便是有口德的人在开玩笑时所把握的分寸。有口德的人会开玩笑却不伤人,生活中,我们在开玩笑时也一定要把握好分寸。

　　一个有口德的人在讲述笑话时应避免过度地讥笑与嘲弄。幽默并不意味着取笑于人,如果玩笑过了度,就会让对方产生误解,最后冒犯他人,得不偿失。开玩笑是一种调节谈话气氛的良好方式,但使对方太难堪了,就失去了玩笑的意义了。美国前总统里根在国会开会前，为了试验麦克风，说了一句这样的话："先生们请注意，5分钟后，我将对苏联发起轰炸。"一语既出，众皆哗然。在错误的场合开了一个荒唐的玩笑，结果造成了一个天大的误解，也让世界人民看了笑话。

那么在开玩笑的过程中，该如何避免讥笑与嘲笑呢？

1.态度友善，与人为善

开玩笑应该是善意的，是为了增进感情，但如果你借着开玩笑的时机对他人冷嘲热讽、发泄不满，那么就会招致厌烦，甚至得罪于人。在这个过程中，你的伶牙俐齿看似帮助你占了上风，但别人会认为你不懂得尊重他人，从而疏远你。

玩笑的目的是活跃气氛，但如果讲出来的话不但不能让大家感到轻松，反而倍感尴尬，那么这个玩笑就是失败的、是有失分寸的。

2.内容高雅、轻松

马克·吐温说："幽默自身的秘密源泉不是快乐，而是悲哀，天堂里不会有幽默。"很多时候，玩笑的内容取决于开玩笑者的思想情趣与文化修养。有修养的人应该有口德，所开的玩笑也应该是内容健康、格调高雅的，这样的幽默不仅可以给对方启迪和精神享受，也是对自己美好形象的有力塑造。而低级、下流的玩笑只会污染生活、降低档次，让听者心生厌恶。除此之外，带有污辱性的、与种族和宗教信仰相关的玩笑，都应尽量避免。

3.分清对象

说话要看对象，对小孩不能用高深莫测的语调说话，对大人说话就不能太过孩子气。开玩笑也是一样，由于对象的身份、性格、心情不同，其承受能力也不同。同样一个玩笑，有的人听了能意会，而其他人就未必能理解。对于那些性格外向的人，就可以适当地加大玩笑的尺度，而对于那些一丝不苟的内向者，开玩笑就应该谨而慎之了。此外，可以在对方开心的时候开玩笑,但如果遇到对方伤心或生气时,玩笑就开不得了。

4.借用手势要适度

有的人在开玩笑时喜欢指手画脚,以借用手势来强化幽默的效果。但是需要注意的是,借用行为语言来强化幽默的话,应该要讲究精炼、自然、活泼和个性化,从而总结出一套适合自己的说话风格和行为习惯,切不可误用、乱用。

5.少开陌生人的玩笑

对待陌生人,开玩笑一定要适度。开玩笑之前,应该考虑到对方的身份以及双方间的亲疏关系,一般来说,越亲密的人之间越容易开玩笑。但如果对方只是与你刚刚结识的陌生人,就应该中规中矩地进行一番寒暄。一旦玩笑开不好,就会影响两者进一步的发展。

适度的玩笑可以活跃气氛,让大家开心,使彼此之间的关系更加融洽。如果玩笑过分必会伤害对方,影响彼此的关系,所以要把握好开玩笑的度。

玩笑开得不好有伤口德,一般朋友间的谈话虽然比较随便,偶尔开开玩笑本无可厚非。但是,不论本意如何,适度地收敛这种行为是非常必要的,尤其在工作场所等比较严肃的场合更应该多加注意。因此,交际中,玩笑不是不能开,只不过要掌握分寸。

忠言逆耳，点到为止

我们常说"忠言逆耳利于行"，说的是凡是忠告一般都是逆耳的。其实，忠言顺耳也未必不能达到这个效果。

忠告的话听起来一般都让人难以接受，甚至会引起他人反感或抵抗，结果取得相反的效果。其实，真诚地、巧妙地提出自己的忠告不但不会让对方反感，还会增进友谊，将事情办得更好。

有口德的人不会因为忠告伤人就不去忠言相劝，他们懂得站在他人的角度设身处地地为他人着想，从而巧妙而又点到为止地提醒对方，或引起对方的注意。这样一来，当对方感受到来自你的良苦用心之后，必然会更加信任你，而彼此的关系就拉近了。

然而，如果你不懂得点到为止，只是一味地提出批评警告，不但会起到反作用，更有可能招致祸端，引起不必要的误解和麻烦。

商朝末年，纣王昏庸无道，丞相比干多次进谏，纣王非但不听，还下令将比干剖心处死。在工作中也是一样，对领导提出直言忠告很有可能会被领导认为狂妄自大、遭人厌恶；对于下属的忠告如果不恰当，也往往引起对方的不满情绪。因此，在提出忠告和指责别人的时候要留些"心眼"，话语中要留点儿口德，点到为止，剩下的就让别人自己来思考，这比你直截了当地全部说出的效果要好得多。正所谓：热心肠一副、温柔二片、说理三分。

有一个中学生，虽然高考在即，却还是一副散漫的样子。一天，他逃课以后游荡在外，看到忙忙碌碌的众生相，突然联想到自己的父母，于是一股悔意惆怅而生。终于,他开始为自己的行为感到后悔,于是下决心要好好复习,就带着这样的心情回到了家中。

谁知道一进家门,母亲就摆出一副鄙夷的样子,大声训斥儿子:"你又跑到哪里去了?看你成天吊儿郎当的,别说考大学了,以后就是掏大粪都没人要!"

"哼,上大学,上大学,你就知道上大学。我还就不信了,不上大学难道就混不出个人样来吗?"接着,儿子一气之下又迈出了家门,只留下母亲一个人在那里发呆。

说忠言的确是为他人着想,但只是有这种良好的愿望还不够,还需要运用各种技巧使自己的忠言让他人接受,否则就会适得其反。要想使自己的忠告被人接受,需要注意提出忠告的方法:

1.提出忠告要注意场合

你所提出的忠告,要想让对方听进耳朵里,首先就要顾忌到他的面子。因此,在提出忠告时,切忌在大庭广众之下。一般来说,忠告涉及别人的短处、触及他人的伤疤,每个人都是有自尊的,你在大庭广众之下对他进行忠言相劝,就意味着当众揭他的短,让他下不来台,即使你的初衷是善意的,也会让对方误解。因此,提出忠告一定要看场合。

2.提出忠告要把握时机

把握忠告提出的时机很重要。在当事人感情冲动的时候,你向他提出忠告和劝诫,不但起不了一点儿作用,还会火上浇油,甚至让对方认为你别有用意。

当他人尽了最大努力,本以为自己会成功却没有把事情办好时,你最好不要进行劝告。"如果当时那样就不会这么糟了",这时你所说的忠言即使能够犀利地指出问题的所在,也不会得到对方的认同,只会徒增对方的反感。

3.提出忠告要真诚实意

所谓忠告，一定是真诚实意的，其目的是要让对方从中警醒或受益。因此，在提出忠告时，一定要让对方感受到你的真诚和一片好意。因此，你必须要谨慎说话，不可大意，更不可草率说话。在这个过程中，态度一定要谦和诚恳，用语不能激烈，否则对方就会认为你是在借题发挥、是在教训他。当然，说话也不能过于委婉，太委婉的话，只会给人一种敷衍了事的感觉，从而招致厌恶。

4.提出忠告应从实际出发

你所提出的忠告一定要从实际出发，因此必须了解事情的原本经过，不要胡乱猜测、捕风捉影。只有了解了事实之后，你才能清楚地判断是否有必要提出忠告，然后怎样选择提出忠告的角度，才能让对方收到效果。

比如在职场中，作为公司的一名职员，你必须在充分了解一个项目的计划和背景后才能对其提出意见和看法，否则你不会引起领导的重视，甚至还会认为你思考问题不够周全。生活中也是一样，在不了解对方的意图时就对他的行为妄加非议、提出忠告，他会认为你不是在尽朋友的义务，只不过是在借机显示自己。

5.提出忠告要选择措辞

提出忠告要注意措辞，否则不但不能起到应有的作用，反而会得罪人。

"你看你夫人，每次出来都是体面大方、漂漂亮亮的，再看你吊儿郎当、不修边幅，一看就不像两口子！"

"我跟太太不像两口子，难道你俩像吗？简直莫名其妙！"

这其实只不过是一位朋友对某人的提醒和劝告，只不过措辞不当，最后竟引来对方的一番反唇相讥。提忠告切忌比较，因为比较往往是拿别人的长处与对方的短处相比，这样很容易伤害对方的自尊心，会让对方认为你根本不是在劝告，而是在讽刺挖苦他。

6.提出忠告要突出重点

提忠告的时候要注意语言简洁中肯。提忠告要就事论事，不要涉及人格或其他方面的东西，最好能按照"一时一事"的原则，将忠告娓娓道出。提忠告切忌翻旧账，若是一味地提起对方的过去并加以指责的话，就会偏离本意，引起对方的反感，所以提忠告要掌握重点，不随便提及其他事情。

7.提出忠告要留有余地

给对方留有余地，就是要给对方以希望和信心，告诉他事情还是可以挽回的。提忠告切忌过了头，如果让对方产生破罐子破摔的想法，那就适得其反了。提忠告时不要一味地贬低对方，而应该多列举一些优点，如："你工作还是很努力的，一直以来表现也很好，只是如果想问题再考虑周全一点儿的话，就更好了！"用这种口气向对方提出的忠告容易让人接受。

有口德就是要讲分寸，无论是指责还是警告，只要是忠言，就要让对方舒服地接受。要知道，你的一句话有可能帮助对方重拾信心，也有可能将对方打入谷底，因此在提出忠告时要注意分寸、讲究策略、点到为止。

说话有节制，忌夸夸其谈、卖弄自己

说话夸夸其谈、凡事都以自我为中心，说话自以为是的人，必然得不到朋友的尊敬，当然也收获不到一份真正的友谊。那些有着满腹才华的成功者懂得低调处理事情的重要性，往往不会恃才自傲，反而表现得平易谦逊，这才是有着大智慧的人。

"空心的谷穗高傲地举头向天，而充实的谷穗则低头向着大地。"其实，一个人越是夸夸其谈地卖弄自己，越容易使人们对他所说的话的真实性产生怀疑。在日常生活中，我们周围有一些人就总是喜欢自以为是，无论别人说什么，他都要插上一嘴，还会加以反驳，而且是即使说了半天，也不见得有什么高深的见解。久而久之，这种夸夸其谈、处处卖弄的行为就成了一种极坏的习惯，不但不会让人觉得他有魅力，反而会降低别人对他的好感。

马西尔斯是公元前5世纪古罗马时代的一个大英雄，因为战绩卓著，屡次救罗马于水火之中，而被人们封为"战神"。

公元前454年，上了年纪的马西尔斯打算弃军从政，从而参加竞选，角逐最高层的执政官。按照规定，候选人可以在公众投票前发表公开演讲，从而展示他自己的风范，赢得选民。候选人一个个滔滔不绝，不断卖弄自己的学问多么渊博、理想有多么宏大。等轮到马西尔斯时，他什么也没说，只是脱下上衣，观众一片哗然，因为人们看到了他身上的累累伤痕，感动得泪如雨下，认为执行官非他莫属。

然而，到了投票那一天，事情发生了转机，马西尔斯在公众场合与公众见面却无视众选民，只与坐在公证台上的高层官员和富有的市民说话，而且一味地吹嘘自己的功绩，人们对此大失所望，心想：所谓的"战神"只不过是个只会夸夸其谈的吹牛大王，于是决定不投他的票，马西尔斯最终落选。

马西尔斯吹嘘自己曾经在战场上的功绩，就是想让人们知道他有多勇敢、多伟大、他为国家作过多么重要的贡献，结果却适得其反，人们对他的装腔作势很反感。他把自己说得越神勇，人们对他的失望也就越多，导致最终落选。这件事告诉人们，吹嘘者自以为能赢得公众的好评，结果恰恰毁掉了自己在人们心中的形象。

中国古代有一位将军在大军撤退时总是断后。回到京城，别人都赞扬他舍生忘死的精神，将军却说："并非吾勇，马不进也。"这位将军谦逊地把断后的功绩推掉，认为不是自己勇敢，而是马不行进，这种谦虚的态度反倒更加赢得人们的赞誉。

有口德的人从来不会对自己夸夸其谈，他们之所以这样做，不是想从中获取什么好处，而是不愿夸耀自己的功绩。越是这样，这些人就越能得到最大的荣誉。

他人和你谈话只是单纯的谈话，而不是要听你说教，你若故作聪明，非要拿出更高超的见解不可，那么对方也不一定会乐意接受。所以，在谈话时要有所节制，不可以王婆卖瓜，自卖自夸。

一家小型杂志社的社长不管在什么场合，总是表现出一副无所不知、高深莫测的样子，让人看了就觉得他自以为是，好像在作自我宣传。然而，不论他再怎么装腔作势、再怎么侃侃而谈，始终得不到他人的认同，而他所出版的杂志或周刊也跟他本人一样，永远上不了台面。

后来，他所出版的刊物被公众评为观点偏激、肤浅的杂学之流。可是，他仿佛从来认识不到自己的缺点似的，仍然对任何事都喜欢大加评断。现在，只要他一开口说话，旁边的人就会小声嘀咕道："天啊！这位仁兄又要开始'独立宣言'了。"随后纷纷装作看不见他的样子，躲开了。

自以为是和说大话、吹牛并无不同。有些人本来没有高人一等的智慧，却要装出一副自己什么都懂的样子，这样会让人看做伪君子。承认自己也有不知道的事并不丢人，为了自抬身价而不懂装懂、自以为是而乱讲话，一旦被对方看穿，反而会令对方产生不信任感而不愿与你交往。

在生活中，有些人认为自己比别人知道得多，便总喜欢夸耀自己。即使你真的比别人见识多，也不应该以这种态度去和别人说话。这种说话方式会使你疏远于朋友和同事，如此便没有人愿意给你提意见或建议，更不敢向你提一点儿忠告。

要改变这种状况，唯一的改善方法是养成尊重别人的习惯，日常谈论中，你的意见未必是正确的，而别人的意见也未必就是错的，那么，为什么你每次都要反驳别人呢？是想突出自己的见解有多么高深，还是为了得到别人的崇拜和敬佩呢？其实，日常生活中的事都是平凡的，根本没有必要做高深的研究。要想得到别人的尊重和敬佩，不一定要通过反驳别人的方法来实现。

"闻道有先后，术业有专攻。"每个人都有自己的专长，不可能对每件事都很精通。朋友之间应该互相取长补短，对于别人比自己专精的地方就不耻下问，即使是自己很专精的事情，也要以很谦虚的态度来展现实力，这样才能说服他人。

此外，你说的话未必就是真理，现今时代是信息时代，你是否能确定你所掌握的知识就是全面的、科学的、正确的呢？很多时候，讲的话越多，越容易漏洞百出，这样不仅有损自己的形象、暴露自己的无知，还会影响别人对你的看法，这就要求我们不要自以为是，更不要夸夸其谈，逞强的话要少说，争论的话最好不说为妙。有些人自以为有点儿才能就四处吹嘘，好让人觉得他是个天才；有些人，发了点儿小财就到处夸耀，好像自己是比尔·盖茨；还有些人，做了点儿小事就觉得劳苦功高，四处张扬。殊不知，这样的人是最讨人嫌的。对此，达·芬奇说过这么一段话："微小的知识使人骄傲，丰富的知识使人谦逊。"喜欢吹嘘的人往往没有真才实学，沉默寡言者往往深藏不露。

有心眼的人都知道说话要节制，有口德的人从不夸夸其谈。低调的人不是没有个性，沉默的人也不代表其一无所知，真正的卓越非凡的人不用吹嘘就能流芳百世。吹嘘自己知识的人，等于宣扬他的无知；吹嘘自己勇敢的人，无疑告诉别人他是个胆小鬼；吹嘘自己富有的人，只能证明他是个爱财的人。而说话小心谨慎、谦虚朴实的人才真正讨人喜欢。

保持语言弹性，不该说的不乱说

说话是重要的交际手段，良好的沟通能够促进人际关系的发展，但是如果你口无遮拦，一次次地用言语伤害对方，那么它就会成为导致人际关系恶化的罪魁祸首。所以，你一定要管好自己的嘴，话在说出口之前一定要先在脑子里过3遍，站在对方的角度想一想：这样的话在对方听起来会是一种什么样的感受？如果会让对方感到不舒服，那就把话咽回肚子里。

这就要求你说话的时候要保持语言弹性，任何时候都要考虑场合、对象等众多因素，不要自己想说什么就说什么。要知道，每个人的命运不仅把握在自己手中，更把握在自己口中。有口德的人说话分场合，更能顾及别人的感受，因此能为自己带来好运，更能赢得人心。

在人际交往中，要学会在适当的时候说适当的话，就是要学会察言观色、把握时机，根据不同的对象、不同的场合说恰如其分的话。

某护士刚从医学院毕业，怀着满腔热情到市里的一家医院实习。实习的第一天，医生让她到6号床通知病人，把病情好好跟病人说一下，告诉他只剩下6个月的时间了。

护士听完医生的话，就拿着6号床的病历到了病房，一进病房她就大声喊道："6号床的病人做好心理准备啊，你只剩下6个月的时间了。"病人听完后一下子承受不住，当场就昏了过去。主治医生知道后狠狠地教训了她："病人因为身体的疾病已经很痛苦了，你怎么可以这样直接就告诉他呢？万一出现什么后果，你负得起责任吗？"

在某些场合，话语常常能起到致命的作用，就像以上案例中的这个护士，我们不能评价她护理水平不够，但也不能说她是个合格的护士。说话必须分场合，如果不能分场合说话，你的话语就失去了弹性，就有可能成为一支致命的毒箭。

心理学告诉我们，在不同的场合，人们对他人的话语有不同的感受、理解，并表现出不同的心理承受能力，正因为受特定场合心理条件的制约，有些话在某些特定环境中说比较好，但在另外的场合中说未必佳；同样的一句话，在这种情况下说和在那种情况下说，效果就不一样，说什么、怎么说，一定要顾及说话环境，才能取得良好的说话效果。有口德的人会巧妙地利用语境，做到情境相宜，以此达到最佳的表达效果。

肖肖和丹丹是一对好姐妹，上学的时候就形影不离。毕业之后，两人又在同一个城市工作，虽然不能再像以前一样天天在一起，但是也经常见面。见了面还是会像学生时代一样打打闹闹、互相调侃，一个说："哎哟，你还活着呀。"另一个则说："你都还没归西呢，我哪敢先去呢。我还等着给你送花圈呢！"说完两人都哈哈大笑，这样的玩笑成了两人关系的润滑剂，使她们一直保持着友好的关系。

一次，丹丹生病了，在医院一住就是一周，心情非常低落。作为好朋友的肖肖听说了，急忙赶过去看望她。看着好朋友憔悴的面容和无精打采的样子，肖肖就想逗逗她，于是说："你还没死啊，害得我白高兴了一场，我连花圈钱都给你准备好了。"谁知，这一回丹丹没有像往常一样回应，而是瞪着双眼，愤怒地说："没心没肺的东西，赶紧滚，别再来烦我。"一边说，一边就把肖肖赶了出去。肖肖感到莫名其妙，心想：好姐妹怎么说翻脸就翻脸了呢？

即使是最亲密的人，说话也要留点儿口德，也要讲点儿场合讲点儿分寸。说话之前，一定要考虑一下你的话是否合适，不要想说什么就说什么。当然，朋友之间，平时看上去无伤大雅的玩笑是可以增进友谊的，但如果场合和时机不恰当，还像以前那样说话，就会伤到对方。

　　我们周围总是有一些"大嘴巴"，从来不考虑某些话该不该说，而是完全由着自己的性子来，只图嘴上痛快，最后的确按照自己的心意把想说的话说了出来，却因为一张"大嘴巴"而得罪了人。

　　你要知道，说话的目的是为了准确地表达自己的思想和意见，这并不意味着你在任何时候都能毫无顾忌地把自己的思想和意见表达出来。因此，在说话时，你必须顾忌到别人的感受，管住自己的嘴巴，保持语言的弹性。

　　一吐为快虽然会让我们感到很痛快，但是却有可能会给自己招来祸患。当你一而再、再而三地因言语的不当而触犯到旁人的时候，祸根已然种下。若是你出言不逊，触犯到的是能够决定自己前途的人，那么你的前途就会毁在自己的说话上。

　　某公司在召开年度总结大会，老板正在台上就全年的公司运营状况进行详细的总结，突然一名员工站了起来，大声喊道："不对，不对，您刚才说的数字不对，那是上个季度的统计数字，年底的应该是……"

　　正在台上讲得眉飞色舞的老板听到这话之后羞得面红耳赤，脸色变得十分难看，这突如其来的状况让老板措手不及。事后不久，老板就寻了一个由头将那个员工开除了。

　　事实上，要想让语言保持弹性，最重要的是控制好自己的情绪。在很多时候，一些不该说的话往往都是在情绪烦躁或者是异常愤怒的时候说出来的。比如，人们在委屈的时候就会想到与人倾诉，很多平日里说不出来的隐私在这时就会暴露无遗；与人吵架时，因为怒气冲昏了头脑，也会说出一些言辞苛刻的话语，以便在语言上攻击对方。

　　如果你不想因为言语的失当而使自己被孤立，不想因为语言的失当而影响自己的前途，那么就请管好自己的嘴巴，把那些不该说的话咽回肚子里。

103

赞美要掌握火候

生活中，人人都需要赞美、需要一种来自别人的肯定，而真诚的赞美是取得他人信任的前提。真诚的赞美就像润滑剂，可以调节相互间的关系；真诚的赞美是一首美妙的协奏曲，其和谐悦耳的声音让人如痴如醉；赞美更像温暖和煦的阳光，温暖人的情感和心灵；赞美还是一架慷慨激昂的战鼓，给人以鼓舞和激励。人人都喜欢赞美，因为这是一种精神享受。

从前有个秀才油嘴滑舌，专门对别人说一些赞美恭维的话，后来被人叫做马屁精。秀才死后来到阴曹地府，不料阎王得知他生前爱逢迎拍马，就要割去他的舌头，并把他打进十八层地狱。

于是，牛头马面马上奉命带来了秀才的阴魂。阎王对秀才大声斥责："你为什么专事恭维拍马？我最痛恨的就是这种人。我要把你的舌头割去，打入地狱！"秀才听了吓坏了，连忙叩头说："大王息怒，这实在不是小的的错，无奈世人都爱听奉承话，小的不得不如此。如果人人都像大王您这样公正廉明、明察秋毫，谁还会说半句恭维话呢？"阎王听罢得意地说："对我说恭维话，谅你也不敢！那好，就免去你割舌之刑，留在殿中听候调用。"

明察秋毫的阎罗王在不知不觉中陷入了秀才的甜言蜜语，他正是听了秀才对他的赞美之辞，才免去了对秀才阴魂的刑罚。这虽然是一则笑话，却说明了一个道理：人人都爱听赞美之辞，每个人都渴望被人尊重、被人赞扬，都希望得到别人的认可。

然而，赞美不是溜须拍马，只有真诚的赞美才能使他人意识到你在发自内心地欣赏他，而不是在功利性地恭维他，这样的感觉会使他自觉自愿地为你打开心门,从而达到赞美的最终目的。

赞美的话语一般来说都是善意的,然而,"美酒饮到微醉后,好花看到半开时",赞美也是一样,合乎时宜的赞美就是指赞美的时候要见机行事,真正做到恰到好处。

有位小伙子去拜访一位企业家,聊了几句之后,气氛还是比较沉闷,于是小伙子便想赞美一下这位企业家,于是他说道:"王厂长,从刚才跟您简短的对话中,我觉得您是一个很有智慧的人,我想做您的下属一定非常幸福,因为能跟您学到很多东西。我要是能跟着您,不要钱我都干。"

他说完后,那位企业家马上说:"好啊!我还真缺一个助理,你明天就到我公司去报到,工资虽然没有,但我给你包吃包住。"小伙子当然不是要"零工资"待遇了,于是显得很尴尬,抓了抓头,干笑几声,不知如何答话了,气氛不但不活跃,反而更加沉闷了。

赞美要适度,才能继续谈话。这位小伙子本来是想活跃气氛,深入谈话,前面几句话说得挺好,比较真诚,也很具体,也是发自内心,但由于过分夸张,最后一句话就显得比较夸张和虚伪了,结果适得其反。

在日常生活中应该注意,稍微上了年纪的成功男士一般喜欢别人称赞他的努力过程、社会地位以及个人成就等。因此,如果你想称赞这类人,可以这样说:"不知道哪天我可以像您一样这么有成就"、"能不能向您请教一下,您是怎样才有今天的成就的"等等。

恰如其分的赞美才是真正的赞美。赞美时使用过多的华丽辞藻、对别人进行空洞的吹捧和过度的恭维只会使对方感到不舒服,甚至厌恶、反感,其结果适得其反。

要想赞美真正起到作用,还必须在赞美时做到恰到好处、大方得体。人人都爱听好话,但是每个人愿意接受的赞美的语言是不同的,如果不能恰到好处地对他人进行赞美,是难以起到改善关系、促进沟通的作用的。

当代作家毕淑敏讲过这样一个故事。

一位女士出国进行学术访问，周末的时候受邀到当地一位教授家中做客。这位女士进门寒暄之后，就看到了教授5岁的小女儿。女孩满头金发，长得漂亮极了，女士立刻蹲下来跟小女孩沟通，还送给她一份中国礼物，小女孩很有礼貌地微笑道谢，这时女士情不自禁地抚摸着小女孩的头发说："你长得真漂亮，真是可爱极了，大家肯定都喜欢你！"

然而，教授夫妇听到女士对孩子的赞美后并没有表示感谢，也没有作出任何回应，这让女士很惊讶。等女儿离开之后，教授一本正经地对这位女士说："你刚刚伤害了我的女儿，你必须向她道歉。"女士瞠目结舌，惊得不知道该说什么。

教授于是向她解释："你刚才夸她漂亮，还说别人因为漂亮才喜欢她，这是不对的。长得漂亮并不是她的功劳，这取决于我和她父亲的遗传基因，与她个人没有什么关系，可你却对此大加夸赞。孩子还这么小，她分辨不出你的称赞是寒暄还是真诚的，所以她就会认为漂亮是她的优势。而且她一旦认为天生的美丽是值得骄傲的资本，她就会看不起长相平平甚至丑陋的孩子，就会使她进入误区。此外，你还未经她的允许就抚摸她的头，这会使她认为每个陌生人都可以不经同意就抚摸她的身体，这是一种不良引导。"

听到教授一口气说了这么多，女士更加惶恐不安，但教授接着说："不过你也不要这样沮丧，你还有机会可以弥补。有一点，你是可以夸奖她的，那就是她的微笑和有礼貌，这是她自己努力的结果。"

也许我们从来没有想过对孩子的一句夸奖和赞美，其中会有这么多的学问和讲究。看来，对于孩子的赞美也是要掌握火候的，不要因为孩子如天使般地成长就忍不住要感谢上苍，更不要看到孩子做出了一点儿成绩就对他百般赞扬。赞美过了火，不但影响孩子的健康成长，还会招致其父母的厌烦。

不管是孩子还是大人，赞美都需要掌握火候，都需要真诚。赞美是一门艺术，需要用合适的方式加以表达，更需要一颗真诚的心，没有人会讨厌真诚的赞美。

一次，包拯大人聘请师爷，通过一番笔试，包大人留下了 10 个十分有文采的人。接着，要对这 10 个人进行下一轮的考试，于是包大人把他们一个接一个地叫去谈话。

每进去一个，包大人都会指着自己的脸对他们说："你看我长得怎么样？"结果前面 9 个人几乎都异口同声地夸赞他长得眼如明星、眉似弯月、面色红润，一看就是清官相貌。包拯听了气得将他们都赶了出去。最后，第 10 个应试者小心翼翼地走了进来，包拯也问了他相同的问题。结果，这个人却作出了与众不同的回答："你长得面如黑炭、凶神恶煞，实在不像朝廷命官。"包拯故意假装生气，那人却面不改色地说："小人深信只有诚实的人才可靠，老爷虽相貌丑陋，但心如明镜、忠君爱国，天下人皆知包青天的美名。"这一席话说得包拯心中大喜，于是那个人便成了包拯的左膀右臂。

有人说，最后一个应聘者是因为诚实才被录取的，其实不尽然。说他得益于诚实，不如说他得益于巧妙的赞美技巧。前面 9 个人也对包拯做出了赞美，只不过他们的赞美太过直白和虚假，这就有了溜须拍马之嫌。而第 10 个应聘者的赞美更有远见、更加真诚，他先抑后扬，先真实地说出了包拯的缺点，得到对方的信任后，才开始真正地赞美，这样的赞美连一丝不苟的包青天都能享受其中，更别说普通人了。

古语云："精诚所至，金石为开。"当你的赞美之辞从口中说出的时候，其中到底包含着几分真诚，就已经明明白白地显露出来了。所以，只有真诚的赞美才能表达出你心中最诚挚的感激，也只有真诚的赞美才会被人们所接受。

在赞美的过程中还要注意，溢美之词无须过多。赞美虽好，但用得过多也会如吃多了肥肉一样让人腻烦。有些人时刻将赞美之词挂在嘴边，看到谁都要赞美一番，结果时间一长，别人听到他们的赞美就像鸡肋，食之无味，而等到关键时刻，他们的赞美便起不了作用了。所以，赞美的话无须多，精妙的赞美要只一句就够了。

当然，赞美要适宜，并不是不鼓励赞美，而是在该赞美时要毫不吝啬地赞美；不该赞美时要适可而止。

适时而鲜明地表明自己的态度

我们在与人办事的过程中，总会遇到一些蛮横无理、不讲道理的人，他们或是别有用心，阻挠我们办成某事，给我们设置障碍，或者向我们提出不公平、不合理的要求，这时候，我们必须挺起腰杆，敢说硬话，从正面做出反击，以硬制硬、毫不妥协，争取到我们该得的权益，达到办事的目的。

说"硬话"，首先就要理直气壮，在气势上压倒对方或胜过对方。说"硬"话的目的主要不是批驳对方论点的错误、指责对方的可笑或荒谬，而是用与其言论相类、相对或相反的论点去智取对方，兵来将挡，水来土掩，寸土不让，占据制高点，这样就能居高临下、势如破竹、威震对方。

战国末期，秦国逐渐强大起来，秦王想吞并安陵，便假装提出要以500里土地交换安陵，安陵君自然不同意，便派唐雎出使秦国，以说服秦王打消这个念头。

唐雎在说明来意后，秦王一听，顿时脸色大变，怒气冲冲地对唐雎说："你听说过天子发怒吗？"

唐雎回答说："我没有听说过。"

秦王说:"天子发怒时,百万人尸骨成山,千万人血流成河!"

唐雎说:"这我倒没听说过,但我听说过百姓发怒,大王有没有听说过呢?"

秦王冷笑道:"平民百姓发怒,不过是摘下帽子、赤着双脚、拿脑袋撞地罢了。"

唐雎说:"那是庸人的发怒,不是勇者的发怒……如果勇武的人真的发了怒,倒下的虽不过两人,血水淌过的地面也只有五六步,但是普天下都得披麻戴孝。现在,勇士要发怒了!"

说完,唐雎拔出宝剑,挺身而起,秦王一见顿时慌了,忙对他说:"先生息怒,先生请坐下来谈,何必生这么大的气?现在我明白了,韩国、魏国都灭亡了,唯独安陵这个仅有50里地的小国还存留下来,就是因为有先生这样的勇士啊!"

在这个故事中,唐雎面对秦王的骄横霸道、凌人盛气,不但没有一丝一毫的畏惧,反而据理力争,甚至当着满朝文武的面拔剑而起,在气势上先把秦王比了下去。再加上之前唐雎所说的勇士之怒和安陵独保的现实,最终使秦王打消了吞并的念头,达到了说服的目的。

有些人习惯了高高在上,对别人说话时总是傲慢无礼,在和这种人打交道时,应该采用比较强硬的态度和严厉的言辞,才能使对方有所收敛,维护自己的尊严。还有些人说话嘴硬,但因为他们也知道自己无理,说话自然也没了底气,这时候只要你义正词严、针锋相对,他们定能退避三舍。

郭小龙在某水泥厂工作,但他不遵守纪律,于是被厂长老任开除了,郭小龙十分不服气,拿着寒光闪闪的利斧杀气腾腾地来找厂长算账,他质问:"你凭什么开除我?"

厂长说:"凭你7个月不上班!"

"你开除了我,我的斧子可不是吃素的!"郭小龙狠狠地说,边说边举起斧子晃了晃。

老任毫无惧色，面带威严，斩钉截铁地说："你要干什么？告诉你，你的斧子我见过，你想用它吓倒我就想错了。要是怕，我就不当这个厂长了！"

郭小龙被镇住了，"哐当"一声，将斧子砸在桌子上，转身灰溜溜地离开了。

郭小龙因为无理，看上去气势汹汹，实际上不堪一击，老任因为真理在握，一身正气，于是理直气壮，制伏了寻衅闹事之徒。对于那些无理之人，就应该看准时机说狠话，这样一来，他才会知难而退。

20世纪20年代初，冯玉祥将军任陕西督军时，来了两位外国朋友。一位是美国亚洲古物调查团的研究员安德里，另一位是英国人高士林。一天，这两个人没有经过任何人的允许便跑到终南山狩猎，并且猎取了两头珍贵的野牛。

两个人看着自己的战利品，便找到冯督军，洋洋自得地诉说今天的行程，没想到冯玉祥听着听着就皱起眉头来，随后问道："你们到终南山打猎，和谁打过招呼？你们领到许可证没有？"

这两个人骄横惯了，哪会把冯督军放在眼里，他们十分傲慢地说："万事万物都是上帝的恩赐，这两头野牛自然无主，我们当然不用经过任何人的同意了！"

冯玉祥一听，拍案而起，慷慨激愤地驳斥他们说："终南山是陕西的辖地，野牛是我国领土内的东西，怎么会是无主的呢？你们不通知地方官府便私自狩猎，这是违法的行为，你们知道吗？"

两个外国人仍然狡诈地辩解说："贵国外交部发给的护照上明明写着准许携带猎枪的字样，可见我们狩猎已得到贵国政府的允许，怎么会是私自狩猎呢？"

冯玉祥不甘示弱地反问道："准许你们携带猎枪，就是准许你们狩猎吗?带枪就能狩猎,那你们岂不是要在中国境内随意杀人!"

美国人安德里自知理亏,立刻沉默下来,而英国人高士林仍狡辩说:"我在中国已经待了15年,所到的地方从来没有不准许狩猎的!再说,中国的法律上也没有不准狩猎的条文。"

"中国的法律上没有不准外国人狩猎的条文,难道有准许外国人狩猎的条文吗?"冯玉祥慷慨激昂地质问道:"15年里,你没有遇到过任何人阻止你,那是因为你没碰对人,现在陕西归我管,你在我的地盘私自打猎,我就非得管一管不可!"

冯玉祥义正词严,两个外国人无言以对,最后只好低头认罪,并请求冯督军饶恕他们,以后再也不敢私自狩猎了。

有些时候,有的人的确会仗着自己的权势或优势居高临下、盛气凌人,甚至会像那两位外国人一样践踏社会公德和法律法规。对待这样的人,就应该让自己的态度强硬起来,一定要义正词严、当堂断喝。无论坏人怎么坏,在正义和公理面前,他们都是心虚和有所畏惧的。

不管是以前还是现在,只要公理还在,面对这些公众场合滋生事端者,就应该毫不客气地予以痛击。当你洞明对方的敌意时,要立即抓住要害、先发制人,鲜明地亮出自己的态度,这对于对方来说不亚于"当头棒喝",给他一个下马威,这样才能在冲突发生之前就制伏对方。

对待不同的人要说不一样的话,有的人无理取闹,那么你就应该跟他讲事实、摆道理;有的人挑战法律和社会公德,你就要站出来厉声喝止,指出他的错误,并及时予以批评教育;有的人挑战你的道德底线,你也不能示弱,要强硬起来放出狠话,给他点儿颜色看看。

总之,只要你站在正义的一方,大可不必畏首畏尾不敢说话,而是应该大胆地说清事实、摆明道理,让他自知理亏,最后让他甘愿认输。但需要注意的是,说硬话要分清场合、因人而异,切忌感情用事、盲目行事。

第 6 章

有口德者,亲和当为第一精神

亲和力是一种爱的情感,只有发自肺腑地爱别人,才能真正地亲近对方,才能获得对方的认同、信任和喜欢。拥有较高的亲和力,才能拥有宽广的胸怀。在与人交往中,一定要恰当地运用你的"亲和力",它既可以让你更大程度地获得友情,感受到人与人之间的关爱与温暖,又能为你带来更多的人脉资源,让你获得意想不到的良好机会与前途。

说话多用"我们",少分"你"和"我"

"亲和力"一词最早出现在化学领域,常常用以描述原子之间的关联特性,而到了现代,亲和力逐渐被生活化,用来形容人际关系的掌控能力。如果一个人对另外一个人具有友好的表示,并常常通过这种方法同陌生人拉近关系,那么就可以说这个人具有亲和力。

一般说来,在交际场合,具有良好亲和力的人往往最受欢迎。一个人是否具有亲和力,除了表现在表情、态度上,还更多地体现在语言方面。比如,具有亲和力的人在同别人说话时会尽量避免用"你"和"我"这样的字眼,而是着重突出两者的共同关系,用"我们"。

具有亲和力的人在与人谈话时除了用这种善意的口吻外,脸上也总是保持着微笑,这样便能快速消除人与人之间的隔膜,拉近彼此间的距离。在人际交往中,具有亲和力的人无论何时何地都是广受欢迎的,即便是批评他人，由于有了亲和力，也会更容易让人接受。

玫琳·凯公司是一家知名的化妆品公司，为了加深服务理念，扩大公司产品的影响，玫琳·凯女士以身作则，号召公司员工都用本公司生产的化妆品，因此就有了一条不成文的规定：公司的员工不能使用其他公司的化装品，至少在公司内，员工是不可以用其他品牌的化妆品的。

其实这就像人们无法理解凯迪拉克轿车的推销员开着福特轿车四处游说一样，因此公司的员工也都默默遵守着这条不成文的规定。

有一次，玫琳·凯发现一位大堂经理正在公司使用另外一家公司生产的粉盒及唇膏，她便趁机走到那位经理桌旁，微笑地说道："天啊，你这是在干吗？你不会是在咱们公司使用别的公司的产品吧？"经理一听，心想自己肯定免不了挨一顿批评了，可抬头一看，玫琳·凯女士的神情十分友善，脸上还洋溢着微笑，经理不知不觉间脸微微地红了。

第二天，玫琳·凯送给那位经理一套公司的口红和眼影膏，并认真地对她说："如果在使用过程中觉得有什么不适，欢迎及时地告诉我，我们再想一想改进的方法。"再后来，公司所有的新老员工都有了一整套本公司生产的适合自己的化妆品和护肤品。而且，玫琳·凯女士还亲自作了详细的使用示范。

玫琳·凯亲和的态度、友善的口语表达方式使她自然地与员工打成一片，成功地灌输了她正确的经营理念。

亲和力就是这样，它是人们说话时的一种亲切的态度，使双方听起来感觉像是认识很久的朋友或是自己人，这种方式的优点在于消除人与人之间的隔膜，进而使传达者有效地把自己的思想传递给被传达者。

多说"我们"，少说"你"和"我"，这样的说话方式可以让对方听起来更加悦耳，仿佛在说关于自己切身利益的事情，而你也是站在他的角度来说的，这样自然能迅速拉近双方的关系，那么，在日常生活中，我们应该如何利用这种说话方式来凸显亲和力呢？

美国电视脱口秀明星主持人奥普拉曾经主持过一期"吸毒妈妈"的节目。在节目录制过程中，奥普拉同几位曾有过吸毒经历的母亲谈话，其中一位母亲说她是因为害怕失去丈夫才染上毒瘾的，奥普拉对此感到十分理解；而另一位母亲则说自己之所以肯公开自己的隐私来参加这期节目，是因为奥普拉从来不说假话，我相信她。奥普拉听了感动万分，她仿佛再也忍不住了，向这位母亲和观众透露道："我也吸过可卡因，咱们真是同病相怜啊！"话音刚落，一旁的导演和同事都惊慌不已，她却暗示他们没有关系，随之坦然道："没事儿，一切都过去了，一切都会好的。"在她极具亲和力的几句鼓励下，几位被访问者才坦然地道出了自己的真实感情。

对奥普拉本身和电视台而言，她的坦率简直有些"肆无忌惮"，然而也正因为如此，她的话才给人一种亲切之感、一种可信赖之感，最后奥普拉不但没有因为曾经吸毒而有损自身的形象，而且还制作出了一期高收视率的节目，并获得人们的好评。

被采访者往往不愿意透漏自己的心声，如果你能够用语言进行暗示，让对方知道你跟他有过同样的感受和经历，就必然会让对方降低设防的心理，从而愿意与你近距离交谈。这样一来，即使对话的双方身份不同、处境各异，只要说的是坦率的、真诚的、发自肺腑的话，往往都能起到增加亲切感的作用。但如果你只是对被采访者说一些冠冕堂皇、虚情假意的话，那就很能产生亲切感。

在生活中同样如此，当一个人处于失望、沮丧的情况时，如果你在说话时表示有同感，而且告诉对方还是有值得肯定的地方，就好比给干旱的庄稼送去了及时雨，给停滞的船送去了顺帆的风，自然而然地得到别人的信任，从而起到了增强亲和力的作用。

另外，想要使自己的话有亲和力，还需要多以商量的口吻来讲一些与大家息息相关的事情,以增强对方的"主人翁"意识,这样,对方就不会感觉被命令而是自己参与了决定,这就增强了双方的关切感和认同感。

一家工厂面临倒闭,工人们怕自己的利益有所损失,便一股脑儿地全挤进了老板的办公室。老板倒是十分镇静,他注视着工人们,平静地说:"大家都知道,咱们厂遇到了瓶颈,如今我就跟大家透个底,也跟大家商量商量,看怎样能把咱们的损失降到最低。如果把厂子卖了,就必须先还银行的贷款,这样咱们恐怕一分钱也拿不到手,工厂是咱们大家的,不如咱们成立一个专门委员会,把工厂的资金按照比例分给大家,以后咱们人人是股东,个个当老板。开始的几个月,必然会苦一点儿,但少拿点儿薪水,撑上几个月,如果翻了身,那么大家就一起赚了;如果翻不了身,那么到时关门也不迟!大家觉得怎样?"

厂长一番苦口婆心的话让工人们瞬时明白,原来厂长一直都是"自己人",时时刻刻在为大家的利益考虑,于是就十分爽快地同意了厂长的意见。

显然,这位厂长在说话的过程中抓住了重点,他一直在强调"咱们",这就帮助工人和自己建立了一个利益共同体,告诉工人:我们是一条船上的人,这样一来,工人们自然很痛快就接受了厂长的意见。

说理解的话来增强语言的共鸣感,如果与人对话时多从沟通的角度出发,多一点儿将心比心的理解,多说一点儿善解人意的话,那么语言表达就容易引起对方的共鸣,一种独特的亲和力也就寄于其中了。

一本正经地说教只会拒人于千里之外,虚情假意的谎言只能招致唾骂,而真诚亲切的语言则能让世界充满平和,这就是口德的力量。

见面切忌太冷场，恰当寒暄拉距离

寒暄又叫打招呼，是人与人建立语言交流的方法之一。通过恰当的寒暄，人与人之间便能建立起愉快的交谈，并以此为契机开始真正的交往。可以说，寒暄是交谈的润滑剂，运用得好便能让不相识的人迅速相识起来，使不熟悉的人迅速熟悉起来，从而为双方进一步增进认识架起沟通的桥梁。

寒暄是日常生活中调节人际关系的重要组成部分，是人们交往的基础，是心心相印的媒介。一般说来，寒暄的主要形式有以下几种。

1.路遇式寒暄

顾名思义，路遇式寒暄就是在路途中或公众场所不经意间碰到了相识的人而顺便打的招呼，路遇式寒暄是生活中最常遇见的一种寒暄形式。如果对面走来的相识者是常见面的熟人，你可以用十分轻松愉快的一句"你好"、"吃了吗"、"上班去吗"等简单的招呼语一带而过。或者你可以微笑一下，摆摆手，甚至可以只微微点点头以示敬意。

还有一种情况是路上遇见经年不见的熟人，这时不管你是骑车经过还是散步遇见，都应该停下来与对方多说几句话，如果有急事要办，则要与对方说清楚、讲明白，然后再先行离开，这样做才不失礼节又合情合理。

2.会晤前的寒暄

会晤前的寒暄就是如约见了面或客人来了之后在开始正题之前的一些客套性的问候。这种寒暄在工作中较为常见，你可以采取最基本的问候方式，如"您好"、"请进"、"请坐"等；还可以采用另一种特殊的问候方式，比如得知对方的一些情况，如家里人生病住进医院、老人新亡，或是对方自己大病初愈、长途旅行而归、身遭不幸等，那么就需要针对这些方面来进行寒暄。这样一来，你的寒暄问候就显得格外体贴入微。

恰到好处的寒暄能冰融尴尬场面，打破冷场气氛。因此，寒暄不一定只是说"早上好"、"最近怎样"等话语的简单的见面问候，还可以采取多种方式进行。以下就是一些别具一格的寒暄方式。

1.赞美的方式

"这件衣服真漂亮"、"新剪的头发很适合你"等，以这样简单真诚的赞美作为寒暄，很快就能将你的善意与好感传递给对方。

2.关切地询问方式

"听说你昨天生病了？""你身体好些了吗？"这样的询问对常见的同事或熟人更能显得亲切。当你遇到久别重逢的朋友时，你可以根据他们当时的神情、穿着、情绪状态等揣摩一下对方的行为动向，并抱着关切的态度询问一下，同样也使得友谊更加深厚。

3."开场"的方式

开场才是寒暄最初的用途。很多时候，不合时宜的开场不但不能让气氛活跃起来，反而会让气氛冷掉。因此，寒暄一定要讲究开场的方式，当你请求他人帮忙时、当你与异性初次约会时、当你与陌生人见面时等，为了避免尴尬和陌生感，为了缓解紧张的气氛，你可以先谈一些彼此熟知的话题，如天气、社会风气等。

除了以上这些最基本的寒暄方式，你还可以凭借自己的经验，根据不同的情境想出一些寒暄的方式，借以快速达到接近对方、融洽关系的目的。

另外还要注意，不论对任何人，你都要做到积极主动地前去打招呼，最好附之以和善的微笑，这样就会立刻赢得对方的好感。

寒暄还要因人而异、因地制宜。对特别熟识的亲属或朋友可以关切地询问对方最近的学习、工作情况，但与陌生人的初次交谈，就只宜于天气、新闻之类的寒暄，不触及个人深层次及隐私方面。

寒暄时最好面带微笑，对久别重逢的好友可以上前握手、拥抱，要和对方的目光接触。如果是行礼，一定要挺直上身，优美的姿势会使你的寒暄更有效果。

恰当的寒暄能化解气氛，给人以轻松感，由此沟通感情、联络友谊，促使人际交往更顺畅。

要想吸引他人，可在称呼上下工夫

称呼是礼仪的开始，有口德的人都懂得这一点，在称呼上打动别人，交往起来也就变得容易。用什么称谓来称呼一个人不但能反映出你与说话人是怎样的关系，同时也关乎着你的礼貌和态度。所以，在社会交往中，要想给人好印象，就要把握好对方的心理，在称呼上下工夫。

那么，在人际交往中，我们应该知道哪些惯用的称呼语呢？

亲属之间的称呼不言而喻，几乎是与生俱来的，如"爷爷、奶奶、爸爸、妈妈、姑姑、舅舅"等。然而，社会上的称呼就不同了，它是随着姓名、职务、身份、职业、年龄等而定的。

如果你在自己的家中称呼叔叔为"赵局长"，那就显得生分了，对方可能会想你是在开长辈的玩笑；如果你在工作场合称呼公司的老板为"爸爸"，那么就显得不够庄重。

因此，如何称呼的确显得很重要，两个人见了面，总不能不称呼就直接进入谈话,那么是该直呼其名还是该冠上头衔呢?这就要看你是处于什么样的场合和情境下了。

比如,年长的平辈可直接称呼年少者的名字,若年少者已经成年,则应该用亲属的称谓。对晚辈,可称呼其称谓,也可以直呼其名,有时候直呼其名显得更加亲切,而当晚辈有了自己的成年晚辈时,直呼其名就显得不妥当了。

人际交往中,对关系比较密切的熟人可以大概仿照自己亲属的性别、年龄、身份等来进行称呼,如果有必要的话,还可以在称呼上冠以"姓氏",比如"王叔叔"、"张大婶",等等。对于与你的关系不太熟的相识者,最好在称呼上有所顾忌,如果用亲属间的称呼就显得不合适了。

在一些正式、公开的场合,可以用熟人的职务、职业称呼对方,也可以用"姓加职务、职业称谓"、"名加职务、职业称谓"、"姓名加职务、职业称谓"相称,如"赵厂长"、"李校长",等等。

年纪较大、职务较高、辈分较高的人常对年纪较轻、职务较低、辈分较小的人称呼其姓名,这种称呼明快直爽。反之,年纪较轻、职务较低、辈分较小的人对年纪较大、职务较高、辈分较高的人直呼其姓名则是没有礼貌的表现。

对待陌生人的称呼如果不好好斟酌,就可能闹出许多笑话和纷争。其实,称呼陌生人有以下几种方法。

1.通称法

根据陌生人的具体年龄、性别、职业等情况称对方为"先生"、"小姐"、"师傅"、"大娘"、"大姐"等。这时应当注意的是,如果不确定对方有没有结婚,那么就最好不用"太太"而改用"女士"或"小姐",有时宁肯称呼已经结过婚的女士为"小姐",也不能称呼没有结过婚的女士为"太太"。

嘴甜的人经常乱用称呼,这类人走在菜市场上,无论对方年龄多大,都一律叫"大姐"或"大婶"，其实这种称呼已经过时了。称呼对方要看年龄，对七八十岁的人叫大婶是一种尊重，但称呼刚结过婚的妇女为大婶就不妥当了。

2.差异法

在称呼对方时，要注意民族、时代、地域的差异。各个不同的国家、民族，对人的称呼都有一些独特的习惯，如在日本，对妇女也可称"先生"，如"美优子先生"，而汉民族语言中的称呼语相对于其他民族语言中的称呼语要复杂得多，不仅要看人的性别、辈分、年龄，还要分敬称和谦称。

然而，并不是所有的民族都十分讲究，比如英语中，对"姨母、姑母、伯母、叔母"等都只用同一个称谓。有的民族语言就没这么多讲究，如英语中的"Aunt"等，所以各个民族有不同的称呼习惯，在实际运用中要遵从各民族的习惯。

称呼的差异性还表现在地域上，有的地方因为受地方文化的影响，称呼就有所不同。这时，每到一个地方就应该遵从当地文化而改变称呼习惯。这样更能让人觉得你可敬可爱、懂礼貌，进而容易亲近你。

3.口语——书面语转化法

在称呼上也要注意口语和书面语的区别。口语相对于书面语而言显得更通俗、随便和亲切。在现代汉语中，同一个对象可以有口语和书面语两种不同的称呼，如"爸爸"就是口语，而"父亲"就是书面语。在口语环境氛围中，如果运用书面语去称呼对方就显得生硬、不自然。但有时候，我们在进行转述的时候，用书面语更好，如"小明的父母"、"小黄的祖母"等，这样更显得尊重和庄重。

在称呼上也能体现出一个人的品德和素质，如果一个人冲着一位上了年纪的老人嚷"老家伙"、"老不死的"等，那么我们就会认为这个人就太缺少教养了。因此，嘴甜一点儿永远不会吃亏，把"老头儿"换成"老人家"、"老大爷"，既显得你尊老爱幼，又能为自己赢得他人的尊重和称赞。

说话要照顾对方的感受,不要只顾
自己滔滔不绝

很多时候,我们会陷入一种谈话误区,即人们都愿意自己说,更愿意谈论跟自己有关的事情,而不情愿倾听别人讲话,这是人的弱点,会让人们觉得你很自私、很没有教养,因此,只有克服这些弱点,你才会变成一个受欢迎的人。

说话时不要只顾自己滔滔不绝,应当时刻照顾到对方的感受,不要让对方觉得自己被排斥在这个圈子之外。因此,如果你想让别人喜欢你、尊重你,并且在背后对你称道,这里有一个方法:耐心地倾听对方的话,不管他说什么都要充满兴趣,即使知道他将说什么也绝不打岔。或者当你在很有兴致地谈论一件事时,恰当地征求一下对方的见解,这时你会发现,即便是一个冷漠无情的慢性子,也会在你面前变得热情欢快起来。

相反,如果你希望别人远离你、轻视你,甚至在背后嘲笑你,也有一个方法:决不要听人家讲3句话以上,不断地谈论你自己。如果你预先知道别人所说的是什么,就不要等他说完,让他认为自己不如你聪明,自然就不会浪费他的时间去听你的闲聊了。

这无疑都在说明一个道理,即人际交往中的一条最重要的原则:做一个好的倾听者。

著名的成功学大师卡耐基有一次到欧洲一些地方去作演讲,回来之后,有一个朋友邀请他去参加桥牌晚会。

其实卡耐基并不会打桥牌,因此在别人都兴致勃勃地打牌时,自己只能站在一旁观战。正巧还有一位女士也不会打桥牌，于是两个人就坐下来闲聊起来了。

女士知道卡耐基刚刚从欧洲回来后，简直激动得要跳起来，她兴致勃勃地问道："欧洲是我从小时候就梦想要去的地方，可直到现在都没能如愿。天啊，卡耐基先生，您快说一说，您到欧洲都去了哪些国家的哪些地方？"

然而卡耐基并没有急于诉说自己的游历，相反，他得知这位女士刚好从阿根廷回来。又听人说阿根廷的大草原风景秀丽，凡是到阿根廷的人几乎都会去看看，并且都会有自己的一番感受。于是，卡耐基对那位女士说："欧洲有许多有趣的地方，风景优美的地方就更不用说了，但其实我比较喜欢打猎，欧洲打猎的地方就只有一些山丘，这是很危险的。要是能在风景秀丽的大草原上骑着骏马奔驰打猎，那才叫过瘾呢！"

果不其然，女士听到卡耐基说大草原，立刻激动起来。

"大草原，您说的是阿根廷的大草原吗？"女士兴奋地喊道，"我刚从南美阿根廷的大草原旅游回来，那真是一个有趣的地方，太好玩了！"

"真的吗？那你一定过得很愉快吧？能给我讲一讲大草原上的风景和动物吗？你知道吗？我的梦想就是到大草原上去。"卡耐基也惊讶地感叹道。

女士看到自己有了一个倾听者，自然不会放过这个机会，于是滔滔不绝地讲起了她在大草原的旅行经过，卡耐基则在一旁耐心地听着，并不时微笑着点头鼓励她继续讲下去。那位女士足足讲了1个多小时，一直到晚会结束。最后，分别的时候，她不无遗憾地对卡耐基说："卡耐基先生，下次见面我继续给你讲，还有很多很多呢！"

几天后，卡耐基从晚会主人那里听到了来自那位女士对自己的评价，女士说："卡耐基真会讲话，他是个很有意思的人，我很愿意跟他交谈。"卡耐基心想，其实整个晚会自己只说了几句话而已。

卡耐基之所以将话题抛给那位女士，正是因为他知道，要想跟一个健谈的人保持交谈，就应该避免让她长时间地做个听者，而要让她一次说个痛快。如果卡耐基在一开始就让自己一个人滔滔不绝地说话，女士也未必能够耐心地听下去，可能会在中途进行打断。因此还不如把这个滔滔不绝的机会让给对方，最后还能得到别人的喜爱和夸赞。

日常生活和工作中，我们也经常会遇见这样的人，他们并不想从别人嘴里听到些什么，他们只需要一双倾听的耳朵，如果有人愿意倾听他们说的话，他们就会觉得感激不尽，会把自己知道的一切都讲出来。面对这样的谈话者，我们应该时常照顾到他们，并且学着把说话的机会让给对方。而你最好不要自以为是，妄想靠自己的口才去堵住对方的嘴巴，那样的做法只能招来对方的反感和厌烦。

一个人作为一个独立的主体，会事事从自我的立场出发，因为人们最喜欢的还是自己，同时最爱谈论的也是自己，所以在谈话时便不会顾及到别人的感受，而是口若悬河地说自己的话。在日常交际中，人们应该克服这种心理，否则就会被别人厌烦，影响人际关系的发展。

另外，还有的人不是很健谈，但这并不代表他们就不想成为一个诉说者。这样的人往往有着很强的心理活动，表面情绪变化也比较大，很多时候也愿意在别人诉说的过程中插上两句话，然而，如果你没有注意到这点，而依然自顾自地滔滔不绝的话，就会打消他们说的念头，从而更埋怨你。

有时候，我们也会遇到很让人反感的情景，就是对方自顾自地大加宣泄，而你却插不上嘴。这时，你不妨保持沉默，做一个安静的倾听者，不要打断他。当你的朋友宣泄完毕后，自然会对你加倍感激，因为你满足了他的倾诉愿望，更重要的是，你还表示了对他的尊重。

有口德的人之所以能得到人心，就是因为他们不但嘴上留德，心里更加为对方着想。这样的人非但不会抢别人的话题，还会把话题主动让给需要倾诉的一方，如此，必然会让对方铭记于心。

宽恕的话要大方说

中国有句古话，说的是以责人之心责己，以恕己之心恕人。当你指责他人时不要太过严厉，而是要理解对方的苦衷、宽恕对方的错误。

大多数人都有利己心理，一旦自己有了过失，总会千方百计为自己寻找借口，但是，当别人犯了错误时，自己立刻就变成了一个公正严明的法官，疾恶如仇起来。其实，人无完人，每个人都有犯错的时候，你何必对别人太苛刻呢？当别人犯错误时，我们当然有责任让他们改正，但是，在对他们指责时，一定要为对方留足面子，不要一味地挖苦、嘲讽，一定要体谅对方地说出你的原谅。宽恕一定要真诚，至少能够打动对方，否则你的宽恕就失去了本身的意义。

有时候，真心诚意地宽恕对方的错误也能给自己带来解脱。

一位女出租车司机曾经碰到过这样一件事。那天，女司机像平常一样拉送客人，当她把一名男青年送到指定地点后，男人突然拔出尖刀，威胁她把身上的钱全掏出来，女司机没有慌张，她冷静地数了数当天的收入，把700元全交给了对方。

"今天实在抱歉，只拉了这么多活，不然你把零钱也拿走吧！"女司机看到青年拿着尖刀的手一直在抖，发现他的神色也很慌张，便料定他是个生手，于是更加沉着淡定了。她一边关心地询问青年，一边伸手去掏零钱。

　　然而，男青年看到这幅情形竟不知该说些什么了，他不禁有些发愣，只好伸手去接女司机递过来的零钱。接着，女司机见男青年并没有拒绝自己，便更进一步说："你在这里根本不好打车，不然我再送你一程吧！"

　　男青年见女司机如此镇定，便更加慌张了，于是也没有反对女司机的建议。女司机慢慢地开着车，当气氛有所缓和后，女司机开始讲述自己的故事："其实你的心情我能理解。我家以前非常困难，那时父母长年有病，又不能出去工作，我和弟弟一边打工一边上学，每天都遭人家的白眼。那年，弟弟为了给母亲过生日，就去偷了人家的钱包，结果被对方发现，在慌忙逃跑中出了车祸，整个人都被汽车碾了过去……"

　　女司机仿佛咽了咽唾沫，强行忍住了泪水，继续说道："很多人听说这件事后都说我弟弟自食恶果，但我从来没有认为弟弟是个坏孩子，我只怪他有什么想法都不会跟我说、做什么事情都不跟我商量，如果他在这之前能跟我说的话……他死得真不值，死了还遭人唾骂！"女司机哽咽起来，仿佛再也说不出话来。

　　"停车！"男青年突然声泪俱下，歇斯底里地大喊道。

　　女司机急忙把车子停在了路边，这时男青年将手中的700多元钱恭恭敬敬地放在女司机旁边的座位上，向女司机忏悔道："大姐，对不起！"说完他推门下车，头也不回地走了。

　　女司机自始至终都没有指责男青年一句话，也没有对他进行批评教育，因此更谈不上宽恕，女司机只是用她的那份真诚和从容震撼着对方，让对方自惭形秽，最终走上了回头路。而从女司机的这些话语中，青年人也体会到了对方对自己人格的尊重以及对自己的失足发自内心的惋惜。试问，在这种真情面前，又有几人能够不为所动？于是，男青年最终放下了本不属于自己的钱，这既表达了对女司机的尊重，也追回了自己的尊严。

　　世界上没有天生的恶人，任何一个人来到人世都没有抱着威胁他人的目的，只不过大多数人能够冷静地面对自己的先天"劣势"，并决心凭自己的力量去改变，而极少数人却产生错觉，将一切不幸归咎到外界，以致犯下不该犯的错误。

宽恕一个人的过错不仅仅要从心底里原谅他的不对，还要懂得用体谅和理解的话去感化他、用情感去打动他，这样才能够让他更好地认识到自己的错误，从而积极去改正。

有个战士站岗时睡觉，被一位指导员查到后，他严厉训斥道："我早就说过，站岗不准睡觉，回去以后写检查，看我明天怎么收拾你……"

同样是这种情况，另外一名指导员对另外一名站岗时睡觉的战士却是和蔼地说："站岗的确很辛苦，这样吧，你先去休息一会儿，我替你先站一会儿。但是你要记住，战士站岗时睡觉在平时可能是小事，在作战时就有可能丧失一个连队战士的生命，你要好好思量一下啊……"

结果，第一位战士依然犯着同样的错误，而第二位战士再也没有犯过相同的错误。

两位指导员在对待两位战士站岗睡觉这个错误时，由于讲话的语气不同，一个是直言相斥，另一个是平和宽容。结果，第一位战士因为第一位指导员口气生硬、言辞激烈，从而导致他口服心不服，产生了明显的对立情绪，不但没有改正错误，还导致后来经常与指导员对抗。而第二位指导员能先体谅到第二位战士站岗的辛苦，而后才和气地指出他的错误，态度亲切，忠言顺耳，使他主动地承认了错误，并接受处理。

既然要宽恕，就要做到彻底宽恕，需要一颗宽容而平和的心态，用体谅的话去打动对方，这样才能让他觉得你的指责是真心的关怀和教育，而不是讽刺挖苦以及斥责抱怨。

拒绝的话要委婉地说，时刻照顾
对方的感受

在人际交往中，拒绝别人是一件非常困难的事，一不小心就可能得罪人，所以每个人都应该学着掌握一些技巧，从而达到拒绝别人又不伤害感情的目的，并且还能获得别人的理解和体谅。

小陈的一个好友做了人寿保险经纪人，他向小陈说了一大堆人寿保险的好处，接着又请小陈向他买一个万元保险。小陈知道此举确有益处，但考虑到自己的经济情况后便轻轻摇了摇头："哥们儿，我确实很想帮你这个忙，可我刚才算了一下，每月要付出的保险费等于我收入的1/3，而且我现在每月还要负担近两千元的房贷，家里又有老婆、孩子……""好了，好了！"好友打断了小陈的话："我又没逼你一定要买，就是给你推荐一下啊！臭小子，以后发了财可一定要多照顾兄弟啊！"一场风波在笑闹声中落幕，两人的友谊没有受到丝毫影响。

人际关系学家告诉我们："我们需要在聆听别人陈述和请求完毕之后轻轻摇摇头，而态度并不强烈。"这就是告诉我们，拒绝他人要讲求方法，不要断然拒绝。听完之后先轻轻摇一摇头，这就率先表示了否定，别人看见你摇头后，心里便已经有了数，当你再明确拒绝后，对方便更加容易接受了。

另外，不加考虑地断然拒绝对方，会让对方认为你根本没有进行任何思考，只是单纯地不想接受。因此，这样的拒绝会让对方感到生气，认为你没有站在他的立场考虑过，更不会为他着想。这就要求我们在拒绝对方的请求时至少要让对方知道你确实是心有余而力不足，最后把埋怨变成体谅。

那么，在实际操作中，我们该如何拒绝才能更好地让对方高兴地接受呢？

1.回答留有余地

有人求你帮忙，你又难以办到或者内心也不愿意帮忙，也不必一口回绝，以免当头一盆凉水浇得别人难堪。遇到这种情况，你不妨来个"缓兵之计"，回答留有余地："这件事我没有把握办成，不过我愿为你尽力去奔走效力，你先回去，有了消息我马上通知你。"过一段时间后，你可以另行告诉他，"为这件事我奔走了好几天，实在是无能为力了，你还是赶紧另外想办法吧！"这样，当你最后无功而返时，对方也因为早就做好了心理准备而更容易接受这个事实，所以不会形成双方当面难堪的局面。

2.拒绝的理由要充分

小张鼓起勇气走进经理的办公室，说："对不起，我想该给我加薪了。我认为应该给我加了。"

经理回答："你确实应该了，但是……"接着，经理把桌子上的文件推到一边，指着玻璃板下的一张工资制度，不慌不忙道，"根据本公司职务工资制度，你的工资是你这一档中最高的了。"

小张泄气了："哎，我忘记我的工资级别了！"他退了出来，几个铅印字打印出的制度使他放弃了他本应得到的东西。

这里先不讨论小张，我们讨论一下经理的说话水平。如果经理直接跟小张说不加工资，无形中是对小张工作的不肯定。所以，当经理觉得不应该给小张加工资时，先夸奖一下小张，让小张产生高兴的心理，当这种心理产生后，再用一纸规定把小张给"堵回去"了。

理由很简单，却很实用，这无形中折射出"好员工就应该遵守公司规章制度。只有好员工才有涨工资的可能性，而涨工资的可能性却被公司规章制度给否决了。"

3.态度要诚恳

以诚恳的态度明确地说出自己不得不拒绝人的理由，直到对方了解到你的确是因为爱莫能助，这是一种最为成功的拒绝方法。

伟嘉是个优秀学生，不但成绩好，还乐于助人。有一段时间，伟嘉每天放学后都会约上另外两个同学一起去帮助一位孤寡老人。这天放学后，伟嘉刚要出发，就被一位叫王坤的同学叫住了。王坤成绩比较差，因此一有空闲，伟嘉就会帮他补习。原来，王坤有一道数学题不会做，希望伟嘉能帮他讲解，然而伟嘉一看时间马上就到了，又看了看题目，觉得很简单，便对他说："这道题这么简单，你自己想吧，我还有事呢！"然后就一甩胳膊走了。王坤为此十分生气，以后再也不理伟嘉了。

案例中，虽然伟嘉并不是有意要拒绝王坤的，但对方并不知情，反而以为他讨厌自己甚至讽刺自己，结果就给对方的心里留下了阴影。其实，在现实生活中，这样的例子时常发生，这就要求我们无论事情有多么紧急，在拒绝他人时都要以诚恳的态度，让对方明白你拒绝的真正原因，否则就会造成误会。

4.拒绝的态度既要温和又要坚定

当你仔细倾听明白别人的要求后，并且自己无法或无力帮忙，需要拒绝的时候，说"不"字的态度既要温和又要坚定，尽量避免用模糊那一类的回答。

西奥多·罗斯福担任纽约州州长的时候，每当出现重要职位的空缺时，就邀请所有的政治领袖推荐接任人选。罗斯福说："起初他们也许会提议一个很差劲的党棍，就是那种需要'照顾'的人，我就告诉他们，任命这样的一个人不是好政策，大众也不会赞成。

"然后，他们又把另一个党棍的名字提供给我，这一次是个老公务员，他只求一切平安、少有建树。我告诉他们，这个人无法达到大众的期望。接着，我又请求他们看看是否能找到一个适合这个职位的人选。他们第三次推荐的人选虽然差不多，但仍然不行。接着，我谢谢他们，请求他们再试一次，而他们第四次所推举的人就可以接受了，因为那个人是一个连我自己也会挑选的最佳人选。我对他们的协助表示感激，接着就任命了那个人。我还把这个任命的功劳归之于他们……我告诉他们，我这样做是为了能使他们感到高兴。现在，该轮到他们来使我高兴了，而他们真的使我高兴，他们以支持像'文职法案'和'特别税法案'这类全面性的改革方案一样来使我高兴。"

这就是在温和的态度下取得的良好效果，以双方都满意的结果而告终。

5.多一些关怀与弹性

拒绝他人时除了委婉拒绝或者提出替代的办法外，隔一段时间还要主动关心一下对方的情况，看看事情是否已经妥善解决了。

有时候，拒绝他人需要很长的一段时间，对方会不定时地提出同样的要求。若能由被动变成主动而关心对方，并让对方明白自己的苦衷与立场，就可以避免拒绝他人时的尴尬与影响。当双方情况都有所变化时，就有可能满足对方的要求。

在拒绝过程中，除了使用技巧，更需要有发自内心的耐心与关怀。若只是随随便便地敷衍了事，对方都看得到。这样做，有时会让人觉得你是一个不诚恳的人，对你的人际关系伤害会更大。

6.听完对方的诉说之后再说"不"

任何人都不希望被拒绝，也都不愿意拒绝别人，但很多时候，有些原因就是客观存在着，它让你不得不选择拒绝。因此，你必须要让对方了解这个客观存在着的原因，这就要求你必须严格倾听对方的诉说，而后你才能结合你的难处拒绝对方。

拒绝他人也要留下口德，这是一门学问，也是人际交往的必修课。当你学会不得罪人地拒绝别人，你就已经是一个社交高手了。

第 7 章

有口德者,倾听当为第一修养

听就是你认真专注地听他人说话,表现出自己的耐心。俗话说"一双灵敏的耳朵胜过十张能说会道的嘴巴",只有善于倾听的人才能受人欢迎。倾听是成功沟通的开端。只有善于倾听,你才能了解自己、完善自己。善于倾听,才能准确地把握对方的意图,知道对方想要传达的信息和最终要达到的目的。倾听可以体现出你的修养,能为人际关系创造良好的基石。

多听少说,千万不要剥夺别人说话的权利

人们常说有权否定对方的观点,但没有权利剥夺别人说话的权利。一个人即使说得再不对,你也不应该剥夺他的话语权。嘴长在别人的身上,爱怎么说那是他的自由,你所能做的就是听,而后再说出更有力的观点来反驳他。

李强是办公室的老员工,因此自由惯了。这天,他刚想往办公桌上坐,桌子上的玻璃就咔嚓一声裂开了,正巧这一幕被刚刚跨进门的科长看见了,于是上来就是一通劈头盖脸的臭骂,说李强都这么大人了,连爱护公共财产都不懂。

当时,李强一句话也插不进去,后来一想,干脆把自己桌上的那块玻璃换下来,然后把坏掉的玻璃粘好之后放在自己的桌上。

到了星期一，科长照例检查办公室卫生，突然看见李强桌子上的玻璃又坏掉了，科长不等李强辩解，又是一通臭骂，说他故意弄坏玻璃，还把问题的严重性提高到李强蓄意破坏单位形象的层面上来。

李强听了气得浑身颤抖，最后连个解释的机会都没有，科长就转身走了。两天后，李强重新买了一块玻璃，将桌上的坏玻璃换了下来，可心想扔了怪可惜的，便准备把坏玻璃拿回家。谁知刚走到单位门口，科长迎面而来，指着玻璃又怒气冲冲得张嘴大骂，说李强从行为到思想，全都有问题。李强气急败坏，又一句辩解的话都没来得及说出口。最后，科长严厉地警告李强："你明天不用来上班了，在家深刻反省写检查。什么时候认识到自己的错误，什么时候再来上班！"然后扭头就走。

科长虽然走了，但李强还呆呆地站在那里，有许多员工听见动静后赶来看热闹。李强当时已经气得不行了，第二天就犯头疼病住进了医院。当事情解释清楚之后，单位领导前去慰问李强，他只说出了一句话："给我说话的权利！"

一个人要能比较容易地接受各种观点，世界本来就是丰富多彩的，人也各不相同，不可能每个人都和你有一样的观点。罗素说："参差多态乃是生活的本源。"人不会愿意生活在一个单调乏味的世界里，所以，每个人都有说话的权利，与别人有不同的观点时，你所能做的是阐述理由，而不能耍无赖。

一个不允许其他不同声音出现的人会变得更加自我，也加大了跟他人正常交往的难度。所以，当你张口就要说出批评他人的话语的时候，请给别人说话的权利。与别人交流，给他们说话的权利是一种基本的尊重，这样才会赢得良好的人际关系，也能为获得自己的利益做出合理的铺垫。

很久以前，有一对鸠鸟在一座山里的大树上营巢而居，日子过得十分惬意。

在安稳的生活里，雄鸠辛勤地采集各种美味的果子，将自己的巢穴都装满了。懂得居安思危的雄鸠告诉妻子，先不要吃家中储藏的果实，外面现在还可以找得到其他足以谋生的食物，可以填饱肚子，如果遇到天气不好，很难找到食物的时候，就可以靠储蓄的果子维生，妻子当然对丈夫周到的考虑连声称赞。随着时间一点点过去，巢中的果实经历了风吹日晒，逐渐脱水干燥，原来满满一巢的量，现在看起来少了很多。没有了解到真实情况的雄鸠责怪妻子，说自己早就说过这些果实不应该吃，怎么妻子还是不听呢？妻子说她根本不知道为什么会少了许多，于是它们争吵起来，不可开交。雄鸠气急之下就用嘴啄雌鸠的头顶，可怜的雌鸠竟然被啄死。

孤单的雄鸠独自难过地守在巢边。忽然天降大雨，干燥的果实吸水后胀大，重新盈满巢中，说明妻子并没有吃。雄鸠悔恨不已，然而悔之晚矣。

对于还未确定的事情，先不要急于发表自己的看法。评判是一种理性的参与方式，不只是少数人的特权，在事实面前，每个人都有发言权。虽然你有不同意别人意见的权利，但是你也不能剥夺别人发表意见的权利，这是最起码的原则。相对地，你也可以对他人的行为进行评判，但你要给他人解释的机会，我们很容易陷入自我的圈子里，喜欢用自己的思维方式去看待他人，而且也不允许他人轻易挑战自己的权威。

每个人都有说话的权利，剥夺他人说话的权利无异于剥夺他们的生命，而尊重别人的这种权利并不是一件可耻的事情。

倾听对方的抱怨，不妄加评论

任何人都有心情不满、想找人发发牢骚、抱怨一下的时候。因此，当对方向你倾诉、找你大吐苦水的时候，你应该给予理解，不要反感，更不要妄加评论，只用你的耳朵静静地倾听就好了。

上帝之所以给了我们两只耳朵、一张嘴巴，就是要我们平日里多听少说。有些人认为，沟通就是要说，因此总怕别人不能了解自己的意思，一个劲儿地说，其实这是一种错误的看法。在沟通中，我们真正应该把握的不是自己说了多少，而是听了多少，这才是沟通的关键和重点。

王玲在纽华城的一家百货公司买了一套衣服，这套衣服穿起来实在使人太失望了，上衣褪色，且把衬衫的领子弄得很黑，于是，她把这套衣服拿回那家百货公司，找到那个当时跟她交易的店员，告诉他真实的情形。事实上，她是想把事情的经过告诉那个店员，可是她办不到，刚想要说话，就被那个似乎很有口才的店员打断了。店员说："这种衣服，我们卖出去有几千套了，这是第一次有人来找碴儿。"这个店员说了这样的话，而且声音大得出奇，话中的含意就像是："你在说谎，你以为我们是可以欺侮的吗？哼！我就给你点儿颜色看看！"

正在双方争论激烈的时候，另外一个店员走了过来，说："所有黑色的衣服在开始都会褪一点儿颜色的，那是无法避免的。这种价钱的衣服都有这种情况，那是料子的关系。"

听了这话，王玲气得直冒火，刚想要发怒，这家百货公司的负责人走了过来，接下来，他的行为使王玲变成了一个满意的顾客。他是怎么做的

呢?他把这件事分成了3个步骤进行处理:

第一,他让王玲从头到尾说出事情的经过,他则静静地听着,没有插过一句话。

第二,当王玲讲完那些话后,那两个店员又要开始与王玲争辩,可是那位负责人却站在王玲的角度跟他们辩论,他说王玲的衬衫领子很明显是被这套衣服染污的,他坚持表示:这种不能使客人满意的衣服是不应该卖出去的。

第三,他承认他不知道这套衣服是这样差劲,而且坦率地对王玲说:"您认为我该如何处理这套衣服?您尽管吩咐,我可以完全按照您的意思办。"

早在几分钟前,王玲还想退掉这套讨厌的衣服,可是现在的她却这么回答:"我可以接受你的建议,我只是想知道,褪色的情形是否是暂时的,或者你们有什么办法可以使这套衣服不再继续褪色。"

于是,这位负责人建议王玲把这套衣服带回去再穿一个星期,看看情形如何,并说:"如果到时您仍然不满意的话,就请拿来换一套满意的。给您添了麻烦,我们感到非常抱歉。"

最后,王玲满意地离开了那家百货公司,一个星期后,那套衣服没有发现任何毛病,而王玲也恢复了对那家百货公司的信心。同时,她发表了一番感慨,她认为,那位先生之所以能成为那家百货公司的负责人,就是因为他能够倾听顾客的心声;而那些店员之所以一直停留在店员的位置上,就是因为他们从来都没想过听完顾客要说的话,总是中途就把对方给打断了。

由此可见,在谈话一开始挑剔的人,往往会在一个具有耐心的倾听者面前软化下来。注重实际的学者伊利亚说过:"一个成功的人际交往并没有什么神秘的诀窍,专心地静听他人对你讲的话是最重要的,再也没有比这个更重要的了！"

古希腊著名的哲学家苏格拉底曾经说过："上天赐给人两只耳朵、两只眼睛，却只有一张嘴，就是要人们多听、多看、少说。"寥寥数语便形象而又深刻地强调了倾听的重要性。在交际过程中，学会倾听尤其重要，是否善于倾听，关系到交际活动能否顺利开展。

在交际过程中，当他人怒气冲冲地质问你的时候，千万不要与他争论，而是要耐心地听完他的抱怨。或许，在他的怒气得到平息的时候，你听到的将是道歉，你得到的也将是友谊和理解。

倾听往往能起到化腐朽为神奇的作用，一位长者这样教育他的后辈："当有人来向你诉说他的问题，千万不要随口说你明白，因为实际上你一点儿也不明白；更糟的是，你根本没有听他诉说。"当然，很多时候，我们会不知不觉地重复地说"我明白"，其实这只是在强调我们在听对方说话。但如果我们将"我明白"说得太多的话，便很容易招致别人的反感。

试想，如果对方被一个问题已经困扰几天甚至几个月、几年，这就说明这件事对他来说十分重要，而我们竟用一句"我明白"来打发对方的抱怨，对方会是怎样一个心情？

也许作为一个旁听者，会客观地将对方的问题分类，从而就能总结出这类问题的解决办法。但其实，每个人的问题都是有所不同的，是不能共用一个回答来解决的。你把对方的问题简单化，就是在否定对方的思考能力。

因此，当对方抱怨的时候，你能做的就是闭上你的嘴巴，只做一个倾听者。你要明白，诉说的人到底期望什么？是要你帮助他解答他多年解答不出的问题，还是要你做一个聆听者？如果将角色调换一下，你肯定会选择后者。因为简单的倾听会让对方觉得你在关注他的问题，愿意了解他的心意。

聆听的好坏，所产生的后果很大，无论对诉说的人还是对聆听的人都有很大的影响。聆听的艺术也构成了我们人际关系和互相交流的特色。但既然是一种艺术，聆听就有和其他非艺术的东西不同的地方。谚语有言："讷于发言而敏于聆听。"发言比聆听要容易得多，因为聆听需要克制自我，必须把注意力从自我身上转移到他人身上，以便进入他人的内心。此外，我们大家都免不了受偏见以及先入为主等观念的影响，而解决这些问题的办法就是做一个安静的倾听者。

有时候静静聆听是对他人最好的赞美

在交际过程中，对他人最好的尊重不是逢迎赞美，也不是夸夸其谈，而是做一个忠诚的聆听者，这是美国著名新闻记者马克森从自己的采访经验中得出的结论。

美国新闻记者马可森以采访领袖人物而著名，当别人问他是如何引导大人物做访问时，他说："很多采访大人物的年轻人不明白为什么自己不能给对方留下一个好印象。在那些大人物看来，这些年轻的记者通常是有偏见或者很粗心的人。实际上，这多半是他们咎由自取，他们或是没有认真倾听被采访者的谈话，或是只想说自己想说的。很多大人物都对我说，他们喜欢那些善于倾听而非健谈的人。由此可知倾听是非常重要的才能。"

可见，在交际过程中，越是善于倾听他人意见的人，人际关系就越理想，因为聆听是褒奖对方谈话的一种方式。你能够耐心地倾听对方的谈话，等于告诉对方"你是一个值得我倾听你谈话的人"。而只有善于倾听的人才会像一个淘金匠那样从别人大量的语言矿石中提炼出自己最需要的成分。

在交际过程中，我们经常能看到一些喜欢夸夸其谈的人，但是这些人到了最后很少能给人留下好印象，究其原因，就是因为他们忽略了最重要的交际策略，即倾听。

在交际过程中，经常会出现这样的情况，有些人在听别人谈话时觉得自己对某个问题有其他的看法，因此就断然抢过别人的话，不顾对方的想法，而自己一个人在那儿大肆议论，这是不尊重对方的表现。一般来说，在交际过程中，要尽量让对方说完他要说的话，尽量不要打断或抢对方的话题，这不但会扰乱对方的思路，还会使对方觉得自己的自尊心受到了伤害。因此你要明白，在交际过程中，有时候，听比说更重要。

乔·吉拉德是世界著名的推销员，在他刚踏入推销领域时，他认为推销员应该通过尽力说来介绍自己、介绍产品。而在他的一次推销过程中，他体会到了听的价值远远大于说。

在一次推销中，他与客户洽谈得很顺利，就在快签约成交的时候，对方却突然变卦了，乔不知道发生了什么事，对此十分不解。

当天晚上，乔·吉拉德决定问个清楚，便按照顾客留下的地址亲自找上门去。顾客见他满脸的真诚，就坦然相告："你的失败在于你自始至终没有认真听我讲话。在我准备签约前，我讲到我的独生儿子即将上大学，而且提到他的运动成绩和他将来的抱负，我是以他为荣的，但是你当时却没有任何反应，甚至还转过头去用手机和别人通电话，于是我一生气就改变主意了。"

同样，当我们换个角度看问题，就会理解，假如别人向我们倾诉的时候，如果我们用毫不在意的态度对待他人，他人自然也会感到自己没有得到应有的尊重。从心理学的角度来看，善于倾听会使对方心情愉快，会换来对方的理解和信任。

赫斯特也说："一个日理万机、交际广泛的人绝对也是世界上最棒的倾听者。当他想让你开心时，他可以让你感觉自己像公主或王子一样受宠。"

在交际过程中，比起说出对方不感兴趣的话来，倾听能够起到更好的效果。因此，尽管一些人有着很好的口才，可是他们常常不仅饶有兴致地听他人讲话，还会把倾听时那种美好的感觉表现出来。然而却有很多人忽略了这一点，即便是在他们急于恭维的人面前也不例外。

由此可见，倾听便是你所能给予他人的最好的赞美。倾听不仅是诱导他人说话的良策，更是一种取悦于人的十分简单的方法。

当对方表达有误时，最好先保持沉默

每个人都会出现过失，伟人也不例外。当别人表达有误时，不要直言指出，给他人保全面子，也给自己留下回旋的余地。

《呻吟语》是明末大思想家吕坤所著，他在书中说："责人要含蓄。"意思就是在指责他人的过失时，最好不要把心中想要说的话一次性地完全表达出来，这是他从政治生涯中总结出来的名训。《菜根谭》中也有"攻人之恶毋太严"的训语。

《呻吟语》中指出："指责他人之过，需要稍作保留，不要直接地攻击，最好采用委婉暗示的比喻使对方自然地领悟，切忌露骨直言。"

生活中，即便是父子关系也不能太过直言，做儿子的因为做错了事、说错了话，当场遭到父亲的一通指责，心里定会不好受，更何况是其他人。父子毕竟有血缘关系，不是一两句话就能割舍得了的，但朋友就不一样了，有时无情的反驳和过激的言辞都能造成友情的断裂。

因此，我们在说话的时候无论怎样都要给自己留下一条后路。与人争辩时也是如此，以严密的辩论将对方驳倒固然会有成就感，但未必一定要将对方批驳得体无完肤。只要略想一下就可以知道，这样做实际上是很愚蠢的，对自己不但毫无益处，甚至还会适得其反，不仅得不到对方的认可，甚至有一天会自作自受，受到对方的攻击。

言辞太苛刻、太犀利，不为他人留情面不但伤害了别人的自尊，也使别人对你产生反感；长此以往，你还会很容易养成专门挑剔别人错误的恶习。这种以驳倒他人来获取满足感的做法会使你变得骄傲，甚至因此让你失掉所有的朋友。

无论在哪个朝代、哪个国家，人与人交往的必备条件就是互相尊重。在人与人之间的交往中，如果你抓住对方的错误就加以苛责，一定会令对方感到十分尴尬，由此你应该加以小心，因为对方总有一天要报这"一箭之仇"的。因此，即使你要指责对方，也要为对方留一点儿退路。

一天晚上，卡耐基参加了一个宴会。宴会中，一位特邀嘉宾夸夸其谈，讲述了一段很有意思的故事，故事中引用了一句成语："谋事在人，成事在天。"之后，这位嘉宾还指出这句成语出自《圣经》。

卡耐基听了，立刻知道这位嘉宾说错了，这个成语明明出自《莎士比亚》，怎么会出现在《圣经》呢？于是，卡耐基不由分说地当众指出了这位嘉宾的错误："这个成语出自《莎士比亚》……"

嘉宾听了之后脸色立刻大变，他固执地说道："什么？出自《莎士比亚》？这不可能，绝对不可能！明明是出自《圣经》，这怎么会错呢！"

卡耐基不打算就此罢休，这时他看到老朋友西蒙也在场，而且他是专门研究《莎士比亚》的，便请他站出来证实。

可是西蒙不但没有站出来证实卡耐基的说法，反而在桌下用脚踢了一下卡耐基，说道："卡耐基，你错了，这位先生才是对的，这句成语的确出自《圣经》。"

卡耐基听了西蒙这样说便没再多说什么，等宴会结束后，他好奇地问西蒙："你不可能不知道那句话到底是出自哪里的……"

西蒙没等卡耐基说完就说道："我的确知道这句话的出处是《莎士比亚》，但是你想想，你知道在私下对我进行询问，为什么对那位贵客就不行呢?在一个盛大的宴会上，我们身为客人，为什么一定要找出证明，让人家难堪呢?你这样做究竟能得到什么好处呢?为什么不给人家留一点儿面子呢?要知道人家并没有征求你的意见，你又何必去争辩呢?"

听了朋友的一番见解，卡耐基幡然醒悟。他回顾自己的过去，的确因为争强好胜而得罪过不少人。小时候，他喜欢跟自己的兄弟争辩，以致直到现在兄弟俩的感情都不好;上大学后，他对逻辑和辩论很感兴趣，于是到处参加辩论比赛，以获胜作为目标;直到现在，他也一直改不了喜欢争辩的毛病。

从此以后，卡耐基对争辩不再感兴趣了，而现在的他无论在品性、人缘上都堪称成功大师。直到很多年后，他还经常提起那位让他牢记"永远避免正面冲突"的人，虽然那个人已经去世多年，但他的那句话却始终影响着卡耐基。

卡耐基在后来的生活中得出结论："天下只有一种方法能获得辩论的最大胜利，那就是尽量避免辩论，就像避开毒蛇和地震一样。"

故意为难对方、逞一时口舌之快，对谁都没有好处。既然你不愿意别人损害你的尊严，那么你也绝对不能去伤害别人的自尊心。当与他人发生摩擦时，最先要做的是要了解他的想法，然后在顾及对方颜面的前提下把自己的意见说给他听，给对方留有余地，这是处理人际关系时必须要注意的。

在人际交往中，要想应付自如，就要在这方面留心。正所谓"君子之交绝不出恶声"，意思是在这个世界上，当与人亲密地交往时，要以诚意待人，即使到最后要断绝往来，也不要口出恶言、责备对方的不是、诽谤对方，这样做才是一个聪明的人。

　　一个人拥有卓越的口才绝对是一件值得高兴的事，可是如果你是一个喜欢辩论的人，你的口才往往会给你带来一些意想不到的麻烦，正如人们常说的"祸从口出"。因此，有口才就要学会恰到好处地用，时常留点儿口德，保全别人的面子，也给自己增添光彩。

切忌强行打断对方的话

　　车厢里非常拥挤，有一对年轻的恋人站在门边，他们面对面拥抱着。男孩让女孩明天自己先到餐厅坐着等他，他要迟一点儿来。

　　男孩的话还未说完，女孩已经迫不及待地责问男孩什是么意思，明天是他们的相识纪念日啊，说好了下班一起坐车到餐厅庆祝的，现在让她先去，他却要迟一点儿到，她认为男孩根本不重视这个纪念日，与其这样，干脆不要庆祝了。女孩说完便一手推开男孩，继而背对着他。

　　男孩随即对女孩说，发那么大脾气干吗？他的话还未说完呢！他要迟一点儿来，是因为前几天在饰品店订了一对戒指，因为没有他和女孩的尺码，所以要特别订购。本来今天可以取货的，但刚才饰品店打电话来说要明天才能有，所以他唯有明天下班先赶往饰品店然后才能去餐厅……

　　此时，女孩再一次中断男孩的话，说他们可以下班后一起前往饰品店取戒指，这时，男孩再也按捺不住了，大声说："你为什么总不让我把话说完呢？"他刚才正想说因为饰品店与餐厅距离很远，下班的时间人多拥挤，他不想让女孩那么辛苦，所以才叫她坐在餐厅等他，而自己一个人去，女孩这才住口了。

打断别人讲话是很没有口德的表现，这种情况要尽量避免，否则会引来别人的厌烦和愤怒。

如果有人要发表自己的看法，那一定有他自己的理由，作为听众，应该让他讲完，而不是不管三七二十一地诋毁他人、打击他人的心灵，尤其是你自以为什么都清楚，其实并不是你想象的那样时，你要绝对理智，就算讲话的人没考虑将后面的话说完，你也要耐心劝解，弄清事情的真实情况。

粗鲁地打断别人的谈话毫无疑问会对你了解别人的意思产生影响。每个人的能力都是有限的，肯定有许多东西是你个人所无法了解的，然而，通过倾听，我们可以获取更多有用的信息，从而一起分享众人的知识和经验。其实，只要避免打断别人的讲话，并且带着欣赏的眼光去听，把别人的说话看作是自己学习的机会，你就会发现别人的闪光点，会从别人的某个闪光点中获得启迪和感悟。

不要打断别人的谈话，但要学会去伪存真。让人把话讲完实质上就是一个获悉对方信息的过程。要学会辨别说话人的动机，仔细考虑他说的话是否有利于事情的成功，而不是看对方的话是否中听。要学会听出言外之意、话外之音。只有让人把话讲完，才有可能了解到真相。

不要粗鲁地打断别人的谈话，但可以用聪明的办法适当引导。学会倾听决不是说让你双唇紧闭、一言不发，而是要学会善于引导对方的谈话，使他说出自己的真实看法，或者引出双方都感兴趣的话题，这样就能使交谈的气氛更轻松融洽、目的更明确、结果更有效。

一旦注意到自己时常有打扰他人谈话的行为，你就应意识到自己的这种带有潜在危险性的行为习惯只是一种无知的体现。对你来说，意识到这一点实际上是一则好消息，因为你看到了自己的缺点，你下一步要做的就是自持——下一次要放任自己的时候及时自律，这也是一种人格的修养。

不打断别人的说话是对他人的尊重，也是对自己的尊重；不打断别人说话既是一种修养，更是一种美德、一种交际的艺术。在你开口之前，让别人把话说完能体现你的风度，能表现出你对别人的理解与宽容。因此，要想获得别人的尊重、有一个好人缘，就得尊重他人说话的权利，不要轻易打断。

他人的言外之意，听出而不点破

人们常说"会说的不如会听的"，每个人都有表现自己的欲望，如果你能适时地做一个倾听者，包容别人在表现这些欲望时对你的侵害，理性地对待一些不中听的话，那么一定会获得更多的益处。

小 A 是一家化妆品公司的销售，某一次，公司新生产出来几种化妆品，要在市区的商场里面做一个"温馨赠送"活动，小 A 是这次活动的负责人。

活动进行到第三天时，小 A 刚到店里，便听见了销售员与客户发生争吵。小 A 通过倾听两人的对话了解了具体的情况。客户收到了"赠送测试"赠送的化妆品后，回家用了两次，感觉脸上有火辣辣的感觉。客户感觉肯定是"温馨赠送"的化妆品有问题，于是来和商家理论，要求赔偿损失。销售员理直气壮地说，这次活动是免费赠送的活动，怎么可能给你赔偿。产品也是测试产品，既然是测试的产品，在用的过程中，产品化学反应也是在情理之中的。

听到销售员的这句话，在场的围观群众和客户都沸腾了，纷纷要报警，惩罚这家黑心公司，小A立马站了出来，他对大家说："大家好，很抱歉，我公司的产品给大家带来了损失。确实，这是测试产品，但是我们的化妆品在出厂前已经经过各种权威检测，所以质量上大家放心。鉴于刚才这位女士的化学反应，我觉得很抱歉，这位女士的损失，我们以3倍赔偿。另外，我们再赠送给这位女士一套全新化妆品作为歉意。同时我建议，大家在用化妆品的时候，不要将多种化妆品掺和在一起用，这样也许会产生一定的皮肤刺激。

就在几分钟前，这位客户要赔偿损失，但是经过小A的倾听和致歉，决定不再需要赔偿了。

从人性的本质来看，每个人最关心的都是自己。在任何时候都要做一个善于倾听的人，鼓励别人多谈论自己。这样，不但能够让你得到对方的信任和喜欢，还能够让你更清楚地了解对方、认清自己，何乐而不为呢？

作家鲍威尔曾说："我们要聆听的是话语中的含意，而非文字。在真诚的聆听中，我们能穿透文字，发掘对方的内心。"

人们都喜欢倾听者，有同情心的倾听者和亲密的朋友一样重要，无论对个人还是对团体都能起到积极的作用，并且让人们感觉他们相当可靠、值得信赖。

倾听者会在考虑自己的需要前先考虑他人的需要，并且会支持和帮助他人。倾听者喜欢进入他人的心灵和头脑，他们乐于分享他人深层次的感受。人们倾向于向倾听者打开心扉，是因为人们渴望被关怀，而且真诚的倾听者也确实做到了这一点。

当他人受到伤害时，倾听者也同样有受伤的感觉，就如同他自己经历过一样，当他人心痛的时候，他们的心也真的痛了起来。为了帮助他人克服这种伤害,他们总是和他人更接近,所以他们愿意听更多人诉说以达到心灵的相通。

倾听者充满人性,并且极为忠诚。如果他们需要在工作中得到满足,他们会更加努力,愿意倾听所有的声音,而不论其身份,他们对任何人都有同情心,这就是他们的魅力所在。

每个人都喜欢倾听者,倾听者是无法抗拒的,因为他们富有同情心,愿意分享人们的弱点,愿意听人们诉说不愉快的情绪。如果你想要其他人喜欢你,那么就去做个倾听者,真诚地去倾听别人内心的声音。

当你面对着对方,要用眼睛和耳朵一起听他说话,一边听,一边用心地想别人所说的话。最后,这个对你说话的人会觉得自己已说了他要讲的话。

如果你在听别人倾诉时目光游移不定、注意力分散,甚至左顾右盼,你就不是一个真正的倾听者。当然,你可以在听的时候喝一杯咖啡或者抽一支烟。在倾听时,你还应该进行一些恰当的交流和引导,让对方在倾诉过程中对于所面对的问题有更多的认识和了解,并且鼓励他凭借自己的力量寻求解决问题的方法。

你可以在谈话中采取下面的两种方法,引导别人找到解决问题的方法。

1.用你自己的话重复一遍你所听到的内容,例如:"你认为……"一方面,你可以借此向他表示你用心倾听了他讲的话;另一方面,你也给了他一个机会,使他能够对他所说过的话进行一些修正和补充。

2.在谈话的过程中,你应该适当地分析对方的心理状态,可以从你的角度评价对方的感情状态。例如,"你这样生气,对……"你所说的可能正是对方并未意识到的事情,你就有可能说中了问题的重点,同时也使他清楚地意识到自己的问题所在。

这样一来，你就做到了真诚的倾听、帮助别人排除了忧虑，你的人际关系也就在这个过程中建立了，如此，既了解了对方的内心世界，又赢得了对方的喜欢，解决了实际问题。倾听可以化干戈为玉帛，让你与别人得以互相容忍，最终得以"相逢一笑泯恩仇"。由此可见，倾听确实是一件非常奇妙的事。

雄辩之中有艺术，沉默中也有，听出而不点破才是最高深的说话艺术，然而多数人往往将此忘记，只听不说，结果丢了人缘、失了人脉。

第8章
有口德者,赞美当为第一智慧

赞美能使百年的冤仇顷刻顿消,赞美能使古板的脸增添笑容。赞美如春风,融化了沟通中的种种问题,除去了一切沟通中的不和谐因子,拉近了人与人之间的距离,让人际关系更加顺畅,一个善于赞美他人的人一定是一个有着良好的人际关系的人,而一副冷漠的面孔和一张缺乏热情的嘴是最使人失望的。赞美是一种智慧,人们普遍地希望能得到别人的赞美,对于赞美他的人,自然地也就容易接受。

夸人夸到点子上

塞·约翰逊曾经说过这样一句话:"赞美像黄金钻石,只因为稀少而有价值。"频繁或缺乏诚意的赞美不但不能起到增进彼此感情的功效,反而会使你被对方误认为阿谀奉承者,甚至对你产生警惕、戒备等不良感觉。这就告诉我们,赞美的话并不在于多还是少,而在于是否能夸到点子上。

小薇在一家外企公司上班,这天,公司培训部聘请了一位社交方面的兼职讲师,小薇旁听了那位讲师的课程,学会了许多社交知识。当课程即将结束的时候,小薇对其他同事说道:"没想到这位老师的课讲得这么精彩,我感觉学到了很多东西,有些人真的天生就适合做讲师……"小薇对这位老师的评价非常好。

课程结束后,讲师离开的时候向小薇问道:"你觉得这个课程讲得如何?如果能够提出一些宝贵的建议或意见，我将感激不尽，这样也有利于我个人知识层面的提高与发展。"小薇笑了笑，真诚地对他说："我觉得您讲课的时候简直就像一个'大腕'，让我们学到了很多东西！"虽然只有简短的一句话，讲师听了脸上却洋溢起幸福的笑容。后来，两个人竟然成为了无话不谈的好朋友。

赞美比批评带给别人的进步更大，故事中的小薇仅用一句普通的赞美之语却为自己赢得了一位值得深交的朋友。如果别人拥有较好的做法，就要对其加以赞美；只要夸人夸到点子上，就能拥有完美的人际关系。

在每个人的潜意识里均渴望得到别人的赞美。你渴望得到别人的赞美，将心比心，别人也渴望得到你的赞美。每个人都有自己独具一格、值得赞扬的地方，善于赞美他人往往会成为你为人处世的有力武器，但这也并不是说对他人赞美的话语多多益善。尽管每个人都渴望被夸赞，但如果赞美的话说得"过头"，将会适得其反，因此，夸人一定要夸到点子上，不要多说无用的空话，更不要睁着眼睛说瞎话。

俗话说："谦受益，满招损。"在不断称赞别人的同时也要注意：一要真诚，而不是浮夸虚伪，要发自内心，而不是言不由衷；二要对事不对人，赞美既不要"以人为本"，也不要趋炎附势，如果你的赞美毫无依据，恐怕任何人都不会认为你是真心且充满善意的；三要注意场合分寸，不能滥用，赞美既不是廉价的吹捧，也不是无原则的夸奖；既不是卑躬屈膝的精神行贿，也不是投其所好的精神按摩，而是充分肯定别人的优势与长处……只有这样，才能夸人夸到点子上。

赞美只有夸到"点"上，才能达到预期目的。夸人夸到点子上非常难，对一个事业有成的女人来说，如果你经常夸她有能力、有才干，她几乎每天都听到这样的赞美，无论你再怎么费力地赞美她，她也不会觉得有什么特别。但如果你对她说："你的眼睛非常迷人，你不论坐着、站着还是走路的时候都是风度翩翩。"相信她一定会喜上眉梢,认为你是一个很有眼光的人。

1960 年,法国总统戴高乐访问美国。尼克松当时还是副总统,戴高乐应其邀请参加了为其准备的欢迎宴会。为此,尼克松夫人费了很大的心思布置了一个鲜花展台,在一张马蹄形的桌子中央用鲜艳夺目的热带鲜花衬托了一个精致的喷泉。

戴高乐将军一眼就看出主人的细致周到,于是赞不绝口道:"女主人真是用心,准备这场宴会一定花费了不少时间!瞧,布置得真是漂亮、雅致。"尼克松夫人听后,喜悦之情溢于言表。

在其他人看来,尼克松夫人作为宴会的女主人,精心布置鲜花展台不过是她的分内之事,本来没什么值得赞美的,但戴高乐将军却能领悟到她的良苦用心,而对此用心的肯定与感谢势必要比其他华而不实的赞美更能赢得人心。

当称赞一个人时,与其称赞他最大的优点,不如发现他最不显眼甚至连他自己也未曾发现的优点,因为他最大的优点已成为他性格中的一部分,在任何人看来都已经是不足为奇的了。如果经常称赞一个人这样的优点,可能会让这个人产生反感;而这个人身上所具备的那些小小的优点,因为从未或很少有人发现,因此也就显得弥足珍贵。而你的发现与称赞为对方增添了一份对自己的认识,也增加了一次重新评估自己价值的机会。同时,你不同凡响的观察力还会获得对方的器重。

世界上没有人会对赞美无动于衷,只不过有的人会赞美,从而让你能感受到他的用心;而有的人不会赞美,你也只不过就此一乐而已。大文豪萧伯纳曾说过:"每次有人吹捧我,我都头痛,因为他们捧得不够。"可见,"高帽子"人人都爱戴,关键是赞美的人能不能切中要点。

好钢用在刀刃上,夸人夸到点子上,有口德的人会投其所好,该夸奖他人的时候进行称赞，不该夸奖的时候绝不浮夸。除此之外，还要掌握好称赞的火候，太过则适得其反，太轻则无济于事。

赞美要发自内心，切忌随声附和

很多时候，我们之所以会赞美一个人，并不是出自真心，而是旁边有人提到对方的一个赞美之处，便随声附和两句，这样的赞美除非是发自真诚的，不然就不能起到应有的效应。

当别人都对某人的某件事进行赞美时，你可以特立独行，从另外一个角度或者从另外一件事上加以赞美，这样的赞美会让对方认为你是真心诚意的，而不是像大多数人一样只不过是随声附和、随口恭维两句。

赞美一定要发自内心，这样才能投其所好，真正发现对方的优点。我们可以从一个人的光荣史中找到对方为之骄傲的一两件事或优点，从而加以赞美，这样便会很快引起对方的好感，使对方产生惺惺相惜、相见恨晚之感。打开对方的话匣子后再巧妙地引出自己的话题，这就是一次成功的沟通。

一次，某童子军要参加欧洲的童子军大会操，但是没有足够的资金，茄立甫是当时美国童子军的负责人，为此他去找一家公司的经理寻求帮助。

这位经理是个大富豪，茄立甫听说他曾签过一张百万美元的支票，在那时，百万美元支票确实是一个天文数字。虽然后来因故作废了，不过他仍因此感到自豪，于是把那张作废的支票装入镜框，悬在壁上。茄立甫听说之后，认为就这张支票做一下文章一定大有益处，于是刚一见面，他便提出要观赏经理引以为傲的支票，并且称自己还是第一次见到数目这么大的支票，而且感到非常骄傲，并对这位经理的气魄大加赞美。经理听他这样一说，果然很得意，立刻拿出来给他看，茄立甫连称自己非常荣幸，还问了许多关于这张支票的话题，但是对自己的来意却只字未提。最后，那位经理先问起了他，茄立甫这才接过话头，详细地表明了来意。

令茄立甫吃惊的是，那位经理竟一口应允了，立即签了一张支票，数目足够让童子军在欧洲住上一个星期，另外还写了好几封介绍信，使他们在欧洲得到了许多人的照顾。

茄立甫在约见经理前事先了解了经理的兴趣，知道那张支票便是他最得意的事，于是他恰当地迎合了经理的心理，在支票上对经理大加赞美，从而取得了巨大的收获。在生活中，很多人十分关注自己最在意的事情，每当向别人谈论起和自己相关的话题就兴致勃勃，如果你对这些事进行赞美，那你的目的很快就能得到实现。

有一位商人投资建造两栋商业大楼，于是很多人都前来商洽，希望商人能把一些工程交给自己来承包。这天，这位商人举办了一场酒会，慕名而来的人几乎都是对工程有意的建筑商或装修商。

自然，在酒会上就出现了这样一幅场景，不管这位投资商走到哪儿，都会有三三两两的人前去搭讪，耳语之间无非是一些逢迎拍马的溢美之词。但这位投资商人仿佛对此并不感兴趣，不过三五句对话便结束了交谈。

阿曼斯是一位桌椅商人，在朋友的推荐下也来到了这场酒会，想见一见这位投资商并说服他把桌椅生意交给他来做。

"晚上好，先生？"阿曼斯看到投资商独自站在角落，便趁机前去寒暄。

"晚上好，先生！"投资商人轻松地回答。阿曼斯在作了自我介绍之后，满脸诚恳地说："我一直十分羡慕您的办公室，听说它被装修得很漂亮，还十分有格调。因为我一直从事房屋内部的木建工作，对此十分感兴趣。"

没想到投资商人听后大有感触地说："您说我的办公室装修得很棒，

我已经很久没有听过这话了，就连我自己都差点儿忘了当时是怎样费尽心思来装修它的。如果您很感兴趣的话，就随我前去看一看吧!"

阿曼斯连忙表示赞同，办公室就在大厅的上方，来到办公室后，投资商人就像抚摸一件心爱之物那样到处抚摸着办公室的每一个地方。"我每天从这个地方出出进进，却已经有很长一段时间没有去欣赏它了。"商人很感伤地说道。

"这是用英国的栎木做的，对吗?英国栎木的组织和意大利栎木的组织有点儿不同。"阿曼斯一边摸着一把精致的椅子一边说。

"是的，这是用从英国进口的栎木做的，是一位专门同细木工打交道的朋友为我挑选的。"接下来，阿曼斯被投资商带领着参观了房子的每一个角落。后来，投资商打开一只带锁的、十分精致的箱子，从里面很小心地拿出几张照片，向阿曼斯讲述起他早年创业时的奋斗历程。

投资商动情地说着自己是怎样艰苦创业、是怎样没日没夜地泡在办公室搞研究等，最后他还说到当时就算椅子旧了、掉了漆也舍不得扔掉，然后还把椅子拿出来给阿曼斯看。

他们简直越谈越投机，最后竟然一起共进晚餐。当阿曼斯离开投资商时，已经签下了两幢楼的座椅制作订单。

赞美一个人引以为荣的事情是赞美的最关键技巧，也是赞美高手的"杀手锏"，它能在瞬间拉近彼此的距离，让对方对自己产生好感。这是与人沟通的一个绝好的方式。

人总是喜欢听好听的话，即使明白对方讲的是奉承话，心里还是免不了会沾沾自喜，这是人性的弱点。换句话说，一个人受到别人的赞美，决不会觉得厌恶，除非对方说得太离谱了。但如果每个人都说一样的奉承话，那么，就算他不讨厌，听得多了也便麻木了，以致不能引起他心理上的共鸣。

爱美之心人皆有之,每个人都具有不同的个性,也都具有不同的优缺点,每个人都在乎外界对自己的肯定和赞扬。抓住他人的个性、赞美他们的优点是协调人际关系的有效手段之一。真诚地赞美他人,切勿随声附和,这会使你获得良好的人际关系。

要善于发现别人的长处,这样才能善于赞美,赞美有时也无须刻意修饰,只要源于生活、发自内心、真情流露,就会收到赞美之效。

赞美的话要巧说,要别出心裁、不落俗套

人有千面,没有谁会喜欢千篇一律的赞扬话。有些赞美的话无法引起被赞美者的注意,甚至会令他们厌恶。所以,既然要赞美他人,就要使对方从你的赞美中感受到快乐、满足,要不落俗套,从而让对方感受到你真诚的心。

有一次,影星朱莉·安德鲁斯和一些政要名流去欣赏一位享有盛名的指挥家的音乐会,指挥家出色的表演赢得了阵阵掌声。音乐会结束之后,大家来到后台,向指挥家祝贺演出成功。

大家见到指挥家时,赞美声不绝于耳:"您的指挥真是太棒了!""这是我听到的最棒的曲子!""您抓住了名曲的神韵!""这真是一场超水平的演出!"……大指挥家面对大家的赞美一一答谢,但是这种话他听得太多了,脸上不由得显现出敷衍的表情。由于疲惫,他正盘算着找一个借口离开,忽然,他听到一个高雅温柔的声音对他说:"您真帅!"

大指挥家以为自己听错了,他抬头一看,是朱莉·安德鲁斯,指挥家说:"您是在和我说话吗?"朱莉·安德鲁斯点点头说道:"您是我见到的最

帅的指挥家！"大指挥家的眼睛顿时亮了起来，精神抖擞地向朱莉道谢。

之后，大指挥家总是自豪地到处对人说："影星朱莉·安德鲁斯夸奖我很帅！"

自从那一次见面之后，大指挥家就把朱莉当成自己的挚友，常常邀请她观看自己的演出。

对于这位指挥家来说，每次演出结束，他都能听到上百句赞美的话，所表达的意思也是大同小异，因此他对这样的赞美已经麻木，这些人的赞美之言没有什么特殊之处也就意味着在指挥家的眼里，这些人没有特别之处，一切交往也就流于表面的客套，就像指挥家对这些人彬彬有礼的答谢。然而，朱莉的一句"你很帅"却让指挥家眼前一亮，别有新意的一句话一下子让朱莉的形象印在了指挥家的脑海中，并在之后的交往中把她当成挚友。可见，不走寻常路的赞美能一下子说到别人的心坎里，就像一张通行证能迅速打开沟通之门。

赞美就像是一件珍贵的宝物，如果我们常常见到它，把玩它，久而久之就会失去宝物原有的魅力，所以我们在运用赞美的语言的时候要学会掌握一定的技巧，不落俗套的赞美才能算得上是一件宝物。你对一位美女说她漂亮，可能她听腻了，但你说她能干、大方、贤惠、聪明、活泼、自信，她可能感觉良好。你对一些老板说他们很成功、很能干，可能他们也听烦了，但如果说他们很有爱心、孝敬父母、疼老婆、负责任、有品位，他们可能会很高兴。所以赞美别人也要讲究不走寻常路，不落俗套，才能引起被赞美者的共鸣。

有这样一个笑话，两个书生刚被任命去做县官，赴任之前去拜访主考老师。老师对学生说："如今世上的人都不走正道，逢人便给对方戴'高帽子'，这种风气不好！"一个书生说："老师的话真是金玉良言。不过，现在像老师您这样不喜欢戴'高帽子'的能有几个呢？"老师听了非常高兴。这个书生出来以后，对另一个书生说："'高帽子'已经送出去一项了。"

可见，人们不喜欢别人给自己乱戴"高帽子"，但换一个角度给他们戴个"高帽子"，他们还是会笑纳的。

日本顶尖业务员齐藤竹之助说："想轻易地发现每个人身上最普遍的弱点是很简单的事情，因为只要你观察他们最爱谈的话题便可以知道。因为言为心声，他们的心中最希望的也就是他们嘴里谈得最多的。你就在这些地方去挠他，一定能挠到他的痒处。"

有时我们会发出这样的赞美："你是个了不起的人"、"你很勤劳"、"你是个好人"，这些都是在赞美，但是内容有些空洞，听起来像是在敷衍了事。如果我们夸赞一个人勤劳，我们可以说："你的家收拾得一尘不染"、"东西摆放得真是井井有条"。这样的赞美既不会落俗套，又能让别人体会到你赞美时的用心。

出乎意料的赞美会令人惊喜，很多时候，人会因为习惯了而看不到家人、朋友的付出，能够捕捉生活中的细节并表达自己的感恩之情，会使疏远的距离拉近、失衡的关系和谐，例如，丈夫工作一天后回到家，见妻子摆好了饭菜，称赞妻子几句；老师见学生把教室打扫得干干净净，夸奖学生一番；母亲看到孩子坐在桌子上写作业，就称赞他真乖。有时，赞美的内容出乎对方意料，也会引起对方的好感。

英国著名女作家阿加莎·克里斯蒂嫁给了一个比她小 13 岁的考古学家马克思·马温洛，当有人质疑她为什么要嫁给一个比自己小的丈夫，而且还是一个考古学家，她便会幽默地说："对于任何女人来说，考古学家是最好的丈夫，因为妻子越老，他就越爱她。"这一解释中既包含克里斯蒂对丈夫的赞美，又包含了她的幽默感，不能不说是一个绝妙的赞美方式。

每个人在性格、知识水平、兴趣爱好等方面都存在或多或少的差异。因此，在赞美别人时要因人而异，进行有针对性的赞美，而不是一刀切，不然赞美就只能起到相反的作用。因此，突出个性、有特点的赞美比一般的赞美能收到更好的效果。而如果赞美的方面正好是对方引以为傲的地方，那么，这样的赞美一定会收到意想不到的好效果。比如要赞美一位农民，不妨夸他："都说行行出状元，我看你就是庄稼地里的状元啊！"因为农民最自豪的事情莫过于庄稼的收成好。

只要用心观察，你就会发现别人与众不同的细微之处，巧妙独特的赞美之声就会像甘甜的蜜水流进对方的心里，为沟通打开一扇窗，让沟通的气氛更加和谐。

赞美对方，切忌以否定他人做铺垫

人们在赞美对方时，常常为了突显效果，会以否定他人做铺垫。比如，老板在夸奖人事部主任时，就可能先对前任人事部主任进行批评总结，这样通过比较，就显示出对对方的赞美。殊不知，这样通过对比的赞美并不能真正打动对方，反而会让对方认为你没有口德。

小优是小学一年级的学生，不但活泼可爱，还十分聪明，平时学习成绩也都不错，全家人都视她为掌上明珠。

在家中，小优的父母对她的学习成绩很满意，经常夸赞她。每次，当小优报告自己的成绩单时，爸爸都会高兴地说道："我女儿就是聪明，每次考试都是前几名。你看你大伯家的表哥，虽然跟你是同班同学，可每次都是倒数几名，比你差多了。"小优听了心里更加得意了。

小优的表哥叫小强，两个人是同班同学，因此回到家中也经常一起做作业。小强虽然学习成绩不太出色，但其他方面表现都不错，但小优还是经常取笑表哥:"你怎么这么笨啊!每次考试都排在倒数几名之中,你再不提高成绩的话,以后在班上不许说我是你妹妹了,我嫌丢人!"

过年的时候,全家人都聚在一起。吃过年夜饭,爷爷奶奶让小优和小强背诵古诗给大家听,还说谁背得好就给谁红包。亲戚们都兴致勃勃地期待着,小优虽然成绩好,却并不擅长背古诗,不过还是勉强背了一首。而小强从小就喜欢背古诗,这时正顺了他的意,他慷慨激昂地一口气背下了《满江红》,博得了大家的喝彩。

这时,人人都抚摸着小强的头,夸奖他有才华,就连小优的父母也一个劲儿地称赞他,谁知小优不乐意了,她含着泪花大声喊道:"他就会背几首古诗,其他什么也不会,每次考试的成绩都是倒数几名,我比他强,爸爸妈妈都说我比他强!"然后边哭边跑出去了。

亲戚们面面相觑,不知道小优是怎么回事,只有小优的父母不好意思地望着小强的父母,他们知道因为自己平时嘴上无德,总拿成绩不好的小强与小优作比较,造成了她自高自大,一旦有人在她面前夸奖小强时,她就会受不了。最后爷爷说:"小优是很聪明,不过聪明反被聪明误!也不知道你们大人平时都是怎么鼓励孩子的,她的攀比、忌妒心也太强了。"

一味地滥用夸奖,比较式的夸奖恐怕不是教育孩子的灵丹妙药,在人际交往中也是如此。如果你想赞美一个人,只管找出他值得赞美的优点加以称赞就好,何必还要在同时诋毁别人呢?再说,每个人都有各自的优点,如果你在这一方面肯定这个、否定那个,那么是不是在另一方面也同样会否定这个而肯定另一个呢?

很多人会拿别人的评价来为自己进行定位,你对某些人的贬低之言可能就会变相地传到他的耳朵里,而这可能就会让他对自己产生错误的认识。因此,当你在赞美一个人时,不能同时去贬低别人,用别人的不足来比较对方的长处,也以免对方对自己产生不切实际的印象,进而产生竞争和矛盾。

在桂林的一家饭店里坐着一桌客人，总共4个，都点了桂林当地的特产——米粉。在等餐的时候，几个人就谈起各地的米粉，其中一个人说在广西地区，各地都有特色米粉，比如南宁老友粉、玉林的牛巴粉、柳州的螺蛳粉等，吃起来都非常有特色。这时，服务员端上来当地的米粉，随口说道："其他地方的米粉哪里有我们家的米粉好吃啊，我们的既正宗又好吃，其他地方的都很难吃！"

几个人听后立刻没了言语，心想这家店也太霸道了，称赞当地的米粉好就罢了，凭什么还要同时贬低其他地方的米粉呢？这样想着，在品尝米粉的时候就失去了之前的那份心情，结果都说这家店的米粉也就一般，没有多么好吃。

很多时候，类似这种带有明显褒贬色彩的评价的确会让人感到不快。在赞美一件事物的时候，不管这件事物是你的还是别人的，都不能以同时贬低其他东西做铺垫。这样的称赞不但让人感到反感，还会对你产生坏的影响。

因此，在交际中要铭记，赞美归赞美，切忌让赞美变了味儿，否则你的语言不美了，连你的人品也会同样遭受质疑。

背后赞美更悦耳

若要赞美一个人，当面赞美固然能起到直观的效果，但背后赞美仿佛更悦耳。当面称赞一个人，如果称赞过了头会使人误认为你巴结奉承，而背后称赞就免去了这方面的嫌疑，既能使被称赞者较为容易地接受赞美之词，又能使其易于领情。

背后说别人的好话远比当面说别人的好话效果要明显好得多。有些人可能会想，在背后称赞人岂不是竹篮打水一场空吗？人家怎么会知道我在称赞对方？其实不用担心，你在背后说他人的好话，是很容易就传到对方耳朵里去的。不仅如此，你在背后称赞他人往往比对他人进行当面称赞更有分量，如此，对方一定会对你刮目相看的。

对于生活中的异性来说，赞美的话似乎更重要一些。但是在对异性说这些话时，最好是借别人之口说出来，这样会使你的观点蒙上一层面纱，其中微妙的心理不仅常常使对方感到惊奇，更会令其陶醉在猜想的快乐中。

在《红楼梦》中有这样一段描写：薛宝钗、史湘云苦口婆心地劝宝玉发奋学习，以后做官，但宝玉却对二人的此举甚为反感，不假思索地对她们反驳道："林姑娘从来没有对我说过如此混账的话语，假如她也说这些混账话，我们早就生分了。"

恰巧，林黛玉恰好从窗旁经过，听到宝玉对自己的赞美，她不禁又惊又喜。在林黛玉看来，宝玉是在背后赞美自己的，且不知道自己能够听到，这种赞美并不是刻意的。倘若宝玉当着她的面说出诸如此类的赞美之言，生性多疑的林黛玉将会认为宝玉是在故意讨好她或打趣她。从此以后，宝玉和黛玉两人互诉衷肠，感情与日俱增。

然而，对于异性的赞美要把握好尺度，因为这些话说得重了不符合异性交往所要求的距离感，它有时会使对方感到舒服，有时又会让对方对你产生非分之想，而这些都不是你赞美的目的；说轻了又让对方觉得你不是真心地赞美他们，尺度很难把握。

这时候，就能对其进行背后赞美了。像贾宝玉一样，虽然不是有心的，但他的赞美之词却被当事人不小心听到，由此心里更为感激和触动。

通过别人的口来说出赞美的话，既可以达到赞美对方的目的，还可以维护你基本的心理安全需要。《三国演义》中，貂蝉就曾经用过这种赞美方式取得了很好的效果。在"王司徒巧使连环计，董太师大闹凤仪亭"一回中，有这样一段描述：

"貂蝉曰：'妾在深闺，闻将军之名，如雷贯耳，以为当世一人而已，谁想反受他人之制乎？'言讫，泪下如雨。布羞惭满面，重复倚戟，回身搂抱貂蝉，用好言安慰。"

貂蝉在这里就是先假借了别人的口大大地夸奖了吕布，让他觉得自己是很欣赏他的才华的，这就使得吕布深感愧对貂蝉对自己的赞美与敬慕，不觉"羞惭满面"。可以说，貂蝉这番涕泣的言语对吕布后来刺杀董卓起到了至关重要的作用。

若要游刃有余、从容自如地通过间接的方法较好地赞美别人，是有技巧的，是需要推敲一下人们的心理的。一般而言，人们总会认为第三方的言论更加客观真实，不带任何利益色彩，于是对来自背后的赞美更加信服，也更能听到心里去。

有位年轻人从小梦想着长大后成为一名作家，可是他命途多舛，先是因为父亲入狱，家里断了生活来源而中断学业，后来他好不容易有了一份工作，但工作又脏又累，晚上也没有可以休息的地方，就只能睡在冰冷的仓库里。在这样艰苦的条件下，他没有放弃梦想，仍然坚持写作。在周围人的嘲笑下，他对自己的作品毫无信心，为避免被人看到，他便偷偷地在深夜溜出仓库，寄出了第一篇稿子。

结果，等待他的只是一封退稿信。但是年轻人并没有灰心，仍然坚持写作，然而寄出去的稿子一一被退回，他终于绝望了。正当他要放弃的时候，一位编辑找到他，对他说："我很欣赏你的文笔，希望你可以向我的杂志投稿。"心灰意冷的年轻人以为对方是在开玩笑，便拒绝了他。

后来,有一位朋友拜访他时,提到了那位编辑,原来那位编辑一直十分欣赏他,认为上次不能与他合作实在很可惜,还一个劲儿地向其他编辑推荐他。正是这句话使年轻人重拾了信心,于是他再次提笔,成为了英国著名的文学家。这个年轻人就是狄更斯。

当一个人极度失意的时候,对他的赞美反而可能被误解。接连受到打击的狄更斯听到赞美之言也无法唤起他的自信,他只觉得此时编辑的赞美听起来就像是讽刺,因为他投了那么多篇稿子却没有人欣赏他,而现在却突然出现这样一个人,显然认为对方是不衷心的。在这种状态下,编辑当然会遭到拒绝。之后,编辑巧借狄更斯朋友的嘴巴传递自己的赞美之情,喜获狄更斯的合作,既成就了自己,也成就了狄更斯。

我们在背后说别人好话时,会被人认为是发自内心、不带私人动机的,其好处除了能给更多的人以榜样的激励作用外,还能使被说者在听到别人"传播"过来的好话后更能感受到这种赞扬的真诚,从而在荣誉感获得满足时还增强了自我的上进心和对说好话者的信任感。

赞美也需要"拐弯抹角"

生活中,我们难免会有这样的经验:当你听到对方说"昨天我做了一件事特别丢脸"时,相信你能感到心情轻松,因此极力鼓励对方说下去。然而,当你听到别人自吹自擂地诉说一件自己的光荣事迹时,就算也为对方感到高兴,心里也会多少出现一种心不在焉或者厌烦的情绪。

比起优点,我们更喜欢别人谈论自己的缺点,这不是因为我们有一种幸灾乐祸的心态,而是每个人在对待优缺点面前都有一种正常反应。因此，如果能抓住这种心理，我们就能掌握一种巧妙地赞美他人的方法，那就是贬低自我。

在生活中，比如我们去参加某店铺开张的庆祝会，即使那家店铺一看就不怎么样，也应该说一些符合场合的话来，我们可以说："这家店铺看起来真不错，装修也很考究，不像我经营的那家店面，装修得很不合理。"这样将对方和自己作一个具体的比较，并有技巧地批评自己略逊一筹，对方将因被人高抬而产生优越感，其心中的感激与高兴自然是不言而喻的。

相反，如果你以轻视的口吻对主人说："柜台再宽一点儿的话会更好，你们下次再整修时，可以参照我们店面的那个高度！"这样一说，虽然是在为对方着想，但在庆祝会那样一个场合说出这样的话，无疑是在砸对方的场子，让对方丢面子。那么，对方就有可能会对你产生敌意。

炫耀自己常常会引起他人的反感，而谈及自己的失败经验则会令对方增强自信心，更能因此打开对方的心扉，让对方坦然接受你。如果在某些时间与场合，你不方便对他人说出赞美之词，那么不妨尝试一下贬低自己，效果说不定会超出你的期望值。

贬低自己就相当于捧高了对方，这就相当于坐跷跷板，一头落下去，另一头就会高上来。日本有位国会议员经常对别人说："我仅有小学毕业的学历。"但其实他所拥有的学历更高，他之所以贬低自己，无非是要给予别人在心理上的平衡感。

但是，在人前贬低自己不是真的贬低自己，要适当运用此法，不要因为过于贬低自己而使别人觉得你不可靠，或是觉得你水平真的很低，从而瞧不起你，这就适得其反了。如果跷跷板的一边落下过了头，着了地，那么另一头可能就永远下不来了，而你则永远处于低位。你的自我贬低如果过了头，就像跷跷板着了地的一头一样，再也无法同另一头平起平坐。

此外，在与同行进行竞争的过程中，也要大度一点，学会用这种自我贬低的方法,但对方不是竞争对手,而是你的顾客。在保险业中,特别是网络销售中,常有客户询问哪个公司的险种好,有的客户会直接问其他公司的某产品怎样,遇到这样的问题,你一般不要直接回答,更不要贬低其他公司或其他公司的险种,可以先让客户自己看资料,提示他客观比较保险利益的宽泛度和保障的深度。告诉他,每个产品都有特点和优势,适合不同的人群,强调只要顾客能拥有全面的保障就好。

如果客户已经买了其他公司的产品,你大可以说:"您真是有远见。您购买的产品很好,该公司也是比较优秀的公司,我们公司也有好的产品可以推荐给您,仅供参考。"这样一来,得到赞美的顾客可能就会为自己购买保险的眼光而得意,那么就有可能再购买你的产品。

这种谦虚谨慎的态度其实最能吸引顾客,相反,如果你对顾客所购买的产品大加指责和批评,那么就会让对方觉得自己很没有远见、很没有水平,竟然购买了这种糟糕的产品。这时顾客可能就会想,当时就是这样被销售人员说动的,因此坚决不能再犯第二次错,结果连你的产品也一并被否决掉了。

如此说来,在平常的交往中,你不妨适当地运用一下贬低自己的诀窍来捧高对方的地位,从而达到情感投资的目标,这样,成功可能离你就不远了。

第 9 章

有口德者,幽默当为第一艺术

幽默可以避免自己尴尬,是最敏捷的沟通感情的方式,它能迅速地融洽气氛、摆脱尴尬;幽默可以使人在受气时以轻松诙谐的方式理智地回击对方,达到讽刺的目的。一个人的语言可以像优美的歌曲,也可以像伤人的利剑,幽默机智的话能使人产生喜悦满足之感,令人久久难忘。

幽默勿以他人的缺陷做笑点

交谈中,有的人因为天生乐观、宽容,甚至可以在交谈中调侃一下自己的缺点或缺陷,但这也仅限于自己。当我们在与他人聊天或交谈时,不管对方多么乐观、宽容,都要避开这类话题,更不能随意调侃别人的缺陷,以别人的缺陷做笑点。

几个同事正在一起聊天,这时公司传来一个好消息,就是小王的发明被批准了专利, 同事们立刻像炸了锅一样欢呼起来, 这时小张快言快语道:"小王,你小子还真厉害啊,真是热闹的马路不长草,聪明的脑袋不长毛。"一句话说得大家哄堂大笑,小王却一脸不悦地走了,原来小王年纪轻轻,却是个秃顶。

生活或工作中,像这样的场景有很多。事实上,每个人都有自己忌讳的事情,人们也都讨厌别人提起自己的忌讳。即使是好意的赞美或只是毫无心机地幽上一默,不小心冲撞了对方,就会引起对方的反感,也可能会招来别人的怨恨。

其实,在聊天中开玩笑的人,其动机大多都是友好的,但若不把握好分寸和尺度,就会产生不良后果,所谓"说者无心,听者有意"。因此,在聊天中掌握一些分寸还是很有必要的。

生活中,夫妻双方互相调侃也是很正常的事,然而有些人就是口不择言,喜欢揭对方的短,甚至让对方当众出洋相,以降服对方而获得快感,这种做法就有些出格。

比如,有些妻子还会在和邻居、同事等聊天时这样调侃自己的丈夫:"你看他天天在外边人模狗样的,回到家里照样我说了算,让他往东,他不敢往西!"

有些话说出来明明太伤人,却偏偏有人以说此话为乐,意在显示自己的优越性。有的人明白这个道理,因此常常能避开敏感的话题,但偶尔也会犯一些错误。

有一个朋友失恋了,来找小龙诉说。小龙见朋友如此伤心欲绝,就想这时最好的安慰方式就是和对方一起找点儿乐子,让他在快乐的过程中忘记痛苦。这个方法果然不错,可是突然小龙不知哪根筋不对,突然说了一句:"我这双火眼金睛早就看出她不是什么好东西了!她一直都在骗你呢!就跟那白骨精骗唐僧一样!"说完这句话,小龙自己哈哈笑了起来,可是朋友却哭得更伤心了。

这些话常人听起来好笑,但失恋者听起来只能更加伤心,而且伤心之余还多了一份寒心。

当然,你有可能是在不经意间不小心戳到了对方的痛处,此时,最好的方法就是及时补救,比如也适当戳一下自己的痛处。

班里有两个小王,平时叫的时候难以分别,于是同学们建议二人取个别号，或者以年龄大小叫做"大王"和"小王"，其中一个小王就抢着要叫"小王"，另一个小王见争不过他，就顺口说道："好啊，你排小，是咱们的宝贝疙瘩，以后你就叫'疙瘩王'好了！"

原来小王的脸上正好长满了疙瘩，这样被说哪有不恼火的道理！

大王见惹来了风波，懊悔不已，但已经晚了，现在只能临时补救了。于是他表面上不急不恼，巧借余光中的诗句揽镜自顾道："'蜷在两腮分，依在耳翼间，迷人全在一点点。'唉，这真是'一波未平，一波又起'啊！"小王一听，笑得直不起腰来，原来大王的脸上长满了小雀斑。

既然在无意中刺痛了对方，那么只能以调侃自己来化解尴尬和矛盾了。这样幽自己一默，就一定能化干戈为玉帛。

幽默应该是出于善意的，是用来缓解紧张的气氛的。但你若只想着用幽默来讽刺和挖苦对方，以对方的缺陷做笑点的话，那么最终会吃哑巴亏。

隋朝时，有个人很聪明，但说话结巴，官高气盛的杨素常常在闲暇无聊的时候把那个人叫来说说笑话，逗逗乐。

这天，杨素开玩笑地说道："有一个大坑，深一丈，方圆也一丈，让你跳进去，你有什么办法出来吗？"

那个人低头想了想，问道："有…有…有…有…梯子吗？"

杨素故意学着结巴的样子说："有…有…有梯子的话，还…还…还用问你吗？"

那个人又低着头想了想，问道："是白…白…白…白天，还是黑…黑…黑夜？"

杨素说道："不管白天还是黑夜，你能够出来吗？"

那人说道："若不是黑夜，眼…眼…眼又不瞎，为什么会掉…掉…掉…掉到里面？"

杨素不禁大笑，又问道："如果命你当将军，有一座小城，兵不满一千，只有几天的口粮，城外有几万人围困，若派你到城中，不知你有什么退兵之策？"

那个人低着头想了想，问道："有救…救…救…救兵吗？"杨素说道："就因为没有救兵，才问你。"

那人又沉吟了一会，抬头对杨素说："我审…审…审慎地分析了形势，如像您说的，不免要…要吃败…败…败仗。"

杨素大笑了一阵，又问道："你是很有才能的人，没有事情不懂得。今天我家里有人被蛇咬了脚，你能医治吗？"

那人应声答道："用5月端午南墙下的雪涂…涂…涂…涂上就好了。"

杨素道："5月哪里能有雪？"

那人说："5月既然没…没…没有雪，那么腊月哪里有…有…有…有蛇咬？"

结果杨素被彻底逼得说不上话来。这个年轻人虽然说话不利索，但他头脑反应机敏，结果用一次次的幽默把杨素逼到绝境，最后竟说不出一句话来。

幽默的谈吐是表达自己友善态度的必胜法宝，但不是用来取笑他人的。要做一个有口德的人就应该时常谨记，不要拿别人的缺陷做你取乐的笑点，否则必然自食其果。

顺坡下驴，用幽默把对方的攻击顶回去

幽默既可以表达你的善意，又可以拿来作为你反击他人的利器，掌握好幽默，你就可以做到骂人于无形，这既维持了自己优雅的形象，又能把对方的攻击反射回去，实在是一石二鸟。

一位农夫在回家的路上碰到两个财主在说话，便打了声招呼就走了。刚走没几步，突然一个财主喊道："老田，你站住！"

"您有什么事儿？"农夫站住，对赶上前来的瘦财主说。

"刚才我说得好好的，你上来打断了我的话把子，你得赔我50块，必须在3日之内交清。"财主一本正经地说道。

农夫是个老实人，虽然觉得十分气愤，可就是骂不出口，于是愤愤不平地回到了家中。农夫的妻子见他愁眉苦脸，茶不思，饭不进，就问他出了什么事，农夫照实说了，没想到妻子拍案而起说道："就这么点儿小事啊，你就放心吧，到时候等着瞧好了！"

到了第三天，妻子叫农夫外出干活，自己在家一人应付财主。不一会儿，财主来了，劈头就问："你家老田呢？"

"上山挖漩风的根子去了。"老农的妻子不慌不忙地回答。

财主一听，厉声喝道："胡说，漩风怎么还有根？"

老农的妻子反问："那话就有把子啦？"

财主最后无言以对，只得愤愤地走了。

一个幽默高手一定是嘴上留德的人，面对别人的攻击不会出口骂人，而是懂得用顺坡下驴的方法将来自对方的攻击直接反击回去。但是要想做到这点并不容易,幽默只有扎根在知识的沃土,饱吸知识的营养,才能茁壮成长起来。因此,一个幽默高手一定要提高自己的知识修养,这样才能将幽默用得得心应手、左右逢源。

一家百货公司正在大减价,购物的人们你争我抢,每个人的脾气都犹如枪弹上膛,一触即发。有一位女士愤愤地对收银台的小姐说:"幸好我没打算在你们这儿找'礼貌',在这儿根本找不到。"收银台的小姐沉默了一会儿,说:"你可不可以让我看看你的样品?"那位女士愣了片刻,笑了。

智慧往往就藏在幽默中。在很多严肃的场合,往往会出现一些意外,如果不能妥善处理,就会破坏气氛甚至让人难堪。但如果在出现问题的时候直接向别人道歉或反击,有时只能让自己更加难堪。这时,不妨假装糊涂,从而幽默、机智地进行应变。

没有人期望自己愚蠢呆笨,但是愚和智从来都是相对存在的,二者可以相互转化,对于二者的分寸把握充分体现着人生的智慧。

我们在生活中总是遇到各种人,要不断地、交替地扮演着多种角色,因此,我们有可能要去应付不合理的要求、令人不快的行为或者闹得不像话的场面。你也许是个聪明人,但在一些使人难堪或尴尬的场合时最好能够装一下糊涂,这样不但可以帮你从窘境中解脱出来,还可以起到讽刺对方的幽默效果。

一男一女在别人的介绍下约会见面, 小姐先张口问道:"你有奔驰吗?"先生摇摇头:"没有。""你有洋房吗?""没有。"小姐冷笑道:"那么,看来我们也没有什么缘分!"

最后,这位先生无可奈何地起身,故意自言自语道:"难道非要我把宝马换成奔驰,把300平方米的别墅换成洋房吗?"

听完这位先生的"自言自语",小姐一定会后悔自己有眼无珠,同时也会为自己嫌贫爱富的势利心态感到无比羞愧。

在待人处世中，有时不妨运用"秀才遇到兵，有理说不清"的策略，故意使用对方所无法理解的语言，同时也故意装作听不懂对方的语言，让对方在与你沟通时产生挫败感，并激发对方的火气。故意装傻充愣，误解对方的意思、扭曲对方的意思，他说他的"阳关道"，你说你的"独木桥"，这样来往几个回合，在对方思维混乱时，你便可以寻找突破口，巧妙应答。

普希金年轻时并不出名，有一次，他在彼得堡参加一个公爵的舞会，他想邀请一位年轻漂亮的贵族小姐跳舞，这位小姐十分傲慢地说："我不能和小孩子一起跳舞。"普希金微笑地说："对不起，亲爱的小姐，我不知道你正怀着孩子。"说完，礼貌地向她鞠躬。

在莎士比亚的著作《第十二夜》中，主人公薇奥拉说过这样一句话："因为他很聪明，才能装出糊涂人来。彻底成为糊涂人，要有足够的智慧。"顺坡下驴是一种幽默的反击方式，既为自己出了一口恶气，又不失身份，这就是有口德之人的智慧。

制造笑料，及时化解尴尬气氛

日常交际中，我们难免会遇到一些令人尴尬的场合，比如有人问了你一个不合时宜的问题；有人在公众场合出了丑；有人故意制造难堪，让你下不了台……面对种种尴尬情况，很多人为了挽回面子，会与对方争吵得面红耳赤，结果不但没有挽回面子，反而伤了和气，破坏了整个气氛。

其实，争吵和躲避都不是很好的解决方法，不妨试着制造一些笑料，挽救整个僵局。

舞台上，一位杂技演员表演踩蛋，一不留神，把脚下的一个鸡蛋踩碎了，这一切全暴露在观众的眼里，台下一阵骚动。

这位演员很尴尬地又换了一个鸡蛋，这时，主持人忙打圆场："为了增加艺术效果，证实鸡蛋是真的，所以演员故意踩碎了一个给大家看。"也许上帝就爱这么捉弄人，主持人的话音还没有落下，演员脚下的鸡蛋又被踩碎了一个。

观众的眼光马上转向主持人，意思是：这回看你怎么说？只见主持人无可奈何地叹了口气，说："唉，社会上的伪劣产品屡禁不绝，看来政府真得加大打击力度了，这不，连母鸡都生产劣质产品了！"

这位主持人面对尴尬的局面从容淡定，还能快速作出反应，及时想出化解问题的方法，适时制造笑料，最后博得观众的原谅。

综观古今中外那些伟人，他们大都有幽默的心态与谈吐，并经常采用幽默化解生活与事业的危机，改变自己的人生。林肯是美国历届总统中谈吐极为幽默的一位政治家，他经常采用幽默的方式表明自己的政治主张，用笑的艺术来缓和紧张的气氛，从而战胜危难。

林肯作为共和党的候选人参加总统竞选，他面对的竞争对手是民主党人道格拉斯。道格拉斯是一个大富翁，他租用了漂亮的竞选列车，在车上安装了一尊大炮，每到一站鸣炮32响，加上乐队奏乐，声势之大超过了美国历史上任何一次竞选。道格拉斯扬扬得意地说："我要让林肯这个乡巴佬闻闻我的贵族气味。"

林肯出身贫寒，竞选总统是没有专车的，每到一站，朋友们为他准备了一辆耕田用的马拉车。但是，他有他的杀手锏，那就是机智幽默的语言艺术。在参加竞选演讲时，有人问他有多少财产，他这样回答："有人写信问我有多少财产，我有一位妻子和3个儿子，都是无价之宝。此外，还租有一个办公室，室内有一张桌子、3把椅子，墙角还有一个大书架，架上的书值得每人一读。我本人既穷又瘦，脸蛋很长，不会发福，我实在没有什么可

173

依靠的，唯一可依靠的就是你们。"

林肯的演说机智幽默，巧妙地掩饰了家庭并不富裕这一窘迫的事实，以诚感人、以情动人，最终林肯获胜了，如愿以偿地当上了美国第16任总统，成了美国人敬仰的总统。由此可见，机智幽默的语言具有改变一个人命运的神奇魅力。

一位空中小姐用悦耳的声音说道："请乘客们把烟灭掉，把安全带系好。"所有旅客都按空中小姐的吩咐做了。过了5分钟，飞机明显有些波动，乘客们交头接耳，显得很不安。空中小姐见到这种情形，用比前一次更优美的声音说道："请把安全带再系紧一些，很不幸，我们的飞机忘了带食品。"

按照常规，空姐要再次提醒乘客系紧安全带，显然是在暗示飞机出现了某些不安全的因素。然而，空姐的提示一反常态，幽默地解释了系好安全带的原因——飞机忘带食品，这自然形成了十分轻松的氛围，免去了乘客的恐慌心理。

幽默贯穿在生活场景中，它能帮我们克服生活中的种种困难。幽默是快乐的催化剂，能给我们带来无穷的乐趣。生活中的每个人在说话时都应当多一点儿幽默感，少一点儿气急败坏、偏执极端，如此将会为你的口德增色不少。

周丽为参加一次聚会专门做了发型，然而聚会中，周丽费尽心思做好的发型突然垮了下来。旁边几位女士立刻围过来提醒她，只见周丽并没有窘得想钻进地洞里，而是这样对她的朋友说："我想一定是我要拿吹风机时错抓了电动搅拌器！"

周丽十分聪明，她知道自己已经陷入了困境，面对这种无法挽回的局面，她只能故作镇定，幽默地为自己的失误找个借口，从而弥补了她的失误。

汤姆去剪头发，理发师把他的头发剪得太短了，于是，他向家人解释说："理发师教我怎么存头发，甚至还给了我一把扫帚和一个纸袋。"

多多运用幽默，你就会发现，其实任何不满、反对、错误或不平几乎都可以运用幽默的语言来扭转局面，而你收获的将不再是抱怨、生气、尴尬，而是一个平静、轻松的心情。

幽默是一种乐观向上的精神面貌，有幽默感的人总是满怀希望地正视未来，常往光明的一面看，这正是人类成功的诀窍，是改变平凡人生的砝码。有人形容，充满幽默的人生是富有的人生，资料显示，美国有97%的企业主管相信，幽默在企业界具有相当的价值；60%的企业主管相信，幽默感在很大程度上决定人们事业的成功程度。

在生活中，只要你的语言多一点儿幽默感，少一点儿气急败坏；多一点儿豁达，少一点儿针锋相对，为自己也为他人保留点儿口德，那么你将收获更多的幸福。

自嘲总比取笑于人要好

幽默一直以来被认为是只有聪明人才能驾驭的语言艺术，的确如此，很多时候，当你面临危机和尴尬，就免不了被人取笑，如果这时你能恰当地用幽默自嘲一下，不但能避免他人的取笑，还会让人刮目相看，得到尊重和敬爱。

因此，自嘲又被称为幽默的最高境界。可见，自嘲者必须是智者中的智者、高手中的高手。善于自嘲的人总是能将自己最可爱、最朴实的一面展示给别人，对自己的不足和尴尬处境能大胆地加以自嘲，不但不会显得懦弱，反而会提升你的自信，显示你洒脱直爽的个性。

适时适度地自嘲不失为一种良好的修养、一种充满魅力的交际技巧。自嘲能制造宽松和谐的交谈气氛，能使自己活得轻松洒脱，使人感到你的可爱和人情味儿，有时还能更有效地维护你的面子，建立起新的心理平衡。

传说，希腊哲学家苏格拉底的妻子是个泼妇，常对他发脾气，而苏格拉底总是对旁人自嘲道："讨这样的老婆有很多好处，可以锻炼我的忍耐力、加深我的修养。"一次，老婆又发起脾气来，大吵大闹，很长时间还不肯罢休，苏格拉底只好退避三舍。他刚走出家门，那位怒气难平的夫人突然从楼上倒下一大盆水，把他浇得像只落汤鸡。这时，路人纷纷围观，苏格拉底不慌不忙地打了个寒战，轻松地说："我早就知道，响雷过后必有大雨，果然不出我所料。"众人听后哄然大笑。

显然，苏格拉底家有悍妇，这难免有些无可奈何，但他带有自嘲意味的讥讽使他从这一窘境中超脱出来，显示了苏格拉底极深的生活修养。交谈时，当你置于尴尬境地时，借助自嘲摆脱窘境是一种最为得体恰当的选择。

一个刚毕业的女大学生去一家合资公司求职，负责接待的先生递过一张名片，女大学生神情紧张，接过名片看了一眼，脱口而出："滕野木石先生，您是日本人?居然千里迢迢来华创业，真是令人敬佩。"

那人听了先是一愣，接着说道："我姓滕，名野柘，是地地道道的中国人。"女大学生顿时面红耳赤，仔细看了下名片，连忙诚恳地说道："对不起，您的名字让我立刻想起了鲁迅先生的日本老师——藤野先生。说起藤野先生，他教给鲁迅先生许多为人处世的道理，让鲁迅受益终身。今天我在这里也学到了难忘的一课，那就是'凡事认真'，希望滕先生在以后的工作中能时常指教我!"滕先生面带惊喜，点头微笑，最后这位女大学生如愿以偿地被录用了。

错误产生后，女大学生能立刻聪明地转移话题，并刻意借对方的名字加以发挥,巧妙而谦虚地检讨了自己的不认真,同时还不失时机地暗示愿意加入该公司的愿望,可以说一举三得。

自嘲是一种充满魅力的说话技巧,它能体现出一种潇洒的情态和人生的智慧,它能制造出宽松和谐的交谈,从而避免了尴尬场面,还会收到妙趣横生、意味深长的效果。在生死攸关的时刻,自我解嘲甚至可以巧妙地帮人脱离危险的境地。

中秋时节,乾隆皇帝召集群臣在御花园赏月品酒,一时兴起,就想与纪晓岚对句集联,以增雅兴。乾隆皇帝自恃学富五车、才高八斗,于是出上联道:"玉帝行兵,风刀雨剑云旗雷鼓天为阵。"说完之后,他以必胜的姿态注视着纪晓岚,看他如何接自己的招。纪晓岚沉思须臾,语出惊人:"龙王设宴,日灯月烛山肴海酒地做盘。"

当然,纪晓岚的下联对得不但工整,气魄也甚为宏大,较之上联犹有过之。

乾隆听完纪晓岚的下联,脸上的得意之色渐渐消失。"伴君如伴虎啊"纪晓岚知晓,如若自己胜了,那么皇帝的脸面往哪儿放呀?还是赶快为自己打个圆场吧。

纪晓岚不愧为才子,他灵机一动,说道:"皇上,您贵为天子,故风雨雷电任凭驱策、傲视天下;微臣乃酒囊饭袋,故视日月山海都在筵席之中,不过肚大贪吃而已。"乾隆听完又露出得意之色,笑着对纪晓岚说:"爱卿饭量虽好,如非学富五车之人,实在不能有此大肚。"

在我们遇到尴尬的沟通逆境时,如果能适当地使用自嘲的方式创造幽默感,不仅能使自己有效地摆脱尴尬的处境,也能给对方一种轻松感,从而使沟通气氛变得和谐,更有利于沟通活动的顺利进行。在日常生活中,谁都有缺点与失误,难免会遇上尴尬的处境,对于此,人们往往都喜欢遮遮掩掩。其实这样反倒会引起更加恶劣的效果,还不如来点儿自我解嘲,使得即将发生的纠纷趋于平静。

海利·福斯第曾经说过："笑的金科玉律是，不论你想笑别人怎样，先笑自己。"自嘲，也是自知、自娱和自信的表现，本身也是一种幽默,这种自嘲式的幽默往往更能化解纠纷,使得紧张的氛围趋于轻松。而把自己的缺点暴露出来调侃一番，不仅不会将自己的缺点放大，还会拉近彼此的距离,给自己的魅力加分。

运用自嘲的方式不会伤害他人，有口德且最安全。你可用它来活跃谈话气氛,消除紧张,使自己在尴尬中自找台阶,保住面子;在公共场合获得人情味儿;在特别的情形下含沙射影,刺一刺无理取闹的小人。总之,自嘲能产生许许多多积极的效果。

异性间的幽默切勿涉及敏感问题

言语交际的失败大多与滥用幽默有关，滥用幽默不仅使自己陷入尴尬和困境,而且导致别人轻视你,使你丧失人格和口德,尤其是异性间的幽默往往涉及很多敏感问题,这就更容易造成误解。因此,我们在运用幽默时千万要注意时机、场合和对象。

几个同事在办公室聊天，其中一位女士提起她昨天配了一副眼镜，随后又拿出来请大家看。正当大家都对她的眼镜和眼光大加称赞时,突然想起一个笑话,说一定要与大家分享。

老王说道:"一位近视眼的老小姐走进皮鞋店，试穿了好几双鞋,当鞋店老板蹲下来替她量脚的尺寸时，她恍惚看到店老板光秃的头,便以为是她自己的膝盖露出来了，连忙用裙子将它盖住，突然她听到了一声闷叫。"混蛋?"店老板叫道,"保险丝又断了!"

讲完笑话,几位同事发出了一片哄笑声,只有那名女同事再也笑不出来,从那以后,她竟再也不肯戴那副眼镜,而且路上碰到老王也不和他打一声招呼。

其中的原因不说自明。说者无心,听者有意,老王只联想起一个近视眼的笑话,然而,那位女同事却多了心,想:笑我是个近视眼也就罢了,还含沙射影地说我是个老小姐,真是可恨。

的确如此。异性间不是开不得玩笑,只不过会有意无意地涉及很多敏感话题,这就需要留心了,因此英国人常常这样标榜:"尽管幽默的力量很重要,但它并不是生活的全部。当时机恰当的时候,你才能用它。"

我们身边可能有这样的人,他们不分场合、不择对象,谈话中一味地插科打诨,俏皮话连篇,有时甚至在大庭广众之下开一些不适当的玩笑,不仅引起当事者的反感,连在场的其他人也觉得难堪,不知如何收场。

这就提醒我们绝对不能把庸俗当成洒脱幽默,把肉麻的玩笑当成好玩有趣的笑话,否则,这种所谓的"活泼"就将变成人际交往失败的陷阱。

在西方国家有专门的捉弄人的节日,即4月1日愚人节。这一天,如果有人给你打电话约你去唱歌,你千万别相信;如果突然接到父母病危的消息也千万要淡定;就算你在澡堂洗澡,衣服不翼而飞,你也没必要感到惊讶……因为谁相信谁就是愚人,这就是一个愚弄人的节日,在这个节日里,任何谎言都有可能发生,任何玩笑都不过分,但也仅仅只有一天。

如果一个小伙在人行街道上突然高声大喊:"请让开,马桶来了!"那你千万别相信,因为那个小伙可能正载着一位妙龄女郎穿行而过,但这样的玩笑也仅限于愚人节,如果在平常的日子里对女性开这样的玩笑,不但收不到幽默的效果,反而会让人们觉得你很无聊。可见,不管在哪里,幽默都是要讲究时机的。

在与异性交谈时，如果你仅仅把讲究时机作为运用幽默的准则，那就太狭隘了，因为要想成功地使用幽默，在讲究时机的同时还应当注意大环境。毫无疑问，讲究场合才能把幽默运用得更加恰如其分。

在与异性交谈时，任何戏谑的话语都可能招来非议，这就同在庄重场合运用你的幽默一样，太过夸张，为追求效果而手舞足蹈、脱离自己的平常个性，就会让人误以为你虚伪轻浮，严重影响你的个人形象。

一位言语学家这样告诫我们：观察对方的个性、好恶和心情乃成功施展幽默的窍门。在运用幽默的时候，要通过注意观察对方的性格、心理和教养水平来进行幽默，否则你的幽默不但不能让对方理解，反而会得罪对方。

一位女士刚要推开大厦的玻璃大门，突然从后面冲过来一位男士，率先推开了门，在自己进去之后还不忘请女士入内。

女士很不满意地调侃道："你为我开门，不会因为我是个女士吧！如果是这样的话，那还是算了。"

男士一听，笑了一笑说："不，不，您理解错了，我为您开门，是出于尊重长者。"

女士一听，狠狠地踩了男士一脚走了。

男士感到莫名其妙，他永远不知道刚才的幽默激怒了女性，因为女人是最害怕人们拿自己的年龄当话题的。

因此，在社交场合，要视对象的不同，说话注意把握分寸，才能收到好的效果。生活中，我们应根据具体的环境、对象和氛围采用适当的形式来表达出恰当的幽默。

幽默的群体性和共娱性特征是十分明显的，一个幽默可能适合男性群体，却对女性群体不合时宜。同样一句话，这位女人听起来可能感到快乐，而让另外一个女人听起来可能就成为了一种侮辱。如果你忽视了这一点，一味地强调自我的兴致和偏爱，丝毫不顾忌他人的感受，那么，你的幽默将暗然无光。

一个真正的幽默者一定是不失口德的，不论对象是男是女，都能恰如其分地说话，既不失体统，又能照顾到对方的面子，这就要求我们在运用幽默时，一方面要先了解对象，从而寻找合适的幽默话题；另一方面要揣摩对方的心理，从而做到真正的沟通，这是现代幽默最完美的战术。

巧用幽默，切忌让听者对号入座

很多时候，有些问题不能明白地说，因此只能运用幽默，嬉笑怒骂着一带而过，更怀有一些指桑骂槐的成分，我们不能说它是善意的，但至少有口德的人是不会运用这样的幽默的。

其实，每个人都有各自的成长经历，都有自己的一些弱点和缺陷，也许是生理上的，也许是隐藏在内心深处的，不管怎样，都是我们不愿触及的"伤疤"，如果一旦"伤疤"被击中，对任何人来说都是一件极其不愉快的事。因此，我们在运用幽默的时候要小心规避这类问题，切忌让听者对号入座。

美国前总统富兰克林年轻时很骄傲，言行举止常常咄咄逼人，讽刺挖苦也常常隐晦犀利，让听者很不舒服。后来有一位朋友提醒他说："你从不肯尊重他人，事事自以为是，别人受了几次难堪后，谁还愿听你夸耀的言论？如此，你的朋友将一个个远离你，因此你再也不能从别人那里获得学识与经验了，而你现在所知道的事情，老实说，还是太有限了。"

富兰克林听了这番话后很受震动，决心痛改前非。从那以后，他处处注意，言语行为谦恭和婉，慎防损害别人的尊严和面子，不久，他便从一个被人敌视、无人愿意与之交往的人变为极受人们欢迎的成功人物。

每个人都有很强的自尊心，所以在公众场合或人际交往中开玩笑一定不能让人有对号入座的感觉，做到了这一点，你就会赢得更多人的青睐。

20世纪50年代初，美国第33任总统杜鲁门有一次会见麦克阿瑟将军。麦克阿瑟自恃战功赫赫，非常傲慢。会见中，麦克阿瑟毫无顾忌地拿出烟斗，装上烟丝，取出火柴，在他准备点燃烟丝的时候，才停下来，向杜鲁门总统问道："你不介意我抽烟吧？"

很明显，麦克阿瑟不是真心向杜鲁门征求意见的，但如果杜鲁门阻止他的话，就显得粗鲁，所以杜鲁门只是看了一眼麦克阿瑟，说："抽吧，将军，别人喷到我脸上的烟雾要比喷在任何一个美国人脸上的都多。"

杜鲁门的这句话并没有就麦克阿瑟吸烟的问题进行专门指责，但他幽默的言语中软中带硬，既委婉地指出了麦克阿瑟的无礼，又没有损伤自己的风度。这句话说出之后，麦克阿瑟收敛了很多。

值得注意的是，就事论事的幽默批评有时候只适用于上级对下级，如果反过来用，则有可能让上级觉得下级把自己摆在与其保持平起平坐的位置，甚至有鄙夷自己之感，如果是这样，其效果就可能适得其反了。

说话总是在一定的时间、空间进行的，某些场合的变化是出人意料的。如果应对不好，会使自己陷于某种困境，这就要求说话者必须善于变换切入角度，灵活地应对和驾驭各种局面和场合，有时还可以利用特定场合制造有趣的情境歧义。

"世事洞明皆学问，人情练达即文章。"幽默是一门深远的学问，只有多读书、多阅世，多积累知识、扩大知识面，懂得并熟练地按技巧操作，才能将幽默的效用发挥到极致，最终成为幽默高手。

每个人的命运不仅把握在自己的手中,还把握在自己口中。有口德的人说话分场合、看对象,一定不会让听者有对号入座之感。说话时为他人留点儿口德,也就是为自己留下回转的余地。

幽默要把沉重的话题变轻松,反之不可取

相信在交际中,人们都喜欢聆听生动、形象、幽默、活泼的话语,因为这样的话语听着通俗有趣,让人感到轻松、愉快。但如果一个人也懂得运用幽默,只不过说出来的话不但没让话题变轻松,反而使氛围变得凝重,那就不好了。

这就要求我们在运用幽默的时候遵循一定的原则,掌握一定的技巧。有位名人说过:"浮躁难以幽默,装腔作势难以幽默,钻牛角尖难以幽默,捉襟见肘难以幽默,迟钝笨拙难以幽默,只有从容、平等待人、超脱、游刃有余、聪明透彻才能幽默。"

要想让自己的谈吐更幽默,更能起到轻松话题的效果,就需要保持一种健康的思想和高尚的情绪。一个思想颓废、心底黑暗的人是很难幽默的起来的。幽默是一种宽容精神的体现,要善于体谅他人,要使自己学会幽默,就要学会雍容大度、保持乐观。

乐观与幽默是亲密的朋友,生活中,如果多一点儿趣味和轻松,多一点儿笑容和惬意,多一份乐观与幽默,那么就没有克服不了的困难,也不会出现整天愁眉苦脸、忧心忡忡的痛苦者。

幽默是一种智慧的表现,因此要想合理地运用好幽默,就必须拥有丰富的知识。幽默是一个人聪明才智的表现,能把幽默说到点子上,就要求我们有较高的文化素养和较强的驾驭语言的能力。

一个有口德的人一定要有审时度势的能力、广博的知识，这样才能做到谈资丰富、妙言成趣，这样的人即使在危急的场合也能临时发挥，运用幽默化沉重为轻松。

清代有名的才子纪晓岚，有一年奉命编写《四库全书》，因夏日炎热，便把衣服都脱了，坐在阴凉的地方纳凉。

这天，乾隆皇帝突然探访，皇帝见屋内毫无声音，便打住了奴才的通报，进去一看，发现几位大臣都光着膀子坐在一起乘凉。其他大臣看到皇帝来了都急忙披衣叩首，只有纪晓岚是个近视眼，等看到皇上，已经来不及穿上衣服，只好趴在桌子底下不敢动弹，连大气都不敢出。

乾隆皇帝早已经发现纪晓岚躲在桌子底下，便有意逗一逗他，在旁边一坐就是两个时辰。纪晓岚半天听不到动静，便悄悄地问周围的人："老头子走了没有？"这一问，大臣们都惊了，想乐也不敢乐。

皇上闻讯说道："好啊，纪晓岚，你竟然敢对朕如此无礼，说出这样轻薄的话，你给我解释清楚，有话讲则恕你无罪，没话讲可就要砍你的头。"

纪晓岚灵机一动，十分恭敬地对皇上说："皇上万寿无疆，这不是老吗？您老人家顶天立地，是百姓之头呀！帝王以天为父、以地为母，对于天地来讲就是子。连在一起，就是"老头子"3个字。皇上，臣说得有错吗？"

纪晓岚说的都是好话，当然没错，于是，皇上听了哈哈一笑，纪晓岚也松了一口气。

正因为纪晓岚拥有渊博的知识，才能急中生智，以幽默的话语应对自己一时的失语和皇上的故意刁难。如若是知识贫乏之人，也许就不能脱口而出那样机智的话，摆脱尴尬的境地。

一个人只有有了丰富的知识，才能审时度势地说话，才能做到妙语连珠。你要想培养幽默感，就必须广泛涉猎、充实自我，日常生活中不断积累，多读、多看、多听、多学，在自己所处的环境中多练习使用幽默的语言，形成幽默的语言习惯。

幽默可以说是一种缓冲剂,让话语从沉重中脱离出来;幽默也近乎于一种默契的形式,它使人以友善、宽容、谅解、发展的眼光来看问题。有口德的人喜欢运用幽默,因为它像一座桥梁,能拉近人与人之间的距离,填补人与人之间的鸿沟,是营造良好人际关系不可缺少的东西。

第10章

有口德者, 灵活当为第一技巧

灵活就是当交际场合出现尴尬局面时,能够迅速、恰当地通过一句或者几句妙语来应对,从而摆脱尴尬的境地。鲁迅先生说:"'急不择言'的病源并不在没有想的工夫,而在有工夫的时候没有想。"要想如鱼得水、得心应手地化解尴尬的场景,从而把自己从窘境中解救出来,需要经过扩大知识面、历练口才、提高反应速度的不断训练和努力,如此才能够练就灵活的技巧。

遇到两难话题, 要能含糊其辞地应对

在现实生活中,我们常常会遇到一些进退两难的话题,遇到这个问题的时候,一定要小心谨慎地对待。能否回答这种进退两难的话题,体现出一个人解决问题的能力。

当我们面对别人的刁难和两难问题时,不必发愁怎样回答,只要用模棱两可、含糊其辞的语言去面对,不仅可以化解问题,甚至还可以让对手掉入自己设计的圈套。有这样的两个小故事。

很多人都知道美国总统林肯是个没有架子的人,所以,很多人都敢跟他开玩笑。有一次,一位外国外交官偶然看见他正在拿一块布擦靴子,便笑着问:"啊,总统先生,你经常这样擦你自己的靴子吗?"

这问话明显带有讽刺蔑视的口吻,尤其是出于别的国家的外交官之口,所以作为总统的林肯不免有点儿难堪。但林肯却不动声色,反问:"是

啊,那么你经常是擦谁的靴子呢?"一句话,就轻易地摆脱了尴尬的局面。

有一次,纳粹头子希特勒问占星学家:"我将死于哪一天?"

占星学家仔细地算了一下图像,非常自信地说:"你将在犹太人的节日死去。"

"究竟是哪一天呢?"希特勒想得到确切的时间。

"噢,你不论在哪一天死,这一天都是犹太人的节日。"

说话要有口德,这种口德表示我们不能用语言伤害别人,但我们也不能让没有口德的人伤害我们自己。遇到进退两难的问题,说些含糊其辞、模棱两可的话是一种权宜之计,它能有效地缓解对方的攻势,为自己保存力量,并伺机进行反攻。

王元泽是宋代著名政治家、文学家王安石的儿子,自幼聪明伶俐、能言善辩。在他5岁的时候,一位客人给王安石送来两只笼子,一只笼子里装着一只獐,另一只笼子装着一只鹿。

客人想验证一下王元泽是不是真的像传言的那样聪明伶俐,便笑着问王元泽:"你能知道哪一只是獐,哪一只是鹿吗?"

王元泽第一次见到獐和鹿,哪里能分辨出什么獐鹿来,但他稍加思考,马上回答说:"獐旁边那头是鹿,鹿旁边那头是獐。"

从王元泽的故事,我们就可以看出,含糊其辞其实也是一种智慧。王元泽如果老老实实地回答"不知道",那就不会显示出他的聪颖和机智,也就不能引起客人对他的才华的赞赏了。

对于些不好明说的话,我们也需要含含糊糊。说话含蓄一点儿、模糊一点儿,就能避免别人抓住自己的把柄。比如你经常看新闻,你会看到记者在采访一些明星的时候,明星们的回答一般都会用"可能吧"、"我也不敢肯定"、"也许是",等等的话语。说话本应准确、清楚。但是,有时,我们说话不得不模棱两可、含含糊糊。

他是一名老兵，参加过抗美援朝，拯救了很多朝鲜儿童。这位老兵转业后，便回到小镇上，一直默默无闻地工作。

有一位记者知道这个情况后便采访他："您在这个地方默默无闻地工作和生活了这么多年，从来没想到过您是英雄吗？"

老兵十分谦虚地回答："我不是什么英雄，像我这样的人有很多很多，再说，不管是过去还是将来，在我心里，我依然是一个兵。这辈子我经常掂量自己，只要够个'兵'的分量也就心满意足了。"

记者继续问："您是 50 年代的青年，我们是 80 年代的青年，两代青年在气质、品格等方面有许多差别，从各方面来看，你更喜欢哪一代青年？"

老兵没有想到记者会问这个问题，不过这并没有难倒他。他想了想，便笑着说："50 年代的青年有点儿'傻'，80 年代的青年有点儿'奸'，还是两代掺和在一起好！"

这个老兵没有多少文化，但是他聪慧，从他如何回答记者的问题就可以看得出来。当别人肆无忌惮地提问时，有些问题不便于正面回答，也不能明说，就可以故意玩弄一些辞藻，用虚实的手法打打马虎眼，对方得不到准确的回答，便会放弃那些令人难堪的提问了。

模棱两可不是含糊不清，而是委婉地告诉对方你的观点和态度的一种说话技巧。模糊和精确是相对而言的，交际中，我们应当根据现实的要求对语言的模糊性做出控制，灵活地表达出自己说话的目的和效果。

要懂得说"弦外之音"

在交际场合中,有口德的人懂得用委婉的话说出自己的"弦外之音"。可以说,这一种巧妙而且艺术的表达方式即从另一个侧面让对方明白你的真正意图。这样,既能表达你的意思,又让听者在比较舒畅的氛围中明白你的意思,从而让彼此的交往变得顺畅起来。

从理论上说,说话应该坦诚、直来直去。在现实中,人们在口头上也一向把直来直去的豪爽性格作为一种美德备加推崇。如果你随便问一个朋友:"你喜欢什么样性格的人?"他常常都会回答:"性格豪爽、直来直去的。"而且,当人们在赞扬某人时,也往往会说:"他性格豪爽、说话直来直去,从不拐弯抹角。"

但是事实上,说话太直来直去反而不利于人际交往。例如,当对方回答"不"的时候,未必真的是否定或是拒绝,很有可能只是碍于面子。他第一次需要用拒绝来拿拿架子、摆摆谱,或者是客套的礼貌性回答。而你第二次恳求时,对方也许就可能同意了。反过来说,当对方说"好"的时候也未必就是表示同意,也许只是不愿当面让你难堪而已。

当你真正明白了这个道理,就会明白为什么许多事情领导说了"研究研究"之后就没了下文;为什么直来直去地对领导提意见的人却不仅没有得到领导的赞赏,反而因此遭到打击报复。

朱元璋称帝之后,准备册封百官,但当他看完花名册后,心里不禁犯起了愁,因为有功的功臣理当封赏,但那些亲朋该怎么办?封吧,无功受禄,会引起群臣不服;不封,面子上又过不去。军师刘伯温发现了朱元璋的难处，但他不敢直谏，一来怕得罪皇亲国戚，给自己招惹麻烦；二来又担心朱元璋听不进而落下罪名。但这是国家大事，不能视而不见。于是，他想到了一个方法，画了一幅人头像，人头上长着束束乱发，每束乱发上都顶着一项乌纱帽。

第二天，刘伯温将这幅画献给了朱元璋。朱元璋接过画之后仔细品味，哈哈大笑道："军师画中有话，乃是苦口良药，真可谓人不可无师，无师则愚；国不可无贤，无贤则衰！"原来，刘伯温的这幅画的意思是："冠(官)多发(法)乱！"刘伯温此举不仅没有伤害到朱元璋的面子，没有触犯龙颜，还说出了谏言：官多法必乱，法乱国必倾，国倾君必亡。画中有话，柔中带刚，可谓体现了会说话之人的高明之处，能使听者明白话外之音，并且达到预期的目的。

除此之外，说话转个弯，为对方留下回旋的余地，还能巧妙劝谏上司改正自己作出的错误决定，让上司从你的话中自己悟出道理并改正错误。

春秋时期的晋国，晋文公即位后奋发图强。在他的治理下，国家迅速兴盛起来，并成为春秋时的一大强国，而晋文公也成了一代霸主。但是他的后辈们，也就是晋襄公、晋灵公却不思进取、贪图享乐。时间长了，晋国的霸主地位便不知不觉地被楚国替代了。晋灵公刚刚即位，就大兴土木，修建宫室楼台，供自己和嫔妃们享乐游玩。这一年，他竟然突发奇想，想要建造一座9层高的楼台。可以想象，在当时那种条件下，如此巨大复杂的工程需要耗费多少人力、物力？而这样做无疑会给老百姓造成沉重的负担，甚至使国力衰竭。所以，大臣和民众都一致反对建9层楼台。但是，晋灵公相当固执，在朝堂之上严厉地对大臣说："谁敢劝阻建楼台，立即斩首！"在这种紧张的气氛下，那些想保住自己身家性命的大臣们都噤若寒蝉，谁也不愿意去送死，因此朝堂之上再无反对之言。

一天，一个叫苟息的大夫求见。晋灵公认为他是来劝谏的，便命人拉开弓、搭上箭，只要苟息胆敢开口劝说，就射死他。然而苟息进来后，举止轻松自然，像是没看见这个阵势，满面笑容地对晋灵公说："我今天是特地来给大王表演一套绝技的，让大王开开眼界、散散心。请问大王您感兴趣吗？"晋灵公一听是来给他表演绝技的，因此非常高兴，忙问："什么绝技？快表演给我看看。"苟息见晋灵公上钩了，就说："我可以把9个棋子一个个叠起来以后再在上面放9个鸡蛋。"

晋灵公觉得这件事十分新鲜，他不相信苟息会有这么高的技艺，急忙说道："我从未听过和见过这样的事，今天你就给我摆摆看！"于是晋灵公叫人拿来棋子和鸡蛋，苟息便真的动手摆了起来，他先是小心翼翼地把9个棋子堆了起来，然后又轻轻地将鸡蛋挨个放置在棋子上。只见他放上第一个鸡蛋，又放第二个、第三个……战战兢兢、如履薄冰。

这时，屋子里的气氛紧张极了，谁也不敢出声，只能听到鸡蛋碰到棋子的声音，围观的大臣们全都屏住呼吸，一直担心着鸡蛋会落下来，苟息也紧张得额头冒汗。晋灵公再也忍不住了，大声说："太危险了！这太危险了！"晋灵公刚说完"危险"，苟息就从容不迫地对晋灵公说："臣倒感觉这不算什么危险，还有比这更危险的呢！"晋灵公觉得十分奇怪，对他来说，这样子已经是够刺激、够危险了，难道还有比这个更惊险的绝招吗？于是他迫不及待地说："是吗？快让我看看！"这时，苟息便一字一句、非常沉痛地回答说："9层之台，造了3年还没有完工。3年来，男人不能在田里耕种，女人不能在家里纺织，全都被迫在这里搬木头、运石块，国库的金子也快花完了，兵士得不到给养，也没有金属铸造武器，而邻国正计划着乘机侵略我们。长此以往，我们的国家很快就会灭亡。到那时，大王您该怎么办呢？这样的后果不是比我刚才做的垒鸡蛋更危险吗？"听到这种极其合理后果又十分可怕的警告，晋灵公吓出了一身冷汗，他意识到自己干了一件多么荒唐的事，而这件事又会造成多么严重的后果，于是便对苟息说："建

9层之台是我的过错。"立即下令停止筑台。

如果苟息也像其他人一样直言相劝，恐怕还没开口便已经成为刀下亡魂了。在日常生活中，我们虽然不会因为直言说话而招致杀身之祸，但说话太过直言也是十分不利于交流的。有口德的人正是认识到了这点，才懂得用委婉的语言表达出自己的"弦外之音"，从而达到自己的目的。

遇尴尬，学会为他人找一个台阶下

所谓急中生智，一般指一个人在对自己不利的环境下迅速地作出恰当得体、有理有节的反应，从而让自己永远处于主动地位，驾驭事态的发展，以实现既定目标。

现实生活中，人际关系错综复杂，每个人的一生中都会遇到一些出人意料的新情况，让自己或者别人很尴尬，这个时候，我们一定要懂得随机应变，给自己或者他人找一个台阶下。

在一家餐馆里，突然有一位顾客大声喊道："小姐！你过来！你过来！"这时，餐厅里的一位服务员小姐走了过来，面带微笑地对他说："先生，请问有什么事情需要我帮助您的吗？"

那位客人怒气冲冲地说："你看看，你们的牛奶坏了，还把我的红茶都给糟蹋了！"

服务员小姐微笑着说："真对不起，我帮您换一下。"很快，服务员小姐就把红茶和牛奶端了上来，杯子和碟子跟上一杯是一模一样的，放着新鲜的牛奶和柠檬，然后她轻轻地把牛奶和鲜柠檬放在顾客面前，轻声地说："先生，我能不能给您提个建议，柠檬和牛奶不要放在一起，因为牛奶要是遇到柠檬,很可能会造成牛奶结块。"

顾客听后,脸"刷"地一下就红了,他匆匆喝完那杯茶就走了出去。其他的客人问那位服务员小姐:"明明是他老土,你为什么不直接和他说呢?他那么粗鲁地对你,为什么不还以颜色?"

服务员小姐轻轻地笑了笑,回答道:"正是因为他粗鲁,所以我才要用婉转的方式,因为道理一说就明白,又何必那么大声呢?"

在座的所有顾客都笑着点了点头,对这家餐馆又增加几分好感,从此,这家餐馆的生意也越来越红火,不是因为他们的菜有多好,也不是因为餐馆的规模有多大,而是因为餐馆的服务态度好。

故事中的服务员小姐面对顾客的无理取闹没有还以颜色,而是有理让三分,面带微笑地为顾客服务,悄悄地告诉顾客事实的真相,保留住了顾客的颜面。有口德的人能为对方着想,让对方走出尴尬的处境,就好像故事中那位服务员小姐一样,即使是对方有错在先,但还是选择了以礼报"无礼"。相信这位服务员小姐即使暂时不能出人头地,但只要她肯努力奋斗,总有一天,她会因她的口德和人品赢得成功。

当别人遇到尴尬的事的时候,如果你正好在身边,一定要帮别人找个台阶下。事后,别人心里一定会感激你。旁边人看见了你的行为后,也会因为你成熟的处事做法接近你、跟你做朋友。然而,在生活中,有些品德不行的人一看到别人出洋相,自己就随之笑了起来。这样的人虽然不能说他没有"口德",但是这种行为在大多数人看来,实在是有点儿不厚道。

其实,不管任何人,总会遇到一些出人意料的事情,如果是你的朋友,而你又恰好在身边,最好给他找个台阶;如果是自己,更要给自己找个台阶。有时,找到了台阶,不仅可以"化险为夷",还能得到一笔巨大的收获。

《史记》中记述着这样一个故事:公元前203年,刘邦被项羽击败,退回荥阳,项羽把整个荥阳包围了起来。

此时，刘邦的处境十分危急，他命令韩信派兵南下，跟其他几路援军合围楚军。可是韩信没有立刻派兵南下，而是派了一个使者对刘邦说："齐国这个地方虽然被平定了，但是局势不稳，容易发生变故，而且又和南边的楚国相接。如果不立一个假王来镇守这个地方，这里的局势很难稳定下来。由我来担任这个假王，还是比较合适的。"

刘邦听后不禁大怒，骂道："我被困于此，日夜盼望你来援救我，没想到你竟然想要自立为王！"

张良看到刘邦失态，马上踩了一下使者的脚尖，然后俯身在刘邦耳边低语道："我军现在处于困境当中，无法禁止韩信称王，不如顺应形势立韩信为王，好好厚待他，让他独占一方。不然的话，恐怕会发生变故。"

刘邦顿时醒悟过来，就又接着骂道："大丈夫平定地方，要做就做真王，何必做什么假王呢？"当即派张良作为特使前往齐地，封韩信为齐王。韩信被封王后，积极地出兵，不仅解了刘邦的燃眉之急，还帮刘邦击败了项羽。

自己陷入了困境，属下不仅不听自己调遣的命令，反而派使者来向自己邀功，遇到这样的事，刘邦大怒是再正常不过了。不过，在张良的提醒下，他马上清醒了过来，立刻给自己找了个台阶——封韩信为真王，圆满地补救了开始时骂韩信的失态，成功地迷惑了韩信的使者。如果不将这一失态挽救过来，那么，韩信反叛是必然的，如此，楚汉相争的结局便不知鹿死谁手了。

在人与人的交际中，往往会遇到一些让自己或者朋友尴尬的事情，这个时候，我们必须迅速适应，并及时说出适合于新情况的得体的话，给自己找一个台阶下。一个人能机智地说出应变的话，不仅关系到一项事业的成败，有时还关系到一个人的命运。

总之，在生活中，我们难免会遇到一些出乎意料的事，运用一些方法给自己和他人找一个台阶下是很有必要的。

学会巧妙地打圆场

语言的力量是能赢得人心的,通过良好的口才,陌生人之间的隔阂可以消失,人与人之间的矛盾可以化解。在交际中,我们在为他人打圆场的时候也要用到巧妙的语言。所谓打圆场就是交际双方处于争吵或处于尴尬的处境时,由第三者出面进行调节的一种方法。

越会打圆场,越显得一个人为人处世的成熟,当你为别人打圆场后,矛盾的双方都会因此而感激你,让你在人际关系中左右逢源。

从前,有个理发师傅收了一个徒弟。徒弟学艺 3 个月后,师傅就让他出师了。他给第一位顾客理完发,顾客照照镜子说:"头发留得有点儿长。"徒弟很年轻,不知道怎么接话,师傅在旁边笑着解释:"头发长显得含蓄,这叫藏而不露,很符合您的身份。"顾客听罢,高兴而去。

徒弟给第二位顾客理完发,顾客照照镜子说:"头发留得太短了。"徒弟又不知道怎么接话,师傅笑着解释:"头发短显得精神、朴实、厚道,让人感到亲切。"顾客听了,欣喜而去。

徒弟给第三位顾客理完发, 顾客边交钱边嘟囔道:"剪个头花这么长的时间,我的时间可是很宝贵的。"徒弟还是不知道怎么接话,师傅马上笑着解释"为'首脑'多花点儿时间很有必要。您没听说:进门苍头秀才,出门白面书生吗!"顾客听后,大笑而去。

徒弟给第四位顾客理完发,顾客边付钱边埋怨:"这理发用的时间也太短了吧,20 分钟就完事了。"徒弟心中慌张,不知所措,师傅马上笑着抢答:"您是做大生意的,我们这是为您节约时间,您何乐而不为?"顾客听了，欢笑告辞。

故事里的这位师傅能说会道，他机智灵活地"打圆场"，每次都得体地让徒弟摆脱了尴尬，让顾客转怨为喜，高兴而去。他成功地"打圆场"的经验给了我们诸多启示。取悦对方是"打圆场"的一个技巧，如果从上面这个故事来看，师傅以"动听"的话语打动顾客，求得顾客的欢喜，是师傅成功取悦对方、成功"解围"的关键。

有时候，当人们因固执己见而争执不休时，造成僵持的局面难以缓和的原因往往不是双方的看法本身，而是彼此的争胜情绪和较劲心理在作怪。

实际上，人们对某一问题的看法本身常常都会因为环境变化和角度的转移，从而产生不同乃至对立的看法都有可能是合理和正确的。因此，在打圆场的时候要善于灵活分析问题，让对方都站在彼此的角度好好地想一想，从而让双方停止无谓的争论。

张鹏、陈新和朱浩3人约好周六上午9点去百货商场买衣服，并将碰头的地点定在商场。

9点整，张鹏和陈新到了商场的门口，可是等了半个多小时，也没见到朱浩的人影。

他们便进了商场，没想到，在商场里见到了朱浩。

急性子的张鹏责备道："我们在外面等了你半个多小时，也没见到你的影子。天寒地冻的，原来你一直在里面溜达呢！"

朱浩也急了："我8点40就来了，我一直在里面等你们！你看我穿得这么少，这么冷的天，我总不能一直在外面傻等吧！"两人各说各的理，互不相让。

这时，陈新打圆场道："其实都是误会，大家谁也不想耽误对方的时间。"接着，他对朱浩说："张鹏今天穿得单薄，在外面等你时冻得直跺脚，发发牢骚也是情有可原的。"然后又转头对张鹏说:"人家朱浩也没有违约,比咱俩还先到 20 分钟呢,都怪咱们仨没把具体的碰面地点说清楚,才造成这样的小误会。下次可都要长记性啊!走,我们 3 人买衣服去。"

陈新这么一说,两人的怨气果然消了,一同开始了快乐的购衣行动。

张鹏与朱浩争执不休,陈新在打圆场时并没有轻率地厚此薄彼,而是站在双方的立场上想了一下,然后强调各方"违约"的合理性,提醒他们求同存异、互谅互让,缓解了双方的对立情绪。总之,作为一个成熟的人,一定要学会懂得打圆场,这样可以摆脱矛盾,让你可以赢得和谐的人际关系。

对方说错话,切勿较真

有些人特别较真儿,喜欢什么都弄个明白,一旦和他人起了争执,只要他们占了理,就跟别人争执不休,让他人大呼吃不消。这种人不分场合,不注重个人形象,凡事只考虑对和错,少了一些人情味儿,面对他们,人们觉得冷冷冰冰,连争论的力气都懒得使,只能离得越远越好。

张宝光是个大才子,不仅能诗善文,而且还善于辩论。按理说张宝光拥有如此好的口才,应该有很多朋友才是,但事实却并非如此,主要是因为他是一个较真儿的人。

有一次,张宝光与几位朋友一同去参加一位朋友的婚礼,本来是很喜庆的场合,张宝光却因为司仪的一句话而把场面搞得很尴尬。

席间,司仪说:"在座的朋友都知道,新郎、新娘是名副其实的'青梅竹马',在这里我给大家解释一下这个成语的来历:相传宋代的时候有个著名的女词人李清照，她与她的丈夫赵明诚自小相爱……"司仪的解释显然是错误的，但是在场的人出于礼貌，谁也没去说破，但是张宝光却忍不住大声在台下说道："你说错了，这个成语是李白写的……"顿时，那个司仪的脸上红一阵，白一阵，但是对方又是个嘴硬的人，便接着说："这位先生，您说是李白写的，有什么证据吗？"

张宝光得意地说："当然有了，这个成语出自李白的《长干行》……"这样一来，那个司仪面子尽失，场面顿时也冷清了许多。这时候，新郎很不高兴地将他叫到一边说："人家是来帮忙的，你跟人家叫什么劲儿呀！这是结婚啊！又不是学术辩论会。平时大家都不愿意与你交往，就是这个原因……"

张宝光就是一个典型的较真者，不看场合、不分地点，一定要辩个明白，一定要证明自己对了、别人错了，而他的朋友也一针见血地指出其偏执的危害："平时大家都不愿意与你交往。"这就是没有口德所付出的代价。而且在参加婚礼的人看来，张宝光的争辩只是为了显示自己博才多学、与众不同，这种爱出风头、不懂情理的人，别人是不会跟他交往的。人与人之间的关系是相互的，不包容别人犯的错误，又怎能得到他人的谅解和包容？

其实，很多事情没有必要争个明白，只有求同存异，万物才能共同生存，人与人才能和睦相处。当然，如果你真的要分出个对与错也不是不行，你完全可以在私下里跟对方说，如此，你让对方知道了错误，又不让对方丢失面子，对方会从心里感激你。

任何人都有犯错的时候，尤其是说错话，如果你正好听到了，千万不要较真儿。相信能做到这一点的人很多，但是有人在你背后骂你，正好被你听到，你依然能包容对方的错误，那么你拥有的良好的人品一定能为你赢得很多的朋友。

在一次宴会上，有一个和卡耐基在生意上存在竞争的钢铁商人大肆抨击卡耐基,说了他许多的坏话。

当卡耐基出现在他身边的时候,那个人仍未察觉,所以依然肆无忌惮地评价对方,对此,宴会主人非常尴尬,他怕卡耐基会忍不住跟对方吵起来,那么这个宴会就会变成舌战的战场。

可是卡耐基表情很平静,等抨击他的那个商人发现他在旁边,而且一直默默不语的时候,他才感到非常难堪,满面通红地闭上了嘴。

他正想从人群中钻出去,卡耐基却真诚地走上前去,亲热地跟对手握手,好像完全没有听到他在说自己的坏话似的,这让这名商人的脸上顿时红一阵,白一阵,不知所措。卡耐基马上递给了他一杯红酒,使他有机会掩饰一时的窘态。

第二天,那个抨击卡耐基的商人来到卡耐基的家里,再三向卡耐基表示感谢。于是,他们成了好朋友,他们在生意上互相支持。此后,这个人常常称赞卡耐基是个了不起的大人物,并使他的朋友都知道了卡耐基是多么和蔼、多么慈祥的一个人。

卡耐基的包容心就是这么大,面对别人的侮辱,他假装什么都没听见,热情地跟对方握手。看到对方不知所措,他立刻递给了对方一杯红酒,让对方摆脱了尴尬的局面。后来,还因此得到了此人的感谢,两人还成了好朋友。

故事中的商人是幸运的,他遇到了像卡耐基这样的人。尽管如此,因为那天他在宴会上的没有口德的表现,一定会大大地降低他的个人形象,因为人们不喜欢与在背后说别人坏话的人做朋友。

总之,当别人说错话的时候不要较真儿,要包容对方的错误。如果能做到这一点,相信你一定会因为你的人品而得到很多朋友和获得成功的机会。

以退为进，巧达目的

俗话说：退一步海阔天空。你退了一步，就是让对方前进了一步，看似是你受了损失，但事实上你也许没有损失什么，甚至还能为自己带来极大的收益。在语言表达上，这个真理同样适用。

说话不懂得退一步的人不但不能达到目的，反而会被对方的话语驳倒。每个人都对自己的能力和判断力有着相当的自信，如果你极为自信地对别人说"你错了"，这样做无异于直接打击了他的智慧、判断力和自尊心，这只会使他反击你，决不会使他认同你的说法而改变主意。这之后，纵使你动用十八般武器，用无数种逻辑解释给他，也改变不了他的意见，因为你把他的感情伤害了。

一般说来，人们可以接受外貌、身高、收入、地位上的差距，却无法容忍智力上不如别人。人生在世，不可能不犯错，就连西奥多·罗斯福入主白宫的时候也曾经承认：如果他的决策有75%的正确率，那么就达到他预期的最高标准了。

那么，当别人说错话的时候，我们该怎样做呢？直言指出？当然不是。很多时候，你说话太过直白，太想指出对方的错误，反而会弄巧成拙。再说，别人说得不对，那么你就能确信自己是对的吗？像罗斯福这样的杰出人物，其最高的希望也不过如此，那么，像你我这样的普通人呢？我们是否真的有资格去说服和指责别人呢？

生活中，有口德的人绝对不会这样说："好！我就要证明给你看，你的话绝对大错特错！"这就相当于说："我比你更聪明，我一定要告诉你一些道理,使你改变看法。"这样做无疑是把自己的后路给堵死了。

他人的想法都不容易轻易被改变,哪怕是在最融洽的气氛下。如果你要证明你是对的,就要讲究说服方法,使别人对你的意见感兴趣,并且使对方在不知不觉中接受你的意见,即用若无实有的方式去教导别人,把他不知道的变成仿佛是他曾经忘记的。

英国19世纪政治家查士德·斐尔爵士曾经对他的儿子说:"要比别人聪明,如果可能的话,却不要告诉人家你比他聪明。"

假如有人说了一句你认为不对的话,即使你明明知道是错的,但你一定要这么说:"是这样的!我还有另一种想法,但也许不对,我常常会弄错。如果我弄错了,我很愿意被纠正过来。我们来看看问题的所在吧。"

一次,美国钢铁公司总经理卡里请来了美国著名的房地产经纪人乔治·戴尔,对他说:"乔治,我们钢铁公司的房子是租别人的,我认为还是应该自己有座房子。"从卡里办公室的窗户望出去,能看见江中船来舶往,码头密集,景致相当繁华热闹。卡里又说道:"我想要的房子,也必须能从中看到这样的景色,或者是能够眺望港湾,请你去替我物色一所相当的吧。"

在所谓的许多"相当的"房子中间,第一所"相当的"房子便是卡里钢铁公司隔邻的那幢楼房了,因为卡里所喜爱眺望的景色,除了这所房子以外,再没有别的地方能与它更接近了。

乔治·戴尔用了好几个星期的时间来考虑这所"相当的"房子。他既画图纸,又搞预算,但到了最后,这些东西却根本派不上用场。结果,乔治仅凭着两句话和5分钟的沉默,就卖给了卡里一座房子。

当乔治被卡里第二次请去商讨买房之事时,乔治劝他买下钢铁公司原来租用的那幢旧楼房,同时还说明,从隔壁那座房子中所能眺望到的景色不久便要被计划中的一座新建筑所遮蔽,而从这所旧房子中还可以眺望到江面的景色。

对此建议，卡里立即表示反对，并竭力加以辩解，他表示对这所旧房子绝对无意，但乔治·戴尔并不和他争辩，他只是认真地听着，脑子却飞快地在思考着，卡里的意思到底是想要怎样呢?卡里自始至终都坚决地反对买那所旧房子，好像一个律师在论证自己的辩护一样，然而，他对那所旧房子的木料、建筑结构所给的批评以及他反对的那些理由都是一些听起来无关紧要的地方，明显可以看出，这根本不是卡里自己的意见，而是那些主张买隔邻那幢新房子的职员们的意见。

乔治听着听着，心里就明白了八九分，他知道卡里说的并不是真心话，卡里真正想买的就是他现在嘴上竭力反对的他们已经占据着的那所旧房子。

见乔治一言不发地静静地坐在那里听，没有反驳他，卡里也停下来不讲了。于是，他们俩都寂静地坐着，向窗外望去，一起看着卡里非常喜欢的景色。

乔治曾把他运用的策略对人讲述："那个时候，我连眼皮都不眨一下，非常沉静地问：'先生，最初来纽约的时候，你的办公室在哪里?'卡里沉默了一会儿才说：'什么意思?就在这所房子里。'过了一会儿，我又问，'钢铁公司在哪里成立的?'卡里又沉默了一会儿才回答，'也是这里，就在我们此刻所坐的办公室里诞生的。'他说的语速很慢，我也不再说什么。就这样过了 5 分钟，却像过了 15 分钟的样子，我们都默默地坐着，都眺望着窗外。

"终于，他带着兴奋的腔调对我说：'我的职员们差不多都主张搬出这座房子，然而这是我们的发祥地啊。公司差不多可以说是在这里诞生、成长的，我们实在是应该在这里永远长驻下去呀!'于是，用了半小时，这件事就完全办妥了。

没有利用欺骗或华而不实的推销术，也没有炫耀许多精美的图表，这位经纪人竟然就这样完成了他的工作。

乔治·戴尔集中全部精力考察了卡里心中真正的想法，并根据考察的结果巧妙地刺激了卡里的隐衷，让他的内心想法完全暴露出来。他就像一个燃火引柴的人，微小的火星却能触发熊熊的烈焰。

乔治·戴尔的成功完全取决于他用心去体会别人的真实想法，他感觉到在卡里心中埋藏着一种他自己并不十分清楚的，而且还未觉察的情绪：矛盾的心理，那就是，卡里一方面受到他手下职员的影响，想搬出这座老房子；但另一方面，他又对这座老房子非常不舍，想仍旧在这儿办公。

也许卡里并不很清楚自己想在这所旧房子里办公的理由，但作为局外人却十分清楚地看到，这座有着他所熟悉及喜爱的景色的老房子已经成为他生活的一部分，这座老房子能使他回忆起自己早年的创业和成功，从而充满"自信心"，这是在他潜意识中对这所老房子依依不舍的理由。

同样，很明显的，卡里想搬出这所房子的理由是他感觉到他不能将自己真实的内心想法告诉给他的职员，从而使自己成为部下的笑谈。除此之外，他又实在害怕遭到职员们的反对。

乔治·戴尔之所以能做成这桩生意，就在于他从卡里的谈话中听出了他的真实想法，并使用将心比心、细微体贴的办法轻松地解决了这个矛盾。

用"我也许不对"、"我常常会弄错"、"我们来看看问题的所在"这一类句子，确实会收到意想不到的效果。

但是，令人遗憾的是，极少有人愿意这样做，但这却是积极有效的方法。有一次，记者访问著名的探险家和科学家史蒂文森，他曾经在北极圈内生活了长达 11 年，其中 6 年，他除了食兽肉和清水之外别无他物。他告诉记者他做过的一次实验，这时，记者就问他准备从这个实验中证明什么，他说："科学家永远不会准备去证明什么，他只打算去发掘事实。"

你要承认自己有时也会犯错误，就不会惹上烦恼，因为那样不但会避免争执，而且还会使对方变得跟你一样宽容，并且，也许还会使对方承认错误。

因此，无论你遇到什么事，一定不要跟你的顾客、亲朋好友或反对者争辩，不要总是指责对方错了，更不要刺激对方，而是要有一点儿技巧，必要时做出让步，要想改变别人的意见就要讲究方法。

在耶稣出生的 2000 年前，埃及的阿克图国王曾经给他儿子一个精明的忠告，这个忠告在今天对我们仍然非常重要。阿克图国王在酒宴中说的是："谦虚一点儿，它可以使你有求必得。"

有时诱导比咄咄逼人更有效

在交际活动中，交际的双方或局外人由于彼此不甚了解，常常会做出一些让对方迷惑不解的举动，导致尴尬、紧张场面的出现。为了缓解此种局面，我们可以采用故意曲解的策略，假装不明白尴尬举动的真实含义而给出有利于局势好转的理解，进而一步步将局面朝有利的方向引导过去。

有这样一则小幽默：一位顾客坐在一个高级餐馆的桌旁，把餐巾系在脖子上，经理很反感，叫来一个招待员说："你要让这位绅士懂得在我们餐馆，那样做是不允许的，但话要说得尽量委婉一些。"招待员来到那个顾客桌前，彬彬有礼地问道："先生，您是要刮胡子，还是理发？"

试想，如果那位招待员只是生硬地让对方解下餐巾的话，对方一定不会同意，还会询问原因，而经理又强调不能让对方感到不快，那么招待员接下来的工作将更难进展下去。招待员的问话明为关心，实则暗示那位顾客这样做是不文明的。由于他采用了声东击西的问法,显得委婉含蓄,一点儿也不咄咄逼人,既完成了经理指派的任务,又不会得罪顾客。

人们在交际中的困境与僵局之所以能使人"困"起来和"僵"起来,正是因为当事人自己没能从固有习惯的思维圈子中跳出来,而打圆场者若想成功,就必须跳出原有的思维模式,把引起发生困境的事物、事件和问题调换一个角度,重新向好的方面解释,从而诱导当事人认同这种全新的、入情入理的说法。

人们之所以在交际活动中陷入窘境,常常是因为他们在特定的场合做出了不合时宜、不合情理或有辱身份的举动,而旁人又往往不便于直接指出这种举动的不合理性,于是进一步导致了整个局面的尴尬或僵持。在此情形下,最为行之有效的打圆场的方法莫过于找一个视角或借口,以合情合理的依据来证明对方的举动在此时是正当的、无可厚非的,这样一来,个人的尴尬解除了,正常的局面也得以继续下去。

有一次,一位著名演员及其丈夫举办一次敬老宴会,请许多文化艺术界著名的前辈参加。90多岁的老画家由他的看护陪同前来。老人坐下后,就拉着一个年轻女演员的手目不转睛地看。过了一会儿,老人的看护带点儿责备的口气对老人说:"你总看别人做什么?"老人不高兴了,说:"我这么大年纪了,为什么不能看她?她生得好看。"老人说完,脸都气红了,弄得大家很尴尬,此时,这位演员笑着对老人说:"您看吧,我是演员,不怕人看。"

在这个例子里,年轻的女演员恰当地使用了"强调事件合理性"的打圆场的技巧。在有许多文化界老前辈参加的宴会上,90多岁的老画家拉着女演员的手目不转睛地看确实是有悖常理的举动。考虑到老画家的地位和自尊问题,女演员并没有直接表达自己对此事的态度,而是以"自己是演员"为依据,证明老画家看自己是正当而合理的,给老人铺了一个舒服的台阶。老人顺利摆脱了尴尬，使宴会正常进行下去。

面对一些突如其来的窘境，在当事人无法解释、无力摆脱与无可奈何的时候，第三者往往可以跳出思维定式，从问题、事物或事件的反向去思考，做出让对方欢喜、满意的解释，这也是打圆场中较高层次的方法。

一位中国人去美国探亲，他的姐夫在西雅图开了家餐厅。一天，他正帮大姐洗碗，忽然店堂传来一阵喧闹声，原来，餐厅为招揽生意，每当客人离座时，总要奉送一盒点心，内附精致的"口彩卡"一张，上面印有"吉祥如意"、"幸福快乐"等吉利话。

眼下，店堂里的一对新婚夫妇原是老主顾，昨天他俩满怀喜悦地光顾。这天上午，他们打开点心盒，意外地发现竟没有往常的"口彩卡"。新郎还算克制，只是追究原因，新娘却委屈得快要落泪了。身为招待的外甥女自知忙中出错，急得张口结舌，大姐不断地赔礼道歉仍无济于事。去探亲的这位弟弟不慌不忙地跨到大姐跟前，微笑着，用不熟练的英语说道："No news is the best news!"（没有消息就是最好的消息）一句话使新娘破涕为笑，新郎也顿时喜上眉梢，高兴地和他握手拥抱，连连道谢。

这句平息风波的妙语就是反向思考的结果。没有吉利的话当然不好，但是否就是绝对的不好呢？反过来想一下，就想到了美国的一句谚语："没有消息就是最好的消息。"妙语一下子就找到了，而因此引起的麻烦自然也就消除了。

下 篇

修炼口德就是修炼心态
如何应对无口德者

　　美国著名成功学大师卡耐基指出：普天之下，只有一个办法可以从争论中获得好处，那就是避开它，像避响尾蛇和地震一般。争论的结果，十之八九总会使争执的双方更坚信自己是正确的。不必要的争论不仅会使你丧失朋友，还会浪费你大量的时间和精力。一个说话水平很高的人是决不会用争论的方式来解决问题的。面对无口德的人，我们不需要和他们斤斤计较，要以良好的心态去面对，要明白痛苦还是快乐取决于你的内心。心宽一些，机会也就多一点儿……所以，在生活中，面对没有口德的人，我们不妨将自己的心稍稍放宽，心平气和地去对待，善待他人的同时也善待自己，这样我们才能神清气爽，处处化险为夷，从而不被无口德的人伤害。

第 *11* 章

对口无德者,避之

面对没有口德的人,我们要有好的心态,当我们无法及时应对时,不如巧妙回避,有时候回避不是充耳不闻,这只是一种策略,"装作不知道,神仙也没了招",有时候,正是这种回避的表现能化干戈为玉帛,能够寓辩于无形,不战而屈人之兵。

故意装聋作哑,让对方无言以对

装聋作哑看似与说话技巧背道而驰,其实它是一种绝佳的说话技巧。在某些特定场合,说话不一定能达到目的,而用装聋作哑的方式避开话题,反倒可以不露痕迹地圆满解决问题。

宋太祖赵匡胤杯酒释兵权之后,朝中兵马无人带,便提拔了一批中下层军官,其中最重要的岗位——殿前都虞侯一职先由张琼顶替,但两年之后便被宋太祖赐死,留下来的空位由杨信来顶替,杨信毫无才干,总认为自己无法胜任。

上任不久后,朝中便议论纷纷,有的说杨信肯定熬不过两年,有的说杨信连一个月都撑不住。对于种种谣言,杨信没有作出任何回应。

然而,在那之后,杨信突然换上了一种怪病,从此之后便不能开口说话。宋太祖见杨信虽不能开口说话,却不耽误带兵,于是让他保留了原位。到了第二年,杨信又升为节度使,蒙受恩典的杨信更加谨慎办事。

杨信一哑就是 11 年，虽然没有赫赫战功，但他始终是武将中军衔最高的人物。让人感到意外的是，杨信临终之前竟然能开口说话了，当时的皇帝宋太宗闻讯急忙来府中探病，杨信泪流满面，向太宗表达了自己感念两朝的知遇之恩。

时隔千年，翻看杨信的资料，越看越让人生疑，如果他真是哑巴的话，为何在死前突然又能说话？这就难免不使人猜测：素来谨慎的杨信看到前任的悲惨结局，便以装哑来保护自己，而宋太祖在杨信变哑之后也确实更加信任他，不仅赐以巨款，而且让他担任殿前司最高一职，让他成了为数不多的得到善终的武官中的一个。

杨信的装聋作哑不但终止了谣言，保住了自己的性命，更让他获得了一生的富贵与荣耀。在日常生活中，虽然我们不用忧虑自己的项上人头，但也要适当学会装聋作哑。

当然，装聋作哑不但是一种技巧，更是一种耐力，这就像跑一场马拉松，当你决定对一件事情要装聋作哑之后，就要把它坚持到底，直到把其他选手远远地甩在后面。

富兰克林在青年时代曾经开了一个小小的印刷所。那时，他被选为当地议会的书记。但是，在选举之前，一位新议员发表了一篇明显的表示反对他的演说，演说中，他把富兰克林贬低得一文不值。对于这位新议员的反对，富兰克林当然不会高兴。但是，这位新议员是一位有身份、有学识和有教养的绅士，他的声誉和才能使他在议院里很有地位。该怎么做呢？思考再三之后，富兰克林决定装聋作哑。

之后，他打听到这位新议员的藏书室里有几部很珍贵、很稀罕的书，于是就写了一封简短的信给他，说他想看看这些书，希望他能答应借几天。没想到，接到信后，这个议员马上就把书送来了。过了大约一个星期，富兰克林将那些书送还回去，还另外附了一封简短的信，真诚地表示了谢意。这样一来，当他们下一次在议院里遇见的时候，那位议员居然主动跑上前来和富兰克林握手谈话，而且非常客气，并且说一切事情他都愿意帮忙，于是两个人成为了知己，深厚的友谊一直维持了终生。

在富兰克林的成功之路上，对于他人的批评和讽刺采取装聋作哑的态度往往是他取得成功的策略。这种策略的作用存在于人类天性中的一种潜意识中。我们应当认真研究为什么那么鄙视富兰克林的议员竟会在短时间内完全改变自己的想法。是什么东西在那位议员心中起了作用，使他不仅与富兰克林握手言和，而且成为了挚友。

其实，在借书的那个小环节里，富兰克林于无形之中已表示出推崇对方的意思，而使自己居于较低的地位。在这种情形下，那位议员俨然成了施主，而富兰克林却变成了一个乞求施舍的人，这样做的结果便是"使别人感到自己地位的优胜和重要"。简单地说，运用这个策略是在维护别人的"自尊心"。在人类所有的意识中，最强的欲望就是维护自己的自尊心。

富兰克林没有正面和那位议员针锋相对，而是采取了"以退为进"的方法，这样做充分地满足了那位议员的自尊心，使他得到了一种自豪感和满足感，这就是在恰当的时候装聋作哑所表现出来的巨大力量。

当然，装聋作哑并不代表你不去采取任何行动，正好相反，用恰当的方法去补救你"不言"所带来的负面影响是必需的，那种"死猪不怕开水烫"的沉默方式不见得多么的"先进"和"高明"，只有策略运用得当，"回敬"的方式适当巧妙，才能达到真正的作用和效果。

并不是所有的时候都适合快言快语、一语中的地解决问题，在特定情况下，用装聋作哑来息事宁人也不失为一种高妙的说话技巧。说话前要权衡利弊，该说则说，不该说的时候不妨装聋作哑。

退避三舍, 以沉默化解难堪

在生活中, 与人相处, 遭遇一些恶意的诋毁是常有的事情。流言飞语并不可怕, 关键看我们用一种什么样的心态去对待。

明朝的屠隆在《婆罗馆清言》中说: "一个人要实现自己的理想, 要找到真理, 纵然历经千难万险也不要后退。在奋斗的过程中, 要用坚强的意志来支撑自己, 忍受一切可能遇到的屈辱, 只要坚持下去, 就能取得成功。艰难羞辱不但损害不了你人格的完整, 还会使人们真正了解你人格的伟大。重要的是, 在遭遇苦难侮辱时, 把这一切都抛诸脑后能得到一份清爽的心情。"

屠隆的话告诫我们, 当面临无耻之徒的恶意诋毁时, 你的态度应该是置之不理。

日本有一位修行有道的高僧叫白隐禅师。在白隐禅师住处附近, 一户人家开了家店铺, 他们有一个漂亮的女儿。时间长了, 夫妇俩发现女儿的肚子无缘无故地大起来, 这种见不得人的事使得她的父母震怒异常。在父母的一再逼问下, 这个姑娘吞吞吐吐地说出了"白隐"两个字。

这对夫妻听完后怒不可遏地去找白隐理论, 白隐静静地听完了对方的辱骂, 只淡淡地回应道: "就是这样吗?"可事情并没有完, 等那个姑娘肚中的孩子降生后, 姑娘的父母竟毫不犹豫地将婴儿送给了白隐。这着实是一件让白隐禅师难堪的事, "一位出家的和尚竟与民女通奸, 还生了孩子, 出的是哪门子的家。"街头巷尾议论纷纷。

这位白隐禅师因此而名誉扫地, 但他并不介意, 他没有作任何辩解,只是认真、细心地照顾着孩子。他向邻居乞求婴儿所需的奶水，买来婴儿用品，虽不免横遭白眼或是冷嘲热讽，但他总是处之泰然，仿佛他是受人之托抚养别人的孩子一般，他只想让那个孩子天天健康、快乐地成长。

一年后，那个未婚妈妈感到良心不安，终于不忍心再欺瞒下去了，就如实地向父母说出了真相：孩子的亲生父亲是在鱼市工作的一名青年，于是姑娘的父母羞愧万分地去向白隐禅师赔礼道歉，并抱回了孩子。

白隐仍然是淡然如水，在把孩子交还给他们时仍然只是轻轻地说道："就是这样吗？"

有人受了委屈或受到他人的误解，总想当时解释清楚，通过解释去化解矛盾、洗刷自己的清白。其实这时，最好不要去解释，最佳的办法就是保持沉默，因为这时的解释是杯水车薪，是不起任何作用的。

聒噪不如沉默，息谤得于无言。当我们遇到令自己难堪的误解或者遭到他人不公正的批评及辱骂时，完全没有必要去和那些没有口德者较劲儿，最好的办法就是退避三舍，保持沉默。

对于他人的无端诽谤切莫慌乱，因为你最清楚自己到底干了些什么。你无须过多地去辩解，这是对你的一次考验，你清楚自己是清白的。不经历风雨，怎能见彩虹？不要被黎明前的黑暗所湮没。坚持，就会进步。前进一步，柳暗花明；前进一步，海阔天空；前进一步，春暖花开。痛苦的事情终将过去；而那些过去的往事将成为我们最美好的回忆。

可是，有一些人就因为遭遇其他人的恶意诋毁，就觉得没脸见人，觉得大家都在冷淡自己，于是干脆离群索居，不与朋友来往。也有的人因见昔日好友一下子用怀疑、审视的眼光看自己，就感到万念俱灰。其实，这样做只能害了自己，使你没有与他人交流、倾吐内心烦闷的机会，使朋友们少了了解你的机会，而将自己困在一个密封的小圈子里，越来越想不开，甚至走上绝路。生活是严峻的，生活中有真善美，也有假恶丑，受到一些伤害是难免的。要想保护好自己，关键在于你以怎样的生活态度和心理来对待生活。如果你很坚强，假恶丑的东西就没有存在的空间。

听到别人的流言飞语，再三客观地分析、判断之后，只要认为自己的做法合理、站得住脚，那么大可以坚持到底，不必妥协。

自己内心纯洁，就不怕别人的恶意诋毁和诽谤；抱着淡泊的胸怀，视名利如浮云一般，使其入不得耳目，扰不了心志，只有这样，人生才会踏实、充实。不拘于物，是古今许多人一生所求。功名利禄如浮云，不必为过去的得失而后悔，不必为现在的失意而烦恼，把一切恶意诋毁和诽谤都抛到脑后，你的人生才快乐。

答非所问，巧避锋芒

"问"有艺术，"答"也有技巧。问得不当，不利于谈判；答得不好，同样也会使己方陷入被动。在谈判中，回答问题不是一件容易的事。因为，谈判者不但要根据对方的提问来回答，并且还要把问题尽可能地讲清楚。而且，谈判者对自己回答的每句话都负有责任，因为对方可能把回答理所当然地认为是一种承诺，这就给回答问题的人带来一定的压力。因此，一个谈判者水平的高低在很大程度上取决于他回答问题的水平。

在谈判中，谈判者可以运用"答非所问"的幽默技巧巧妙地扭转不利于己的局势。答非所问，指答话者故意偏离逻辑规则，不直接回答对方的提问，而是在形式上响应对方的问话，通过有意的错位造成幽默的效果。答非所问并不是逻辑上的混乱，而是用假装错误的形式幽默地表达潜在的意思。

有个爱缠人的先生盯着小仲马问："您最近在做些什么？"

小仲马平静地答道："难道您没看见？我正在蓄络腮胡子。"

那位先生问的是小仲马近来做了哪些重要的事情，小仲马自然是懂得对方问话的意思，但他偏偏答非所问，用幽默暗示那位先生：不要再纠缠了。小仲马故意把蓄胡子当做极重要的事情，显然与问话目的不相符合。他表面上好像是在回答那位先生，其实并没给他什么有用的信息。在谈判中利用这种幽默技巧也能起到让对方摸不清己方虚实的作用，从而赢得谈判的主动权。

答非所问很讲究技巧，即抓住表面上某种形式上的关联，不留痕迹地闪避实质问题，有意识地中断对话的连续性而出其不意的表达，其目的旨在转换话题，跳出被动局面的困扰。

在一次联合国会议休息时，一位发达国家的外交官问一位非洲国家的大使："贵国的死亡率一定不低吧？"非洲大使答道："跟贵国一样，每人死一次。"

那位发达国家的外交官的问话是对整个非洲国家而言，是通过对非洲落后面貌的讽刺来进行挑衅。非洲国家的大使没有理会那位发达国家的外交官问话的要害点，而故意将死亡率针对每个人，颇具匠心的回答营造了别样的幽默效果，有效地回敬了那位发达国家的外交官的傲慢，维护了本国的尊严。

在现实生活中，人们在进行言辞交往时经常会碰到一些令自己不能回答或不便回答但又不能拒而不答的问题，这时就可以用闪避的语言巧妙地回避问题。

闪避是言语交际中从礼貌的角度出发的做法，它的要求是：对别人的所问应当回答，但要答得巧妙，迂回地达到躲闪、回避别人问话的目的。既要让别人不致难堪下不了台，又要维护自己不能答、不便答的原则。

阿根廷著名的足球运动员迪戈·马拉多纳在与英格兰球队相遇时，踢进的第一球是"颇有争议"的"问题球"，据说墨西哥一位记者曾拍下了"用手拍入"的镜头。

当记者问马拉多纳，那个球是手球还是头球时，马拉多纳机敏地回答说："手球有一半是迪戈的，头球有一半是马拉多纳的。"

马拉多纳的回答颇具心计，倘若他直言不讳地承认"确系如此"，那么对裁判的有效判决无疑是"恩将仇报"。但如果不承认，又有失"世界最佳球员"的风度。而这妙不可言的"一半"与"一半"等于既承认了球是用手臂撞入的，颇有"明人不做暗事"的大将气概，又在规则上肯定了裁判的权威，亦具有了君子风度。

另外，在交往中，往往由于对方提出的问题比较敏感或者涉及某种"隐私"不好回答，然而面对他人又不能不答，这时也需要用假装糊涂来给以回答。不过这种假装糊涂与前面的假装糊涂有所不同，前面的假装糊涂是故意让对方知道自己在为对方掩盖错误，以便讨得对方信任或增加友谊的一种主动行为，而这种假装糊涂是在对方首先提出问题，自己本不想答但又不得不答的情况下，或"移花接木"，或"引入歧途"，从而使对方既不尴尬，自己又能反客为主的应变技巧。两者虽归于一类，但却有质的不同。下面有这样一个故事。

一次，乾隆皇帝突然问刘墉一个怪问题："京城共有多少人？"刘墉虽猝不及防，却非常冷静，立刻回了一句："只有两人。"乾隆问："此话何意？"刘墉答曰："人再多，其实只有男女两种，岂不是只有两人？"乾隆又问，"今年京城里有几人出生？有几人去世？"刘墉回答，"只有一人出生，却有12人去世。"乾隆问，"此话怎讲？"刘墉妙答曰，"今年出生的人再多，也都是一个属相，岂不是只有一人出世？今年去世的人则12种属相皆有，岂不是死去12人？"乾隆听了大笑，深以为然。确实，刘墉的回答极妙，因为皇上发问，不回答不行；答吧，心中无数又不能乱侃，这才急中生智，趣对皇上。

　　总之，在日常言谈中，由于双方在表达与理解上的不一致，错误地理解对方讲话意思的事情是经常发生的。当对方对你的答复作了错误的理解，而这种理解又有利于你时，你不必去更正和解释，而应该幽默地将错就错，因势利导。

　　总之，日常言谈中的应答技巧不在于问题回答得"对"或"错"，而在于应该说什么和如何说、怎么更好地处理突发情况。

第12章

对无口德者,让之

面对没有口德的人,如果你强言相对,则很容易因此结下仇家。然而,如果你能抓住这一时刻为别人粉饰遮羞,对方的感激之情也必然油然而生,因此,你应该沉着冷静地应对,宽容对方的过失,各自保留意见,按共同的认识去办事,打破目前的僵局。让他就是要不露声色地迎合对方的需要,即以对方的利益为重,从而为自己的利益开道。

把无谓的胜利让给对方

在生活中,每个人有每个人的做事风格,每个人有每个人的处世习惯,所以很多时候,我们不能用自己的标准来要求别人。当大家的观点不一致时,我们要多从对方的角度思考问题,这样就可以避免无意义的争辩。狡辩的胜利不是真正的胜利,真正的胜利是让对方心服口服。所以,我们平时在日常生活中应尽量放下自己的理论,多听听别人的意见,这也正是退一步海阔天空的道理。

在与人交谈的过程中,有时发生争论是难免的,但我们要尽量避免争论,尤其是那些不必要的争执,因为,如果仅仅是为了争论而争论,就很容易造成敌对心理,使争执的双方陷入"敌对状态",那就得不偿失了。对交谈双方来说,不必要的争论都意味着时间和精力的浪费,而且还有可能因此失去朋友。

在社交过程中，每个人都会遇到不同于自己的人，大到思想、观念、为人处世之道，小到对某人、某事的看法与评判，这些程度不同的差异都有可能会转化成人与人之间的争执。

在我们周围，争论几乎无处不在：一场电影、一部小说、一件特殊事件、某个社会问题，甚至连某人的发式与装饰都能引起争论。

我们并不是主张绝对地避免争论，在有的时候、有些场合，一个人应该为自己确信的真理和主张去和反对者争论。但在一般的交谈场合，应该尽量避免和别人争论。因为交谈是一种社交性的活动，其主要目的是促进彼此的了解、增进双方的友谊，而一旦争论起来就很容易挫伤交谈双方的感情，如此，就和交谈的本意背道而驰了。可以说，前一种是理智的讨论，而后一种则是意气用事的争论，是我们要尽量避免的。

A公司和B公司在同一栋办公楼的同一层上面办公，还是面对面，本应是很好的朋友，可是，某天早晨出现在A公司门口的一个香蕉皮却差点引发了一场"大战"。

A公司的员工站在门口大骂是谁扔的香蕉皮，B公司的员工觉得是骂他们，立即出来争辩，双方就这样争辩了起来，到最后差点动起手来。幸亏A公司的老板赶过来，又是道歉又是赔罪，才避免了一场斗殴。

事后，虽然两家再无争斗，但是两家公司的员工见面时，都感觉很尴尬，也很少说话。

美国著名的成功学大师戴尔·卡耐基曾经说过："争论的结果，十有八九会使对方比以前更相信自己绝对正确，你赢不了争论。要是输了，当然你就输了；如果赢了，还是输了。所以，最好的方法就是避免争论。"

美国心理学家布斯和鲍顿曾调查了1万例真实的争论。他们偷听了社会各个阶层人士之间的争论，包括出租汽车司机、丈夫与妻子之间、推销员和柜台服务员，甚至包括联合国的辩论。他们用偷听的录音做的细致分析使人无比惊讶地发现了一个问题：职业的辩论家，包括政治家和联合国代表，他们的意见被接受的成功率反而不如走街串巷进行游说的推销员成功。其原因就在于：专业辩论的目的在于找出对方的弱点进行驳斥，进而达到推翻其意见的效果，而与此相反的推销员的目的却是避免争论，他们只是尽力找出一个观点使对方能接受、赞同或改变主意。

当一个人的自我修养处于一种很高的境界和水平的时候，他决不会再用争论的方式来解决问题，就如同鲁迅对年轻人的提拔与指正决不会直接指出，反而会用一些类似"黑水潭"的比喻让对方自己意识到，这是不会伤害别人自尊的做法。当然，不可否认的是，这其中不仅有自我修养的提高，也存在着一些技巧。

人生的意义在于幸福和快乐，而幸福和快乐的本身在于传播幸福和快乐，每个人都有义务把这种幸福和快乐的言行无限制地复制下去。虽然人们的自由是不可剥夺的，但社会拥有自己独特的游戏规则，对待各自不同的言行和意见，我们应该多点儿理性的宽容，学会认同，懂得欣赏，尽量减少或避免感性的争辩。

无论在何种境遇下，我们都不应该与他人争辩。当我们纠正对方不妥当的部分时，应该对其妥当的部分加以赞扬，如此，对方将会因你的公平而心悦诚服；当我们想要改变对方的主张时，最好能想方设法使自己的观点暗暗移植给他，使对方感受到是由他自己修正的，而不是由于你的争辩与批评。

少点儿计较，多一些"成人之美"

在人与人的交往中，摩擦时有发生，如果事事计较、时时计较，在纠纷面前总不肯退让半步，不但损害了自己的形象，还会给自己的工作、生活和事业带来负面影响。

感情用事的结果就是承担损失，这份损失其实很容易避免，就是在最开始那一步让让别人，适当地"成人之美"。

肖林是广州一家贸易公司的业务经理，有一次，他代表公司去一家公司进行商业谈判，没想到双方因为商品价格问题发生了很大的矛盾。

肖林当时十分生气，明明自己报的是市场价，而对方却认为肖林做人不地道，肖林也回了句："做人地不地道不是由你说了算的！"这时，对方代表突然站起来直奔肖林面前，然后挥舞着愤怒的拳头，对他大发雷霆道："肖林，我们以前合作过多少次了，真能看出来你是一个无利不图的奸商！我有绝对的理由说你做人不地道！"肖林当时也怒火中烧，便顾不得那么多，与对方恣意地谩骂了起来，双方还差一点儿动起手来。

最终，谈判没有往下进行，双方不欢而散，肖林当月因为没有完成领导分派的销售任务而被扣了奖金。后来，那个客户又打电话给肖林的领导，说肖林当众骂人，两个月后，肖林因为失去了一位大客户，给公司造成了一定的损失，于是被降了职，心中极度地痛苦。

从故事中我们可以看出，一旦计较成为一种惯性行为，就会扩大到方方面面，有时还会影响大事，它所带来的影响不再是令人们郁闷，而是切实的损失和痛苦。

在生活中，"计较"的反义词是"忍让"。不过，"忍让"中的"让"不是无能，更不是低人一等的表现，而是一种人格上的大度，它能够迅速处理人际摩擦、改善矛盾的走向、黏合人与人的感情。"忍让"也不是消极行事，而是一种处世的智慧。

一个懂得隐忍的人更适合做大事，忍一时、让一时，得到的是海阔天空、心灵舒坦，得到的是他人的敬佩与信服。

"忍让"有两层含义：一是理解，二是谦让：理解是指在纠纷中能够站在对方的立场想一想，谦让则是一种修养，即愿意暂时收敛自己的脾气、放弃自己的利益，也就是所谓的"成人之美"。

就像张廷玉这首打油诗写的，我们计较的东西也许不过3尺土地，让一让，其实我们并没有失去什么，既然干戈不过3尺，我们也不妨学学张过大玉，"让他三尺又何妨。"

面对别人的攻击，不妨释怀心里的"风暴"

生活中，很多人在面对别人的攻击时不免情绪急躁，针锋相对地大动肝火，有时甚至会让这种冲突升级。然而，这样做的结果大多都是两败俱伤、彼此间感情恶化，自己也不会有好情绪。

灵灵刚进一家公司，就和一个同事结下了梁子。在她眼里，处长的小姨子仗势欺人、出纳小赵尖酸刻薄等。她总觉得这两个人总是找自己的毛病，于是决定给她们点儿厉害瞧瞧，让她们知道自己不是懦弱好欺负的。

男朋友见灵灵这样，就劝解说："算了吧，你应当把心放宽一点儿，何必把事情弄大，把人际关系搞僵呢？"本来男朋友是好意，结果反而被灵灵给骂了一顿。自此，只要一见到那两个女人，灵灵就有一种灭之而后快的

221

冲动，抱持着一种仇视的态度，说一些让对方不舒服的话，甚至背地里暗暗耍一些破坏性的小手段。

一段时间后，灵灵虽然把那两个女人的嚣张气焰打压下去了，但是同事们却对灵灵的行径很不满，居然联合起来请求领导给灵灵换离岗位。尽管领导很认可灵灵平时的工作，但考虑到团队的和谐，不得不"忍痛割爱"，将她"下放"到了基层。

生活中，很多人也像灵灵这样，对别人种种的攻击行为斤斤计较，甚至还会以暴制暴。如果你也有像灵灵这样的行为，那么转身看看，是不是没人愿意亲近你？是不是你没有多少朋友？

诚然，当我们被别人攻击时，我们原有的心理平衡就会被打破，这样情绪就会很激动，从而与他人争斗。因此，在面对别人的打击的时候，我们不如将心放宽一点儿，让他一点儿又何妨？只有先让自己保持冷静，才能慢慢释怀内心的"风暴"。

如此，当我们心怀"有话要好好说，万事好商量"的心态，就能以微笑来"迎战"对方强硬的态度。而这时你会发现，他人强硬的态度在你温和的态度之下毫无用武之地。

林小可在一家公司担任设计员，她非常不满意目前这份工作，整日沉浸在抱怨之中，在她的眼里，其他同事的工作都很轻松，只有自己的工作最苦最累。在她的同事之中有一个人叫李雷，更是恨得她咬牙切齿。

李雷是林小可在同一部门，两人的能力不相伯仲。然而，让林小可苦恼的是，即使自己有多么好的创意和多么独到的见解，她都得不到领导的赏识，可是，李雷随便提一个建议就能让领导采纳，因此，林小可认为是李雷影响了自己在公司的发展，所以她视李雷为眼中钉、肉中刺，一见到李雷就气不打一处来。

有一天，林小可实在压抑不住心中的怒火，便怒气冲冲地跑到李雷的面前说:"为什么你总是这么打压我?要不是因为你,我肯定会得到领导的重视,步步高升。可就是因为你,我才没有施展才华的机会。"面对林小可突如其来的攻击,李雷有些不知所措,但是他强忍住心中的怒火,心平气和地说:"我不知道你为什么这么说?但我扪心自问,我没有做任何对不起你的事。如果我真的有什么地方做错了,请你说出来,我向你道歉。"

林小可原以为李雷面对自己的无理取闹肯定会勃然大怒、对自己大发脾气,但是李雷如此诚恳,出乎她的预料,她不知道接下来该怎么收场。其他的同事看在眼里,都劝林小可,有的人甚至还批评她无礼。

让林小可更为感动的是,当自己被众人指责成为众矢之的的时候,李雷并没有落井下石,而是对其他的同事解释说:"没有关系,是林小可最近的压力太大了,有些事情是我做得不够到位,不能全怪她。"

这下,李雷不仅把林小可的怒火给彻底浇灭了,还赢得了其他同事的赞叹,于是林小可对李雷产生了莫名的钦佩,用感激的眼神看了李雷一眼,从此,她摆正自己的心态,与李雷冰释前嫌,成为了好朋友,二人被公司誉为"黄金搭档"。

案例里的李雷非常聪明,能够宽容林小可无端、过分的指责,并且不仅不计较林小可的无礼,而且还帮助林小可解围,他的行为不仅成功地阻止了一场无谓的争吵,还让自己多了一个朋友,赢得了同事们的称赞。

所以,我们在面对别人无理的攻击时,也应当学会把内心的"风暴"释怀,而这样的方式除了以柔克刚之外,微微一笑也是一个不错的方法。西方的文学大师拜伦说过这样一句话:"爱我的我抱以叹息,恨我的我置之一笑。"他的这个"笑",不仅洒脱,还极其有味。

我们常说"木秀于林,风必摧之"。很多时候,别人之所以要攻击我们,正是由于我们比他们优秀、能力比他们强。而他们正是因为超不过我们,内心产生了不平衡。因此，我们何必浪费时间和精力，陪伴这些人寻找他们的平衡？

我们可以视若不见或充耳不闻，让他人尽管去说，使自己不被这种攻击行为伤害、拖垮。要知道，只有我们争取到更大的成就和荣誉，让这些人望尘莫及时，他们才有可能欣赏我们。

由于龙小明能力出众、工作出色，进入公司不到 3 年，就被领导提拔了，他从一个普通编辑晋升为了项目主管。遇到这样的好事情，龙小明心里自然是美滋滋的，上下班的路上都哼着小曲，但是很快，这种好心情就被破坏了。

有一个同事心里不平衡，觉得自己是老员工，凭什么这么好的机会让资历尚浅的龙小明"捡"了。于是，他对龙小明的态度尖刻了起来，说话很不客气，有时还带着"刺儿"："有些人爬得真快，也不想想是谁在给他垫着背"、"人家会拍马屁，会和领导搞好关系……"

龙小明自然明白对方所指，于是很是气愤，但是理智控制了情感。办公室就那么几个人，他也不想与他们搞得很僵，毕竟还要与他们来往，而且自己也要发展和进步，于是，每当那位同事再对自己风言风语时，龙小明都是大人不计小人过，继续埋头工作。

就这样，龙小明顶着被否定的心理压力不断地提高自己、完善自己，工作成绩越来越好，又一次次得到了领导的表扬。时间久了，这位同事也觉得龙小明的工作能力的确比自己高出不少，就不再好意思说什么了。

由此可见，只要我们行得端、坐得正，把心放宽一点儿，那些心怀不满之人早晚都会以正确的眼光来看我们。

所以，我们应当理智地看待别人对我们的不好，千万不要别人怎样对待我们，我们也要怎样去反击。

因此，面对他人的无理取闹、荒唐攻击时，不可针锋相对，更不可大动干戈，不妨学着宽广一点儿，包容一点儿。这样，不仅可以轻而易举地解决问题，而且还能让自己心安神定，从容淡定地生活。

嘴上退一步，大事能化小

很多时候，我们常常会因为一些小事情和身边的人发生争执，双方各执己见，谁也不肯往后退一步，于是就这样一直僵持着，问题得不到合理的解决，彼此的关系也变得紧张起来。

做人做事不要太较真儿，也不要太认死理，这正是有人活得潇洒、有人活得累的原因之所在。太认真了，就会对什么都看不惯，连一个朋友也容不下，就会把自己封闭和孤立起来，失去与外界的沟通和交往。

人非圣贤，孰能无过？人活在世上，难免要与别人打交道，对待别人的过失、缺陷，宽容大度一些，不要吹毛求疵、求全责备，可以求大同，存小异，甚至可以糊涂一些。如果一味地"明察秋毫"，眼里揉不得沙子，过分挑剔，连一些鸡毛蒜皮的小事都要论个是非曲直，分个输赢来，别人就会日渐疏远你，最终自己就成了孤家寡人。

换个想法，如果我们每个人都各自向后退一小步，不再对那些细枝末节的事情斤斤计较，而是转过身给对方一个温暖的拥抱，那么原本针锋相对的敌人很有可能会变成无话不谈的朋友。

桌面很平，但在高倍放大镜下就是凹凸不平的"山峦"；居住的房间看起来干净卫生，当阳光照进窗户时，就会看到许多粉尘和灰粒弥漫在空气当中。如果我们每天都带着放大镜和显微镜去看东西，恐怕世上就没有多少可以吃的食物、可以喝的水、可以居住的环境了。如果用这种方式去看他人,世上也就没有美,人人都是一身的毛病,甚至都是十恶不赦的大坏蛋。

每天,当库克驾驶着自己的蓝色宝马回到公寓的地下停车场时,他总会发现有辆黄色法拉利停得离他的泊位特别近。一边是黄色法拉利,另一边是高大的水泥柱,要在这么小的空间范围内把车挤进停车位可不是件简单的事情。为此,库克不得不来回倒车。

对于这件事,库克已经烦恼很久了:"为什么总是不给我留点儿地方,实在是太过分了!"他在心中愤愤地想。

有一天,库克比那辆黄色的法拉利早一点儿回到家。当他正准备将车停在自己车位上的时候,那辆黄色法拉利开了进来,驾车人像以往一样将自己的车紧紧地贴着库克的车停了下来。

这一天,库克刚好得了重感冒,头疼得很厉害,又不幸地收到了税务所的催款单,心情本来就不是很好,现在又遇到这样的麻烦事。

于是, 他恶狠狠地对着黄色法拉利的主人大声喊道:"你每天都把车停得离我的车位那么近,到底是什么意思?你不知道你这样会给我造成很大的困扰吗?"

那位黄色法拉利的主人哪里被人这样吼过,听到库克这样说,她的火气一下子就上来了, 于是便用她最大的嗓门回敬库克:"你这个人说话怎么这么没有礼貌?你以为你是谁啊?我又没把车子停在你的车位,你对我凶什么!"说完,她便转身离开了,临走前还抛给库克一个轻蔑的眼神。

库克心想:算了,打嘴仗也不能解决任何实际问题,倒不如动用我智慧的头脑想想办法,让你知道我的厉害。第二天,库克特意赶在黄色法拉利之前赶回车库,他把车子紧挨着对方的车位停下,心想,这下也让你尝尝因为水泥柱子而打不开车门的折磨滋味。

可是在接下来的几天里,不知是故意还是无心,那辆黄色法拉利会比库克更早地回到车库,库克觉得自己比前些日子更难受了。

"一直这样下去也不是办法,我得想出更好的主意才行。"他在心里默默对自己这样说。

第二天一大早,黄色法拉利的女主人刚走到车子旁边,就发现挡风玻璃上放着一封信,她把信纸打开,看到上面写着这样的字:

亲爱的黄色法拉利:

我的男主人曾经对您的女主人大喊大叫,对此事我感到十分抱歉。但我希望您可以了解,这并不是他一贯的作风,他也不是故意要针对您的女主人,只是因为那天他身体不舒服,又不小心听到了一些坏消息。因为他自身的原因而不小心伤害到你们,实在是很过意不去,但我希望你们可以原谅他,给彼此一个和睦相处的机会。

您的邻居蓝色宝马

短短的一封信,她却看了很久,然后便小心翼翼地将它收好,嘴角上洋溢出许久不见的微笑。

又过了一天,当库克走进车库时,发现自己的挡风玻璃上也放着一封信,他迫不及待地抽出信纸,仔细阅读了起来。

亲爱的蓝色宝马:

您昨天代表您的男主人向我和我的女主人道歉,而我想要告诉您的是,这些日子以来,我的主人也一直心烦意乱,她想告诉您,其实这一切不只是您的错,她也有做得不对的地方。她刚刚学会驾驶汽车,因此在停车的时候总是会遇到许多麻烦,同时也给您的主人制造了许多麻烦。昨天您说希望大家可以成为朋友,我的女主人也是这样想的,因为她觉得做朋友总比做敌人要好多了。

您的邻居黄色法拉利

看完了信,库克哈哈大笑:"如果一开始就像现在这样,大家各退一步，不就好了吗？"

从那以后，每当蓝色宝马和黄色法拉利再见面时，他们的主人都会面带微笑，热情地对彼此打着招呼，就像一对朋友见面时那样。

人与人之间之所以会产生矛盾，只是因为我们都太自私了，从来都只是站在自己的角度去考虑问题。如果我们可以偶尔进行换位思考，把自己放在对方的位置上，设身处地地体会对方的难处，对当下的事情予以理解，事情也就变得简单多了。

古今中外，凡是能成就一番大事业者无不具有海纳百川的雅量，容别人所不能容，忍别人所不能忍，善于求大同、存小异，赢得大多数人。他们豁达而不拘小节，善于从大处着眼；从长计议而不目光短浅，从不斤斤计较、拘泥于琐碎小事。

然而，多数人仅仅是在一些小事上较真儿，例如，菜市场上，人们时常因为几角钱而争得脸红脖子粗，不肯相让。至于一台电视 2000 元和 2100 元的 100 元差价，人们经常忽略掉，不去较真儿。

要真正做到不较真儿不是件很容易的事，需要善解人意的思维方法。

有位顾客总是抱怨他家附近超市的女服务员整天沉着脸，谁见她都觉得好像自己欠她二百块钱似的。后来他的妻子打听到这位女服务员的真实情况，原来她的丈夫有外遇，整天不回家，她上有老母瘫痪在床，下有七八岁的女儿患有先天的哮喘，她每月只有两三百元的工资，住在一间 12 平方米的小屋里，难怪她整天愁眉不展。明白了情况，这位顾客也就不计较她的态度，而是想法去帮助她了。

你怎样对待别人，别人就会怎样对待你。想要赢得来自对方的尊重，就必须给予对方同样的尊重。沟通是彼此亲近的真正原因，一旦缺少了沟通，我们将永远只能活在自己的世界里，无法真正了解对方，所谓的关心和爱也就根本无从谈起。

　　清官难断家务事,对待家人更不要较真儿,否则真是愚不可及。家人之间哪里有什么大是大非、原则立场可讲? 动不动就搞得像阶级斗争似的,都是一家人,何至于此?家是和睦相处的地方,不是用来讲理的地方。若出现家庭矛盾,应当大事化小,小事化了,当一个笑口常开的和事老。有位智者说,大街上有人骂他,他连头也懒得回,因为他根本不想知道骂他的人是谁,因为人生短暂而宝贵,还有更重要的事情等着自己去做,何必为这种令人不快的事情浪费时间呢?

　　比如在公共场所遇到一些不顺心的事也大动肝火,其实也不值得生气。素不相识的人不小心冒犯了你,可能是有原因的,也许是各种各样的烦心事搅在一起了,致使他心情糟糕甚至行为失控,碰巧又叫你撞上了……

　　其实,只要对方没有做出有辱人格或违法的事情,你就大可不必跟他计较,应宽大为怀。假如跟别人较起真儿来,大动干戈地干起来,再弄出什么严重的事儿来,可真是太不值了。跟萍水相逢的人较真儿实在不是明智之举;跟见识浅的人较真儿无疑是降低自己做人的档次。退一步,海阔天空。

　　不要太较真儿,也不是说让我们对什么都漠不关心、对什么事都忍让、退让,这需要把握一个“度”,至于怎么样把握、关键的平衡点在哪里,就需要大家在生活中慢慢地摸索和总结了。就像那句话说的——难得糊涂。的确,生活中不要太“精明”、太较真,绑住了自己,也会困住别人。学会释怀、学会包容、学会退让,路才能走得更顺,生活才会更加美好。

第13章

对无口德者，容之

金无足赤，人无完人。世界上没有十全十美的事，也没有十全十美的人，要容许别人犯错误，也容许别人改正错误。要以平和的心态应对无口德的人，不要斤斤计较，更不要耿耿于怀，要能够容忍别人的缺点。只有懂得容忍别人的缺点和不足，才能增添自己的人格魅力，为自己赢得广阔的发展空间。

有容乃大，避让没有意义的争论

在繁杂琐碎的生活中，我们有时难免会碰到一些无理取闹、蛮横无理，甚至是心存恶意、故意寻滋闹事的人。每当遇到这样的事，常让人觉得难以忍受，于是一场毫无意义的争吵就开始了，甚至会动起手来。其实，这样不仅不能很好地解决问题，还会给自己带来无谓的坏心情和不必要的麻烦。

无谓争论不仅费口舌、伤和气，而且永远都不会有什么结果。我们不妨一起来看一则"有理也受罚"的故事：

古时有两个人发生了争论，甲认为4乘7等于27，乙认为4乘7等于28。两人争论了一天一夜，谁也没有说服谁，最后只好去找县太爷理论。

结果是，认为4乘7等于28的人挨了20大板。

乙感到非常委屈，颇为不服，责怨县太爷处事不公。县太爷却说："你竟和认为4乘7等于27的人争论，本身就很愚蠢，难道不该受罚吗？"

很多时候，对于一个问题，没有绝对的"对"与"错"之分，与人发生分歧时，倘若非要弄个水落石出，效果反而会适得其反。其实，有理也不一定非要争辩，即使有理，若是纠缠于一些无谓的争论，也是一件愚不可及的事。在互相表明自己的想法时，每个人都要重视对方，尤其要特别注意自己的态度。只有沟通态度端正了，彼此间才愿意真诚倾听对方的意见，才能取得良好的沟通效果。古人早已有言："世俗之人皆喜人之同乎己，而恶人之异于己也。"

世界上没有两片相同的树叶，更何况人的想法？与人交往，意见不合是非常正常的事情，出现争执也是难免的现象。当你与他人产生分歧时，不要纠缠着与对方持续地争论，不妨试着站在对方的角度去看待问题，也许你会发现另一片天地。尝试理解他人，但不一定要完全接受别人的观点，只是让对方感觉到你在设身处地地站在他的角度看问题、理解问题，这样会让对方减少对你的敌意，以寻求友好的解决办法。

避免无谓的争论是一个人具有大智慧的体现。如果你辩论、争强，或许有时会获胜，但这种胜利是空洞的，因为你永远得不到对方的好感。林肯就曾这样对一位和同事发生争论的青年军官说："任何决心有所成就的人，绝不肯在私人争辩中耗费时间。"

迪肯斯经常在他家附近的一处橡树公园内散步和骑马。他非常喜欢橡树，因此在看到许多橡树被无情的大火烧毁时，他很心痛。后来他了解到这些火是一些来公园里野炊的孩子无意中引起的，他们没有注意到公园的一个偏僻角落里的牌子："任何人在公园内生火，必将受罚或被拘留。"

开始的时候，迪肯斯骑着大马四处巡视，看到有孩子点火就去制止，或者警告说他们可能会因为在公园内生火而被关进监牢去，并以权威的口气命令他们把火扑灭；如果他们拒绝，就威胁说叫人把他们逮捕起来，结果那些孩子虽然服从了，但心不甘，情不愿，等迪肯斯骑马跑过山丘之后，他们又把火点燃了，并且极想把整个公园烧光。

迪肯斯对此大为恼火，但他决定改变一下态度，试着站在对方的角度考虑了一下，这次他宽容了这群孩子。于是，他不再下命令，而是改变了自己说话的方式，他走到这些孩子们面前，说："玩得痛快吗？孩子们，你们晚餐想煮些什么？我小时候也很喜欢生火，现在还是很喜欢。但你们应该知道，在公园内生火是十分危险的。我知道你们会很小心，但其他人可就不会这么小心了。他们来了，看到你们生起了一堆火，因此他们也会生火，而后来回家时又不把火弄熄，结果火将会烧到枯叶，蔓延起来，把树木都烧死了。如果我们不多加小心，以后我们这儿连一棵树都没有了。你们生起这堆火，就会被关入监牢内。但我不想太啰唆，扫了你们的兴。我很高兴看到你们玩得十分痛快，但能不能请你们现在立刻把火堆旁边的枯叶子全部拨开，而在你们离开之前，用泥土把火堆掩盖起来，你们愿不愿意呢？下一次，如果你们还想玩火，我建议你们到山丘的那一头，就在沙坑里生火。在那儿生火不会造成任何损害……"

迪肯斯的这个建议被孩子们接受了，他们不再生火，或者最后把火熄灭。由此可见，怀抱一颗宽容的心，什么矛盾都能化解，而你又何必争得面红耳赤呢？

无谓的争论往往容易让人失去良好的自控能力，在不断升级的话语中，其态度渐趋蛮横，话语逐渐伤人，在不自知的情况下就很容易挑战对方的心理防线，从而导致双方都不冷静、不自制，以致让冲动之火烧毁了理智的缰绳。英国有句谚语："无谓的争论就像家鸽，它们飞出去后还会飞回来。如果你我明天要造成一种历经数十年,直到死亡才消失的反感,只要轻轻吐出一句恶毒的评语就够了。"

在生活中,与他人发生矛盾时,要讨论但不要争论。即使不赞同,也不要愤恨,这是一个人内心成熟的标志。释迦牟尼曾说:"恨不能止恨,爱却可以。"分歧永远不能用争论来解决,它需要用技巧来协调,用宽容与理解来消融。

古人云:"壁立千仞,无欲则刚;海纳百川,有容乃大。"为人处世当以宽大为怀,宽容是中华民族的一种传统美德。生活之中,难免有磕磕碰碰,一句善意的道歉、一个真诚的笑脸就足以让矛盾冰消雪融,就足以让不快随风而去。从历史上的帝王将相到民间凡夫俗子,从一个国家到普通的小家庭,之所以能够和睦相处,就因为在每个人的心灵深处盛开着一朵宽容之花,那是天底下最美的花朵。

学会睁一只眼,闭一只眼

俗话说:"金无足赤,人无完人。"也就是说每个人都会有自己的缺点和过失,不可能达到完美极致,这也启示了人们不管是对己还是对人,都不能求全责备,用过于苛刻的标准去衡量人或事,而是要心怀宽容,包容地去看待和处理生活中面对的一切事与人,对待生活中的缺憾或自己与别人的过失,要学会睁一只眼、闭一只眼,只有这样才能体会到生活的甜美,在自己的人生道路上才能开开心心地走下去。

月有阴晴圆缺,花有花开花谢。这个世界上本来就没有完美无缺的事物,也不存在完美无缺的人。如果你总是用过于挑剔的眼光去看世间万物，你会发现世间存在如此之多的不完美。在人际交往中也是同理，如果你总是睁大双眼看身边的人，总可以发现每个人身上都有许多弱点，如以这种尺度去寻找朋友，你就会对生活充满了失望。你的过分挑剔以及过分苛求，最终可能使你连一个朋友也找不到，或者让你的朋友因为你过分睁大双眼而对你敬而远之、远而避之，直至退避三舍。所以说，一个人要想赢得友谊，就要学会用宽容的眼光去看别人，多发现别人身上的优点和长处，少挑剔别人的缺点和短处。

有这么一句话叫"世界上本不缺少美，只是缺少发现美的眼睛"。其实，每一个人都有属于他自己的优点和过人之处，问题就在于你怎样去看。比如某人的生活处世能力虽然有点儿差，但在事业上很有才气，那么，如果你能够睁一只眼，闭一只眼，择其长处学习，你就会欣赏到他的魅力，和对方建立友谊、相处和睦。相反，如果你睁开两眼看对方，并且放大对方的缺点，要求对方什么都要做到最好，那么，最终会使你失去友谊和朋友。睁一只眼，闭一只眼看朋友，是一种宽容的处世之道。当你的朋友过去曾失足过，或者至今有某些缺点，你与他相处，不妨回避对方的伤疤，忘记他的过去，尊重他的今天，寄希望于他的明天，并不断给予鼓励和关怀。

当某人从前曾冒犯过你或做了对不起你的事情，如果他已认识到了自己的过错，此时你也不妨闭上一只眼，释怀以往的误会与冲突，热情坦然地去开始新的交往。这自然不是无缘无故的宽恕，而是一种风度，同时让对方认识到你有不凡的胸襟与风度。如果能够做到这些，你不仅能结交到很多知心好友，你的心胸和眼界也会在这一过程中得到扩展。

宽容是消除人们之间的隔阂、解开心结的最佳良药，宽广的胸襟是为人处世的上乘之道，睁一只眼，闭一只眼是维系良好人际关系的妙法。英国诗人济慈说："人们应该彼此容忍，每个人都有缺点，在他最薄弱的方面，每个人都能被切割捣碎。"每个人都有弱点与缺陷，都可能犯下这样或那样的错误。因此,在生活中,我们要竭力避免伤害他人,而如果自己遭受伤害,则要以博大的胸怀宽容对方,对他人的过失睁一只眼,闭一只眼,不要睚眦必报,避免产生怨恨消极的情绪,消除人为的紧张,愈合身心的创伤。美国第3任总统杰弗逊与第二任总统亚当斯从恶交到建立真挚友谊就充分证明了"睁一只眼,闭一只眼"对人际交往的巨大影响力。

杰弗逊在上任前夕特地到白宫去拜访亚当斯,想告诉他说针锋相对的竞选活动并没有破坏他们之间的友谊,但据说在杰弗逊还没来得及开口之前,亚当斯一见他进来便咆哮起来:"是你把我从这里赶走的!是你把我从这里赶走的!"杰弗逊并没有把这两句话放在心上,但鉴于亚当斯当时对他强硬的抗拒态度,也就没再与他进一步交往下去,但不管是在为人处世还是政治思想上,杰弗逊对亚当斯还是一如既往的尊重。

数年之后,已经逐渐淡然的亚当斯才对以前的事情释怀。一次,杰弗逊的几个邻居去探访亚当斯,这个坚强的老人对他们诉说了那件难堪的事,邻居们告诉他其实杰弗逊对他非常尊重,亚当斯听后很是感动,缓缓地说:"其实,我也是很欣赏杰弗逊的。"邻居把这句话传给了杰弗逊,杰弗逊便请了一个彼此皆熟悉的朋友传话,让亚当斯也知道他们的深重友情。后来,亚当斯写了一封信给他,两人从此开始了美国历史上最伟大的书信往来。

这个例子告诉我们,宽容是一种非常可贵的精神、高尚的人格,适时地对朋友睁一只眼,闭一只眼能够换来真挚的友谊。

"睁一只眼,闭一只眼"是一种宽容精神的外化,意味着理解和通融,是融合人际关系的催化剂,也是建立友谊虹桥的基础。"睁一只眼,闭一只眼"不是指导对别人的伤害或指责无限制的妥协,而是在理解的基础上用这种宽容的方法来争得彼此的相互理解、合理地处理面对的事情,还能在这一过程中认识到自身的不足,获得全方面能力的提高,并得到别人的尊重和喜爱。

戴尔·卡耐基在电台上介绍《小妇人》的作者的时候，一不小心说错了一个地理位置，一位女性听众就狠狠地写信来批评他，把他批评得体无完肤。戴尔·卡耐基气得想立马回信告诉她："我把区域位置说错了，但从来没有见过像你这么粗鲁无礼的女人。"但他控制了自己，没有向她回击，他先让自己冷静了一会儿，然后开始进行反思，他自问："如果我是她的话，可能也会像她一样愤怒吗？"他尽量站在她的立场上来思索这件事情，认为那位女性听众之所以能够明确指出自己的这些小失误，肯定是用心听了自己的节目，并且还能够来信指出自己的不足，这是对自己的喜爱和支持。想到这里，他也就谅解了那位女士"粗鲁无礼"的批评。于是，他打了个电话给那位女士，再三向她承认错误并表达道歉。这位女士也表示了自己的批评方式不对，希望他不要介意，并表示了对他的敬佩，希望能与他进一步深交。

戴尔·卡耐基用"睁一只眼，闭一只眼"的宽容去理解别人，"闭一只眼"使他能够忽略那位女士无礼的批评方式，"睁一只眼"使他看到了那位女士的指责是对他的支持和帮助，正是这种宽容的态度使他最终得了别人的尊重和敬佩，

"睁一只眼，闭一只眼"这是一种更为积极的人生态度。"睁一只眼"是喜人之长，"闭一只眼"是能容人之短。既能喜人之长，又能容人之短，才更显出你胸怀的宽阔、人格的高尚。

无论面对多么卑鄙、恶毒、残酷的批评或辱骂，我们千万不要变得像对方一样失去理智。其实，获胜的唯一战术就是睁一只眼，闭一只眼，不要去和那些没有口德的人发生正面冲突，就连多余的解释也没有必要。

听到逆耳之言，切忌失态强争辩

当我们与别人进行交谈的时候，对方出于某种目的，可能会在言语上向我们发起挑衅，用咄咄逼人的问题将我们逼至死角，在这种情况下，如果我们不想与对方闹翻，又想达到自己的目的，就必须巧妙地应对对方在语言上对我们的进攻。

"舌战群儒"恐怕应该算是最经典的应对他人咄咄逼人的范例。诸葛亮气度雍容、气定神闲，一一驳倒东吴众儒生的诘问，这场谈话可谓是酣畅淋漓，诸葛亮运用自己的"三寸不烂之舌"成功摆脱了众儒生的纠缠，劝说孙权"孙刘联盟"。

当对方咄咄逼人，我们自然不能示弱，否则我们就处在下风，但是同时还要注意，当我们反驳对方的时候，切不可因为对方言语中的讥讽而愤怒，否则就会影响我们的思维，也会有失风度。咄咄逼人的话语往往专门往我们的痛处下手，对方的每一句话几乎都会暗含讥讽，很容易让我们难堪。在这种情况下，我们要进行反击，但是要注意控制其"冲撞效应"的力度，既得理又不失和，有理有据地将对方驳倒，才算是成功地应对了对方的咄咄逼人。

有一家国有工厂竞选厂长，一位年轻的候选人对一位年届五十的对手说："你这一大把年纪了，也该回家享受天伦之乐了，即使你能够竞选得上，当厂长也是力不从心啊。"这是明摆着找碴儿，那名年届五十的候选人也不动怒，微微一笑说："我这把年纪代表我成熟，意味着我经验丰富，而非老态龙钟。至于回家享受天伦之乐，还放不下这份心，不过我也不想嘲

237

笑有些年轻人说话做事太毛糙。"

在应对对方的咄咄逼人的时候，我们不能仅仅处在守御的位置，否则咄咄逼人将会持续下去、永无止歇。只有在防御的同时给予对方一定的回击之力，才能够让对方的咄咄逼人受挫，这样，其气焰才能不再那么嚣张。

一般来说，咄咄逼人的人都是有备而来的，他们相信自己能够战胜我们。因此，这样的谈话是非常有针对性的，从一开始就会直接进攻我们的"要害部位"，令我们在开始的时候就处在被动的位置上。所以，当对方咄咄逼人的时候，我们一定要保持心神的稳定，切不可因对方的咄咄逼人而在气势上输了，那样的话，我们很难对对方做出有效的回击。对付咄咄逼人的谈话，可以利用以下的办法进行应对。

1.后发制人

这是使自己能站稳脚跟的最有效办法。当对方对我们进行咄咄逼人的逼问的时候，我们可以先不急于反击，而是采取守势，站稳脚跟之后趁机寻找对方的弱点，然后发起致命的一击，让对方的咄咄逼人戛然而止。"后发制人，先发者制于人"，先把拳头缩回来，到一定程度，看准了对方的弱点再猛烈地打过去，会打得准、打得狠，胜算才更大。那么在什么时机下反击，才能够实现后发制人呢？

第一，在对方无法自圆其说的时候。咄咄逼人者由于准备充分，因而在开始的阶段往往锋芒毕露，这个时候，我们根本找不到破绽，不适宜反击。等到他的进攻势头变得弱下来的时候，破绽也就会随之出现，一旦他的锋芒收敛，我们就不要给他喘息之机，而是直接进行反击。

第二，在对方黔驴技穷的时候。当对方把他事先准备好的自认为能够打击到我们的语言全部都用完了，已经丧失了进攻能力的时候，彼竭我盈，我们就可以一鼓作气，将其拿下。

2.布置陷阱

这也可以说是一种诱敌之计,面对对方的猛烈进攻,我们不需要进行正面的"交火",可以假装节节败退,将对方引入到我们设计的语言陷阱之中。到那个时候,我们就可以完全处在进攻的地位上,想不成功都难。

3.就一点进行反攻

这种方法一般用在实在是无招架之力的时候。当对方的话语尖锐、火药味儿十足,而我们又没有办法进行反击的时候,我们就必须留神他们话语中的漏洞。只要抓住一点,我们就可以揪住不放,然后无限放大,使其不能再充分展开其他的问题。

4.把球踢给对方

这是一个最常用的办法,当对方的逼问难以回答,无论是肯定或者是否定的回答都会出错的时候,我们就可以把问题踢还给对方,反将对方一军。比如,有一个国王问阿凡提:"人人都说你聪明,不知是真是假?如果你能数清天上有多少颗星,我就认为你聪明。"阿凡提说:"如果你能告诉我我骑的毛驴有多少根毛,我就告诉你天上有多少颗星星。"

5.打擦边球

打擦边球就是给对方一个模棱两可的回答,就好像是在打乒乓球一样,似乎球出台了,又略微擦一点儿边,让对方无可奈何,接也不是,不接也不是。这样的回答看起来虽然没有正面回应对方的问题,但是却也相关,让对方无可奈何。

乐于忘记，不念旧恶

古人云："人之有德于我也，不可忘也；吾有德于人也，不可不忘也。"意思是说，别人对我们的帮助，千万不可忘记。

乐于忘记是成大事者的一个特征，既往不咎的人才可以甩掉沉重的包袱，大踏步地前进。乐于忘记，也可理解为"不念旧恶"。人是要有点儿"不念旧恶"的精神的，况且在人与人之间在许多情况下，人们误以为"恶"的未必就真的是什么"恶"。退一步说，即使是"恶"，但对方心存歉意、诚惶诚恐，你不念恶、礼义相待，进而对他格外地表示亲近，也会使为"恶"者因感念你的诚而改"恶"从善。

唐朝的李靖曾任隋炀帝时的郡丞，最早发现李渊有图谋天下之意，便向隋炀帝检举揭发。李渊灭隋后要杀李靖，李世民反对报复，再三请求保他一命。后来，李靖驰骋疆场、征战不疲、安邦定国，为唐王朝立下赫赫战功。魏征也曾鼓动太子李建成杀掉李世民，李世民同样不计旧怨，量才重用，使魏征觉得"喜逢知己之主，竭其力用"，也为唐王朝立下丰功。

应当说，宋代的王安石对苏东坡的态度也是有那么一点儿"恶"行的，他当宰相的时候，因为苏东坡与他政见不同，便借故将苏东坡降职减薪，贬官到了黄州，搞得他好不凄惨。然而，苏东坡胸怀大度，他根本不把这事放在心上，更不念旧恶。王安石从宰相的位子上垮台后，两人的关系反倒好了起来。苏东坡不断写信给隐居金陵的王安石，或与他共叙友情、互相勉励，或与他讨论学问，十分投机。苏东坡由黄州调往汝州时，还特意到南京看望王安石，受到了热情接待，二人结伴同游、促膝谈心。临别时，王安石嘱咐苏东坡:将来告退时,要来金陵买一处田宅,好与他永做睦邻,苏东坡也满怀深情地、感慨地说:"劝我试求三亩田,从公已觉十年迟。"二人一扫嫌隙,成了知心好朋友。

相传唐朝宰相陆贽有职有权时曾偏听偏信,认为太常博士李吉甫结伙营私,便把他贬到明州做长史。不久,陆贽被罢相,被贬到了明州附近的忠州当别驾。后任的宰相明知李、陆有私怨,便玩弄权术,特意提拔李吉甫为忠州刺史,让他去当陆贽的顶头上司,意在借刀杀人,通过李吉甫之手把陆贽干掉。不料李吉甫不记旧怨,上任伊始便特意与陆贽饮酒结欢,使那位现任宰相的借刀杀人之计成了泡影。对此,陆贽自然深受感动,他便积极出点子,协助李吉甫把忠州治理得一天比一天好。李吉甫没有对陆贽进行报复,宽待别人,也帮助了自己。

人与人之间最难得的是将心比心,谁没有过错呢?当我们有对不起别人的地方时,是多么渴望得到对方的谅解啊!是多么希望对方把这段不愉快的往事忘记啊!我们为什么不能用如此宽厚的理解开脱他人呢?

古往今来,不计前嫌、化敌为友的佳话举不胜举。以古为鉴,可以让我们明白事理、明辨是非、把握前途。

为鸡毛蒜皮的小事斤斤计较,为陈芝麻烂谷子的小事耿耿于怀,只怕心灵之船不堪重负,记忆之舟承载不下,会让痛苦的过去牵制住未来。有一句老话说得好:生气是拿别人的错误来惩罚自己。老是念念不忘别人的坏处,实际上深受其害的是自己,既往不咎的人才是快乐轻松的人。

第 *14* 章

对无口德者，谢之

很多人对别人的缺点和错误能一眼看穿，对自己的不足却永远看不透，这就需要通过别人的指导和批评来完善自己。在别人指导和批评的时候应抱着和平接受、谦虚对待的态度，让自己更加完善。

接受逆耳忠言，就是在完善自我

我们每一个人都不是十全十美的，每一个人也都不可能获得这个世界上所有的知识，因而，当我们有所不懂或做错事情的时候，谦虚地听取别人的忠告和斥责是提高自身最好的方法。

"谦虚一点儿，它可以使你有求必得。"这是2000多年前埃及的阿克图国王赠给他儿子的一个精明的忠告，这一忠告在如今仍然十分有用。

罗斯福总统打猎的时候会去请教一个猎人，而不是政治家。正如他遇到政治问题的时候会去请教一个政治家，而不是一个猎人一样。

年轻时，罗斯福在一家牧场打工。一天，他跟一个小头目麦利在培德兰打猎，他们看见了一群野鸡，罗斯福便追着去打。

"不要打。"麦利冲他喊道。

罗斯福对这一忠告毫不理会，当他的眼睛正盯着野鸡的时候，忽然从树丛中跑出了一只豹子，从他面前掠过。罗斯福想拿出他的手枪，可是已经太迟了,要不是麦利及时开枪,罗斯福的命都可能没了。

麦利红着眼珠,责骂罗斯福是个十足的傻子,并以命令的口吻说道:"我每次叫你不要打的时候,你就要站着不动,懂吗?"

罗斯福安然地忍受着同伴的怒气,因为他明白同伴所说的是完全正确的。

日后,罗斯福认真地服从猎人的命令,他之所以服从,是因为他知道猎人对于打猎具有比他更丰富的知识和经验。

或许一个电影明星的演技无可挑剔,但是如果让他来证明剧本的好坏,恐怕只会糟蹋了那个剧本。同样,一个正直诚实的教师在教学方面成绩卓著,但是如果要他证明某种药品的好坏,恐怕也没有人能够相信他的判断。总之,我们总是会寻找专业领域的人士以获得有关专业方面的知识,这样才会得到有益的忠告。

一个人的人格好,并不代表其对于任何事物都有证明的资格。然而,我们在请教别人时最容易走错的路,就是我们总是找那些我们觉得令自己舒服的人,并且要那些人说我们是正确的。也就是说,通常我们在向人求教时,并不是想追求真正的智慧,或是利用对方已有的经验,我们不过是想让别人肯定我们的结论。如果我们得不到这种肯定,就会按照自己的计划行事。

这并不是真正的谦虚,谦虚的态度应该是无论你的感觉好坏,最重要的是求得真理,获取有价值的经验。虽然你可以找到某些赞同你的人,获得你所需要的肯定,然而你却不知道你的看法是不是有可行性、有没有与真理接近。因此,你要养成一种对于别人的意见无成见的态度,使你的判断与感觉的好坏无关。

在你接受忠告和斥责后,你也要自己进行一番判断,然后再决定是接受还是拒绝。一旦你接受了忠告,但是却把事情做错了,你也不要责怪别人，因为接受忠告也是经过了你自己的判断。如果你一味地把责任归咎到别人身上，以后恐怕也没有人敢给你提出意见和建议了。

孔子说："三人行，必有我师焉。"你要愉快地接受忠告和责骂，以谦虚的态度去对待它，以谨慎的态度去执行它，从中锻炼你自己、提高自己。

感谢他人的批评，善待别人的责难

生活中常有这样的事发生：有的人一听到别人对他的批评和劝告就大发雷霆，他们不是去虚心听取、反省其身，却反唇相讥，言外之意是对方也有缺点，不配来批评他。须知"金无足赤，人无完人"，如果只允许没有过失的人批评你，那么你终生都不会听到对你的过失的批评意见了，一辈子也不会得到他人的帮助，久而久之，必将陷入孤立无援的境地，既害了自己又损害了事业。因此，当别人批评你时，你应该感谢他，这样才有益于你改正过失，哪还有心思去计较他人是有过还是无过呢？

只有长期保持高度的乐观和自信，才能使你不断地获得成功。但是在生活、工作、学习以及与他人交往中，总不免被人批评、受人指责。越是有成绩、有名望，越容易受到别人的非议。

许多成就卓越的著名人物都被人骂过：美国的国父乔治·华盛顿曾经被人骂做"伪君子"、"大骗子"和"只比谋杀犯好一点儿"；《独立宣言》的撰写人托马斯·杰弗逊曾被人骂道："如果他成为总统，那么我们就会看见我们的妻子和女儿成为合法卖淫的牺牲者。我们会大受羞辱，受到严重的损害，我们的自尊和德行都会消失殆尽。"格兰特将军在带领北军赢得第一场决定性胜利,成为美国人民的偶像之后,却遭到忌妒、逮捕、羞辱,被夺去兵权。然而这些人非但没有被批评、辱骂吓倒,反而保持更加乐观和自信的态度,做出了影响深远的成就。

曾任美国华尔街40号美国国际公司总裁的马歇尔·布拉肯先生在回忆自己受批评的经历时说:"我早年对别人的批评非常敏感,我当时急于让公司的每个人都觉得我是十分完美的,如果他们当中有一个人不这样认为的话,我就感到忧虑,于是我会想办法去取悦他。可是我讨好他的结果又会使另一个人生气。而等到我想满足这个人的时候,又会使一两个人生气。最后我发现,我越想去讨好别人,就越会使我的敌人增加。因此我对自己说:'只要你超群出众,你就一定会受到批评,所以还是趁早习惯的好。'这一点对我的帮助很大,从那以后,我就决定只是尽我最大的努力去做,而把我那把破伞收起来,让批评我的雨水从我身上流下去,而不是滴在我的脖子里。"

当你成为不公正批评的受害者的时候,还有一个绝招就是"只是笑一笑"。因为,当别人骂你的时候,你可以回骂他,可是对那些"只笑一笑"的人,你能说什么呢?假如结果证明你是对的,那么即使花10倍的力气来说你是错的,又有什么用呢?记住:不要为受到不公正的批评而难过。

情商及智商高的人往往会从积极的方面理解别人的批评,包括那些不公正的责骂,他们会把别人的批评看作是改进自己的工作、完善个性、克制情绪、提高心理承受力以及激发斗志的机会。我们从美国海军陆战队的史密德里·柏特勒将军等人的经历中就可以得到启示。

柏特勒将军曾告诉别人,他年轻的时候很想成为最受人欢迎的人物,希望每个人都对他有好印象。在那个时候,即使一点儿小小的批评都会使他难过半天。但在军队的30年却使他变得坚强起来,他被别人责骂和羞辱过,什么难听的话都经受过:黄狗、毒蛇、臭鼬……后来他听到别人在后面讲他的坏话时，他甚至连头都不会掉过去看，这就是他对待谩骂的有力武器。

罗斯福总统的夫人曾向她的姨妈请教，对待别人不公正的批评有什么秘诀，她姨妈说：不要管别人怎么说，只要你自己心里知道你是对的就行了。避免所有批评的唯一方法就是只管做你心里认为对的事，因为你反正是会受到批评的。

在美国历史上，林肯总统恐怕是受人责难、怨恨、诬陷和批评最多的总统，但他却从来不以他自己的好恶来批判别人。如果一个以前曾经羞辱过他的人或者是对他个人有不敬的人却是某个位置的最佳人选，林肯还是会让他去担任那个职务，就像他会委派他的朋友去做这件事一样，而且他也从来没有因为某人是他的敌人或者因为他不喜欢某个人而解除那个人的职务。在林肯所任命的高职位的人物中，有不少是曾经批评过他的人，但林肯相信，没有人会因为他做了什么而被歌颂，或者因为他做了什么或没有做什么而被罢黜，因为所有人都受条件、环境、教育、生活习惯和遗传的影响，使他们成为现在这个样子。自己不能一下子改变别人，却能把握自己的态度。

知道自己在做什么是很重要的，别人如何看待你的工作、决定、努力、动机或成就，这些都不要紧，因为只有你最清楚自己所作所为的重要性。把批评和责骂当做警醒自己的钟磬、修炼耐力的磨石。领悟到这一点，你就会心存感谢。

有口德的人能看到羞辱的另一面

人生坎坷,不可能尽如人意,如果你不能接受他人予以的一次嘲笑,将会受到别人更多的挑剔和攻击。行走于世,如果你不能忍一时之痛,甚至人身的攻击或侮辱,那么你的痛苦将是长久的。

其实,人生的各种境遇都是你学习的功课。一个人用什么样的心态面对自己所处的环境,这就要看他"忍辱"的功夫做得够不够。在佛经里,"忍辱"的涵意是丰富而又深刻的。一般人受到冤屈挫折,心理上总是愤愤不平,难压心头之火;然而,正因为愤恨难消,痛苦煎熬也如影随形、挥之不去,最终受累的还是自己。如果借着打击来锻炼自己的心智,甚至把打击你的人看成是感化你的菩萨,谢谢他给你锻炼自己、提升自己的机会,心里没有怨恨这个恶魔的纠缠,痛苦自然会远离你。

茶陵郁山主是守端禅师的师父,有一天,他骑驴子过桥,驴子的蹄陷入桥的裂缝,他被摔下驴背,忽然感悟,当场作了一首偈子:"我有神珠一颗,久被尘劳羁锁。今朝尘尽光生,照见山河万朵。"

守端很喜欢这首诗,并铭记在心。有一天,他去拜访方会禅师,方会问他:"茶陵郁山主过桥时跌下驴背突然开悟,我听说他作了一首诗异常、奇特,你记得吗?"

守端听此,不禁暗暗得意,并不假思索完整地将那首诗背诵出来。等他背完了,方会却大笑一阵,就起身走了。守端很是费解,想不出是为什么。翌日清晨,他就赶去见方会,问他为什么大笑。

方会问:"你见到昨天那个为了赚钱而逗人乐的江湖卖艺之人了吗?"

守端说："我见到了。"

方会说："你连他们的一点点都比不上呀。"

守端听了,吓了一跳说:"大师此言怎讲?"方会说:"他们喜欢人家笑,你却怕人家笑。"守端听了,刹那间便顿悟了。

羞辱可以成为浇灭一个人理想之火的冰水,也可以成为鞭策一个人发奋成功的动力。要知道,受辱是坏事,但也能变成好事。心理学家认为:人有三大精神能量源——创造的驱动力、爱情的驱动力、压迫、歧视的反作用驱动力。羞辱就是一种精神上的压迫,它像一根鞭子,鞭策你鼓足勇气和力量,奋然前行。

卡哈生于西班牙的一个乡村,早年像山猫一样的顽皮。父亲以行医为业,只顾给乡亲们解除病痛,却疏于管教自己的孩子。一次,卡哈行为不轨,被警察拘留 3 天,让父亲感到丢尽颜面,难消心头的愤怒。没过多久,卡哈又因骚扰女同学被学校除名,这一回,父亲怒不可遏,恨不得一闷棍将他打死。

慑于父亲的威严,卡哈不敢回家,只好跟随一位修鞋匠远走他乡。在外浪荡了一年,也没混出个人样来,乃至滋生了回归的念头。不料到家一看,父亲已不在人世,显然是被他气死了。母亲带病给人做劳役,过着苦不堪言的日子。经历了这些变故和挫折,卡哈并没有迷途知返,还是一副玩世不恭的样子。

即使是冥顽不化的人,心中也有自己的所爱。从情窦初开时起,卡哈就悄悄喜欢上邻居的一位女儿,渴望和她在一起,幻想着与她共坠爱河。一天,她正同别人聊天,卡哈故意从她面前走过,以期引起她的注意。出乎意料的是,对方根本就没把他放在眼里,还充满鄙夷地数落他说:"玩世不恭的人都是懦夫!"

一句带刺儿的逆耳之言出自梦中情人之口,对卡哈来说不啻一枚重磅炸弹。一连好几天，他吃不下饭，睡不着觉，头脑中一片空白。如同从噩梦中猛然惊醒，他开始反省自己、重新审视自己。从深切的痛苦中，他领悟到，要改变自己的形象，必须先改变生活的态度。他庄重地向母亲表示，自己渴望继续读书，将来要仿效父亲做个好医生。

经过刻苦努力，卡哈终于以全校第一的成绩考上萨拉格萨大学，成为一名贫寒免费生。年仅25岁，他就被该校聘为首席解剖学教授。后来在探索的道路上，他揭示了人脑的神经结构，被誉为脑神经医学的鼻祖。此外，他还为世界奉献了《卡哈医典》，并于1906年获得诺贝尔医学奖。

记得一位先哲说过："一个人无论怎样学习，都不如他在受到羞辱时学得迅速、深刻、持久。"羞辱使人学会思考，体验到顺境中无法体会到的东西；它使人更深入地去接触实际、去了解社会，促使人的思想得以升华，并由此开辟出一条宽广的成功之路。

我们要换个态度去看待别人的话，有口德的人善于从别人的语言中觉悟，是不断完善自我、提升自我的人。

有口德者敢于直面别人的挖苦和讽刺

在生活中，我们不可能和每一个人都保持良好的关系，再加上有一些人喜欢以奚落别人取乐。被别人奚落是经常会发生的事情，面对别人的奚落，大多数人都会异常愤怒，进而与对方展开无意义的争吵。而这正陷入了对方的圈套，他之所以奚落你，就是要看你暴跳如雷的样子。

所以，面对别人的奚落，我们应该保持平静，用巧妙的语言顺水推舟，将奚落的语言回敬对方，这样，对方不仅没能看到你暴跳如雷的样子，还成了被奚落的人，自然会灰溜溜地离开。

著名的戏剧家萧伯纳非常善于打"反奚落"战。

萧伯纳是一个非常瘦削的人。有一次，他遇到一位大腹便便的商人，那个商人想借机奚落他，于是说："人们看见你，就知道世界上正在闹饥荒。"萧伯纳不慌不忙地说："人们看见你，就知道闹饥荒的原因了。"萧伯纳就这样借用那个商人的话，在字面上稍加变化，就回敬给了对方。而这句话经过萧伯纳的加工，包含着辛辣的讽刺，将那个商人唯利是图、为富不仁、奸诈狡猾的形象无情地揭露了出来。

还有一次，有一个资本家想在众人面前羞辱萧伯纳，他大声地对众人说："人们说，伟大的戏剧家都是白痴。"萧伯纳笑着回敬道："先生，我看此时此刻你就是最伟大的戏剧家。"那个资本家想要羞辱萧伯纳，反而被萧伯纳给羞辱，气得脸都绿了。

当别人奚落我们的时候，我们不能逆来顺受，最好的办法就是能把奚落的语言还给对方，这就需要我们在语言上下工夫。通常情况下，旁人奚落我们的时候都会抓住我们的某一个特点进行贬低性的描述，这个时候，我们可以顺水推舟，来个"斗转星移"，借用对方奚落的语言去奚落他的某个缺点，用这样的方式来应对他人的奚落，可以不动声色，像开玩笑一样，把本可能发生在自己身上的尴尬转移到对方的身上。

实际上，顺水推舟就是一种隐形的反击，当别人对我们进行奚落的时候，我们不可能无动于衷，但是如果我们在公开的场合恶狠狠地与对方发生冲突会显得我们没有度量，因为在大多数情况下，奚落的语言的外在表现就是在开玩笑。而顺水推舟则是以其人之道还治其人之身，将回击隐藏于玩笑式的话语中，既可以反奚落对方，又可以制造一种幽默的氛围，赢得其他人的赞赏。

几乎没有一个人会把奚落的本意直接表述出来，所有想要奚落别人的人都会将奚落诉诸一种语言形式，而当我们从对方的语言中听出奚落的本意的时候，我们完全可以按照对方的语言形式进行反击。

《永乐大典》的编纂者解缙堪称是诗词名家，他自幼好学，7岁的时候就能诗善文。当时，已经告老还乡的李尚书不相信解缙有坊间传闻的才华，于是他宴请了当时的几个权臣显贵，并派人把解缙找来，想借机奚落他一番。

解缙到了李尚书的家门口，看到大门紧闭，家丁告诉解缙，主人吩咐要他从小门进入，解缙知道这是故意侮辱他，因此坚持不入。李尚书闻讯赶来说："小子无才嫌地狭。"解缙答道："大鹏展翅恨天低。"李尚书听了这话，就打开了大门。

刚入席，就有人开始发难，其中一人故意要嘲笑解缙母亲在家做豆腐、父亲挑上街叫卖的贫寒身世，于是要他以父母的职业为题，作一副对子。解缙当然知道对方是要奚落自己，但是他毫不推辞，张口吟道："户挑日月上街卖，手把乾坤日夜磨。"那位权贵哑口无言，败下阵来。

紧接着，另外一个人看到解缙穿着绿袄，便以此作成一联讥讽于他："井里蛤蟆穿绿袄。"解缙看到对方穿着红袄，于是回应道："锅中螃蟹着红袍。"那人一听解缙把自己比成了一只死螃蟹，虽心中窝火，却无处发泄。

最后一个出场的是李尚书本人，他手指天空，自鸣得意地说："天做棋盘星做子，谁人敢下？"解缙把脚往地下一顿，说："地做琵琶路做弦，哪个能弹！"这一对又压下了李尚书。李尚书既感无可奈何，又觉得啼笑皆非。

解缙知道这样下去终非了局，于是举杯说道："难得今日群才聚集，我愿题赠一联助兴。"李尚书听了，赶忙让人拿来了文房四宝。解缙挥毫泼墨，当即写下了一联，然后掷笔而去。众人走过来一看，个个瞠目结舌，那副对联是这样的："墙上芦苇，头重脚轻根底浅；山间竹笋，嘴尖皮厚腹中空。"这一联，将当天与会的所有人都奚落了一番。

总而言之，当某些人奚落我们的时候，我们必须用巧妙的方式应对，否则，我们的人际关系将会被我们硬邦邦的言语弄僵。能够在别人奚落自己的时候始终保持微笑、保持应有的风度，并能在只言片语间化解对方的奚落，让对方知难而退，就能说明你绝对是一个有智慧的人，也一定能够赢得他人的尊重。

感谢和包容是对无理者的最大回击

在人际交往中，我们常常会碰到一些情绪失控的无理者。面对这样的人，我们是无法与之进行正常交流的，哪怕你说得再有道理，他们也不会听你的。因此，面对情绪失控的无理者，不要被其撩起情绪，应以冷静、客观的态度响应。要记住，与一个情绪失控的"疯子"争辩是不会有任何结果的。对方越是冲动、愤怒，你越是需要冷静、理智。

挪威著名的音乐家比尔·撒丁在还没有成名的时候，曾经来到法国，准备报考著名的巴黎音乐学院。考试的时候，尽管他竭力将自己的水平发挥到最佳状态，但主考官还是没有相中他，他只能失望地离去。身无分文的比尔·撒丁必须为生活想办法，然后争取下次考试。他来到学院外不远处一条繁华的街上，在一棵榕树下拉起了手中的琴。他拉了一曲又一曲，吸引了无数的人驻足聆听，饥饿的比尔最终捧起自己的琴盒，围观的人们纷纷掏钱放入琴盒。

一个无赖鄙夷地将钱扔在比尔的脚下，比尔看了看无赖，最终弯下腰拾起了地上的钱递给了无赖，说："先生，您的钱掉在了地上。"无赖接过钱，重新扔在他的脚下，再次傲慢地说："这钱已经是你的了，你必须收下。"比尔再次看了看无赖，真诚地对他说："先生，谢谢您的资助，刚才您掉了钱，我都您捡了起来，现在我的钱掉到了地上，麻烦您帮我捡起来。"

无赖似乎没有料到他会这么说，最终还是在路人的眼光下捡起地上的钱，放入比尔的琴盒，然后灰溜溜地走了。围观者中有一双眼睛一直默默注视着比尔，他就是刚才的那位主考官，比尔的大度吸引了他，他将比尔重新带回学院，破例录取了他。

当对方对你不恭、无理取闹时，你如果和他对着干，正好中了他的圈套，也许他正是想借此激起你的愤怒，让你失去理智，从而让你作出错误的决定。此时最好的办法就是不和他计较，宽容一点儿，这样，你收获的将不只是好心情，还会避免陷入更多的麻烦。

有一天，一个年轻人无意中游荡到了大德寺，正遇到一休禅师在讲佛法，听完之后异常懊悔，决心痛改前非，并且对一休禅师说："师父！今后我再也不与别人斤斤计较、打架口角了，即使人家把唾沫吐到我脸上，我也会忍耐地拭去，默默地承受！"

"就让唾沫自干吧，别去拂拭！"一休禅师轻声说道。年轻人听完，继续问道："如果拳头打过来，又该怎么办呢？"禅师笑着回答，"一样呀！不要太在意！只不过一拳而已。"年轻人觉得这样实在无法忍受，便举起拳头朝一休禅师的头打去，继而问道："您现在感觉怎么样呢？"

结果，禅师一点儿也没有生气，反而十分关切地说道："我的头硬如石头，可能你的手倒是被打痛了！"年轻人无言以对，似乎对一休禅师的言行有所领悟。从那以后，年轻人再也不和别人斤斤计较，总是竭力避免矛盾。

如果你和一个无理取闹的疯子对着吼叫，那你也变成了疯子，一个睿智的人从来都不会在乎愚蠢之人发起的挑战。

当然，多数时候，面对别人的无理取闹，我们都很难平静下来。那么，怎么做才能保持理智呢？

首先，是躲避。要本着惹不起则躲得起的原则，躲得越远越好。

其次，是转移。当你和别人发生冲突，火气上涌的时候，有意识地转移目前的话题或做点儿别的事情来分散注意力，便可使情绪得到缓解。在负面情绪没有消除时，可以用看电影、听音乐、下棋、散步等有意义的轻松活动使紧张的情绪放松下来。

第三，释放。释放不是让你去和对方对着骂，而是找身边的朋友聊一聊，将心中的郁闷吐出来，不要憋在心里。这种发泄方式可以有助于释放积于内心的郁积，对于人的身心发展是有利的。

第四，控制忍耐。这是最主要的一个方法，就是无论对方怎么骂你都不急。古人说："忍一时风平浪静，退一步海阔天空。"小不忍则乱大谋，忍耐不是目的，是策略。《三国演义》里诸葛亮三气周瑜，如果周瑜的气量大，何至于发出"既生瑜，何生亮"的感慨？何至于被活活气死？

莎士比亚说："自我控制是人类与纯粹动物的根本区别，不能进行自我控制，就不是真正的人。"我们要保持理智，不去和无理取闹之人针锋相对。那样只会损坏自己的形象、影响自己的心情，没有丝毫益处。